KB041540

추론이란 무엇인가

추론이란 무엇인가

최원배 지음

추론이란 무엇인가

최원배 지음

펴낸이 — 이숙
펴낸곳 — 도서출판 서광사
출판등록일 — 1977. 6. 30.
출판등록번호 — 제 406-2006-000010호

(10881) 경기도 파주시 회동길 77-12 (문발동)
Tel · (031) 955-4331 │ Fax · (031) 955-4336
E-mail · phil6161@chol.com
http://www.seokwangsa.co.kr │ http://www.seokwangsa.kr

제1판 제1쇄 펴낸날 · 2020년 5월 10일
제1판 제3쇄 펴낸날 · 2023년 3월 20일

ISBN 978-89-306-2424-4 93170

이 책은 추론의 지침서이다. 우리는 많은 사실들을 알고 있고, 알고 있는 사실들로부터 또 새로운 사실을 많이 알아낼 수 있다. 이것이 바로 추론의 힘이다. 이 책의 목적은 우리가 늘 하는 추론을 어떻게 하면 좀 더 빠르고 정확하게 할 수 있는지를 알려 주는 데 있다.

이 책은 3부로 이루어져 있다. 1부에서는 추론의 기초가 되는 몇 가지 사항을 설명한다. 2부에서는 우리가 일상적으로 하는 여러 가지 추론 방식을 체계적으로 설명한다. 3부에서는 추론 방식을 확장해서 적용하는 방법을 설명한다.

이 책은 논리학 이론보다는 논리학의 실제적 응용에 초점을 맞추고 있다. 이를 위해 연습문제로는 사고력 시험에 나온 추론 문제를 여러 개 사용하였다. 적재적소에 배치된 연습문제를 풀어봄으로써 독자들은 단원에서 배운 내용이 실제 문제와 어떻게 연관되어 있는지를 알 수 있을 것이다. 이 책에는 PSAT 문제 62개와 LEET 문제 29개가 실려 있는데, LEET 문제는 모두 저작권자의 허락을 받아 실은 것임을 밝힌다.

이 책 3장과 6장은 내가 쓴 또 다른 논리학 책인 『논리적 사고의 기초』에 바탕을 두고 있다. 자연연역의 추론 방법을 좀 더 공부하고 싶은 사람은 그 책을 참고하기 바란다. 수업에서 사용한 강의안의 오자 하나까지도 열의를 가지고 지적해 주고, 좀 더 나은 설명을 고민하게 해 준 우리 과 수강생들에게 고맙다는 말을 하고 싶다. 특히 강의안에 있던 잘못된 설명을 지적해 준 한경우 학생에게 감사한다.

이 책이 좀 더 나은 세상을 꿈꾸는 청년들에게 디딤돌이 되기를 바란다.

2020년 3월 16일
최 원 배

: 차례

1부

기초

1장과 2장으로 이루어진 1부에서는 추론의 기초가 되는 몇 가지 사항을 설명
한다. 먼저 1장에서는 모순, 반대, 함축, 동치, 부정, 일관성 등의 개념을 중심
으로, 주장들 사이에 여러 가지 논리적 관계가 성립한다는 점을 설명하고, 2장
에서는 옳은 추론이란 정확히 무엇이고, 옳은 추론인지를 어떻게 판별하며, 옳
은 추론은 어떤 구조적 특성을 지니는지 등을 설명한다.

1장
주장들 사이의 논리적 관계

우리는 살면서 많은 주장을 한다. 그런데 주장들 사이에는 흥미로운 관계가 있다. 다음 네 주장을 예로 들어 어떤 관계가 있는지 생각해 보자.

① 우리 반 학생은 모두 3학년이다.
② 우리 반 학생은 모두 3학년이 아니다.
③ 우리 반 학생 가운데 일부는 3학년이다.
④ 우리 반 학생 가운데 일부는 3학년이 아니다.

1.1 모순과 반대

모순관계

다음 두 주장의 관계부터 따져 보자.

① 우리 반 학생은 모두 3학년이다.
④ 우리 반 학생 가운데 일부는 3학년이 아니다.

⑦이 **참**이라고 해보자.[1] 이때 ⓓ는 참일까, 거짓일까, 아니면 이것만 가지고 는 참인지 거짓인지 알 수 없는 것일까? ⑦이 참이라면 우리 반 학생은 모두 3 학년일 터이므로, 우리 반 학생 가운데 3학년이 아닌 사람은 아무도 없을 것이 다. 따라서 우리 반 학생 가운데 3학년이 아닌 사람도 있다는 주장 ⓓ는 거짓일 것이다. 이런 이치로 ⑦이 참이라면, ⓓ는 거짓일 수밖에 없다. 이번에는 ⓓ가 **참**이라고 해보자. 이때는 우리 반 학생 가운데는 3학년이 아닌 사람도 있을 테 고, 우리 반 학생이 모두 3학년이라는 주장 ⑦은 거짓일 것이다. 이런 이치로 ⓓ가 참이라면 ⑦은 거짓일 수밖에 없다. 결국 우리는 ⑦과 ⓓ라는 두 주장의 경우 ⑦이 참이면 ⓓ는 거짓일 수밖에 없고, ⓓ가 참이면 ⑦은 거짓일 수밖에 없음을 알 수 있다. 달리 말해, 두 주장 ⑦과 ⓓ는 동시에 참일 수 없다는 특성 을 지닌다는 것을 알 수 있다.

이번에는 ⑦이 **거짓**이라고 해보자. ⑦이 거짓이라는 말은 우리 반 학생이 모 두 3학년인 것은 아니라는 말이다. 이는 우리 반 학생 가운데는 3학년이 아닌 사람도 있다는 말이므로, 우리 반 학생 가운데 일부는 3학년이 아니라는 주장 ⓓ는 참일 것이다. 이런 이치로 ⑦이 거짓이면 ⓓ는 참일 수밖에 없다. 이번에 는 ⓓ가 **거짓**이라고 해보자. ⓓ가 거짓이라는 말은 우리 반 학생 가운데 3학년 이 아닌 사람도 있다는 주장이 거짓이라는 말이므로, 우리 반 학생 가운데 3학 년이 아닌 사람은 하나도 없을 것이다. 다시 말해 우리 반 학생은 모두 3학년 일 테고, 따라서 주장 ⑦은 참일 것이다. 이런 이치로 ⓓ가 거짓이라면, ⑦은 참일 수밖에 없다. 결국 우리는 ⑦과 ⓓ라는 두 주장의 경우 ⑦이 거짓이면 ⓓ는 참일 수밖에 없고, ⓓ가 거짓이면 ⑦은 참일 수밖에 없음을 알 수 있다. 달리 말해, 두 주장 ⑦과 ⓓ는 동시에 거짓일 수 없다는 특성을 지닌다는 것을 알 수 있다.

지금까지의 논의를 종합하면, ⑦과 ⓓ는 동시에 참일 수 없고 또한 동시에 거짓일 수도 없다. 두 주장이 이런 식으로 관련되어 있을 때 이들이 '모순(con-tradictory)이다' 또는 '모순관계에 있다'라고 말한다.

---

1 여기서는 우리 반 학생이 실제로 있다고 가정한다. 한 명도 없을 경우 이런 주장을 어떻게 평가할지의 문제는 뒤에서(5장 3절) 살펴보기로 한다.

두 주장 A와 B가 모순이다.

⇔ A와 B는 동시에 참일 수 없고 동시에 거짓일 수도 없다.

①과 ④뿐만 아니라, ②와 ③도 모순관계에 있다.

② 우리 반 학생은 모두 3학년이 아니다.
③ 우리 반 학생 가운데 일부는 3학년이다.

이 두 주장도 하나가 참이면 다른 하나는 반드시 거짓이고, 하나가 거짓이면 다른 하나는 반드시 참이기 때문이다. 우리는 아래 네 주장 가운데 대각선에 있는 두 주장은 서로 모순관계에 있음을 알 수 있다.

① 우리 반 학생은 모두 3학년이다.   ② 우리 반 학생은 모두 3학년이 아니다.

③ 우리 반 학생 가운데 일부는 3학년이다.   ④ 우리 반 학생 가운데 일부는 3학년이 아니다.

반대관계
이번에는 다음 두 주장의 관계를 생각해 보자.

① 우리 반 학생은 모두 3학년이다.
② 우리 반 학생은 모두 3학년이 아니다.

①이 참이라고 해보자. 이때 ②는 거짓일 수밖에 없다. 이번에는 ②가 참이라고 해보자. 이때 ①은 거짓일 수밖에 없다. 그러므로 이 두 주장은 동시에 참일 수 없고, 이 점에서는 모순관계와 같다.

이번에는 ①과 ②가 동시에 **거짓**일 수 있는지를 따져 보자. ①이 거짓이라면, 우리 반 학생이 모두 3학년인 것은 아닐 것이다. 이때 우리 반 학생 가운데 일부가 3학년이 아닐 수도 있고, 우리 반 학생 전부가 3학년이 아닐 수도 있을 것이다. 이를 정하려면 우리 반 학생을 실제로 조사해 보아야 한다. 따라서 ①이 거짓이라는 사실만 가지고는 ②가 참인지 거짓인지를 바로 알 수 없다. ②가 거짓일 경우에도 사정은 마찬가지이다. 결국 ①과 ② 두 주장의 경우에는 하나가 서짓이라는 사실로부터 다른 한 주장의 사실 여부를 바로 알 수는 없다. 달리 말해, 이 두 주장은 동시에 거짓일 수도 있다. 우리 반 학생 가운데 일부는 3학년이고 일부는 4학년인 상황도 쉽게 생각해 볼 수 있고, 이런 상황이라면 두 주장은 모두 거짓일 것이기 때문이다.

지금까지의 논의에 따를 때, ①과 ②는 동시에 참일 수 없지만 동시에 거짓일 수는 있다. 두 주장이 이런 식으로 관련되어 있을 때 우리는 이들이 '반대(contrary)이다' 또는 '반대관계에 있다'라고 말한다.

> **두 주장 A와 B가 반대이다.**
> ⇔ A와 B는 동시에 참일 수 없지만 동시에 거짓일 수는 있다.

지금까지 살펴본 두 가지 관계를 정리하면 다음과 같다.

논리적 관계	중요 특성	
모순	**동시에 참일 수 없다**	**동시에 거짓일 수 없다**
반대	**동시에 참일 수 없다**	동시에 거짓일 수 있다

모순관계와 반대관계의 활용
③과 ④는 어떤 관계에 있을까?

③ 우리 반 학생 가운데 일부는 3학년이다.
④ 우리 반 학생 가운데 일부는 3학년이 아니다.

이 둘이 동시에 참일 수 있다는 점은 분명할 것이다. 이 둘이 모두 참이 되는 상황을 현실에서 쉽게 찾아볼 수 있기 때문이다. 이 둘은 동시에 거짓일 수 있을까? 그럴 수 없다. 방금 살펴본 모순관계와 반대관계를 활용해, 다음과 같은 '추론'을 해보면 우리는 이 둘이 동시에 거짓일 수 없다는 사실을 알 수 있다. ③이 거짓이라고 가정해 보자.

   ③ 우리 반 학생 가운데 일부는 3학년이다.　　　　　[거짓]

이때 ②는 참일 수밖에 없다. 왜냐하면 ②는 ③과 모순관계에 있기 때문이다.

   ② 우리 반 학생은 모두 3학년이 아니다.　　　　　[참]

②가 참이므로 이것과 반대관계에 있는 ①은 거짓일 수밖에 없다.

   ① 우리 반 학생은 모두 3학년이다.　　　　　[거짓]

그런데 ①이 거짓이면, 이것과 모순관계에 있는 ④는 참일 수밖에 없다.

   ④ 우리 반 학생 가운데 일부는 3학년이 아니다.　　　[참]

결국 ③이 거짓이면 ④는 참일 수밖에 없다는 점을 알 수 있다. ④가 거짓이라는 데서 출발해도 같은 과정을 거쳐(즉 이때 ①은 참이고, ②는 거짓이라는 점을 통해) ③이 참일 수밖에 없음을 확인할 수 있다. 그러므로 이 둘은 동시에 참일 수 있지만 동시에 거짓일 수는 없다.[2]

   또한 모순관계와 반대관계를 활용하면, ①이 참일 경우 ③도 참일 수밖에 없다는 사실도 파악할 수 있다. ①이 참이라고 해보자.

2　이런 논리적 관계를 전통 논리학에서는 '소반대관계'(sub-contrary)라고 불렀는데, 이는 4장에서 다시 다룰 것이다.

① 우리 반 학생은 모두 3학년이다.   [참]

이때 ①과 반대관계에 있는 ②는 거짓이다.

② 우리 반 학생은 모두 3학년이 아니다.   [거짓]

②가 거짓이므로 이와 모순관계에 있는 ③은 참일 수밖에 없다.

③ 우리 반 학생 가운데 일부는 3학년이다.   [참]

결국 우리는 ①이 참이면 ③도 반드시 참이라는 사실을 확인한 것이다.[3]

1.2 함축과 동치

함축 관계

방금 우리는 ①이 참이면 ③도 반드시 참이 된다는 사실을 보았다.

① 우리 반 학생은 모두 3학년이다.
③ 우리 반 학생 가운데 일부는 3학년이다.

이처럼 두 주장 A, B 사이에 A가 참이면 B도 반드시 참일 때, A가 B를 '함축한
다'(imply, entail)라고 말한다.

주장 A가 주장 B를 함축한다.
    ⇔ A가 참이면 B도 반드시 참이다.

---

3 같은 이야기를 ②와 ④를 두고서도 할 수 있다. ②가 참이면 ④도 반드시 참이다. 이 두 쌍
사이에 성립하는 논리적 관계를 전통 논리학에서는 '대소관계'라 불렀다.

가령 다음은 함축 관계가 성립하는 쌍들이다.

　강희는 3학년 남학생이다.
　강희는 3학년이다.

　우리 반 학생 연수는 제주도 출신이다.
　우리 반에는 제주도 출신 학생도 있다.

앞의 주장이 참이면 언제나 뒤의 주장도 참이기 때문이다. 함축 관계는 방향이 있다. 위의 예에서 앞의 주장이 뒤의 주장을 함축하는 것이지, 뒤의 주장이 앞의 주장을 함축하는 것은 아니다.

동치 관계

　두 주장 A, B 사이에 A가 B를 함축하고, 또한 그 역도 성립해서 B가 A를 함축하는 경우가 있다. 이처럼 두 주장이 상호 함축할 때 이들이 '동치이다' (equivalent) 또는 '동치 관계에 있다'라고 말한다.

　두 주장 A와 B가 동치이다.
　　⇔ A가 B를 함축하고, B가 A를 함축한다.
　　⇔ A가 참이면 B도 반드시 참이고, B가 참이면 A도 반드시 참이다.

　A와 B가 동치일 때, 앞으로 이를 'A = B'로 나타내기로 한다. 다음 두 주장은 우리가 잘 아는 동치의 사례이다.

　강희와 연수가 둘 다 3학년인 것은 아니다.
　= 강희는 3학년이 아니거나 연수는 3학년이 아니다.

이것은 드모르간의 법칙(De Morgan's law)의 예이고, 이밖에도 익숙한 동치의 예로는 대우(contraposition)를 들 수 있다.

강희가 수업에 왔으면, 연수도 왔다.
= 연수가 수업에 오지 않았다면, 강희도 오지 않은 것이다.

동치인 주장은 참/거짓 여부가 늘 같고, 언제나 같은 진릿값[4]을 갖는다. 동치인 주장은 서로 맞바꿀 수 있다. 그렇게 하더라도 정보력이나 추론력에는 아무런 차이가 없기 때문이다.

1.3 거짓과 부정

다음 주장이 **거짓**이라고 해보자.

강희는 3학년이다.

이때 다음 주장은 참이다.

강희는 3학년이 아니다.

마찬가지 이야기를 다음 두 주장을 두고서도 할 수 있다.

우리 반 학생은 모두 3학년이다.
우리 반 학생이 모두 3학년인 것은 아니다.

이때 뒤의 주장을 앞의 주장의 '부정'(negation, 또는 '부정명제')이라 부른다.

---

4 참/거짓을 전문용어로 '진릿값'(truth-value)이라고 부른다. 한편 동치인 주장은 참이 되는 조건이 같다는 의미에서 '진리조건'(truth-condition)이 같다고 말하기도 한다.

따라서 다음이 성립한다.

A가 거짓이면 A의 부정은 참이고, A의 부정이 참이면 A는 거짓이다.

이로부터 우리는 다음 사실이 성립한다는 점도 알 수 있다.

A와 A의 부정은 모순이다.

A와 A의 부정은 동시에 참일 수 없고, 동시에 거짓일 수도 없기 때문이다.

이중부정과 동치

우리는 부정명제를 또 다시 부정할 수도 있다.

강희는 3학년이 아니라는 것은 사실이 아니다.

이 주장은 '강희는 3학년이다'라는 주장을 연거푸 부정한 것으로, '이중부정'(double negation)이라고 부른다. 우리는 다음이 일반적으로 성립한다는 사실을 알 수 있다.

A와 A의 이중부정은 동치이다.

가령 '강희는 3학년이다'가 참이면, '강희가 3학년이 아니라는 것은 사실이 아니다'도 반드시 참이고, 이것의 역도 성립한다. 그러므로 추론을 할 때 우리는 어떤 명제의 이중부정을 언제든 그와 동치인 원래 명제로 대치해도 된다.

함축과 부정

아래 나오는 첫 번째 주장은 두 번째 주장을 함축한다.

> 강희는 3학년 남학생이다.
>
> 강희는 3학년이다.

이때 그 두 주장을 각각 부정한 다음 두 주장 사이에는 어떤 관계가 성립할까?

> 강희는 3학년 남학생이 아니다.
>
> 강희는 3학년이 아니다.

이번에는 두 번째 주장이 첫 번째 주장을 함축한다는 사실을 알 수 있다. 일반적으로 다음과 같은 관계가 성립한다.

A가 B를 함축하면, B의 부정은 A의 부정을 함축한다.

물론 A와 B가 동치일 경우에는 A의 부정과 B의 부정도 서로 동치이다.

1.4 일관성과 비일관성

다음 두 주장은 동시에 참일 수 있다.

> 우리 반 학생 가운데 일부는 3학년이다. 우리 반 학생 가운데 일부는 3학년이 아니다.

우리 반 학생 중에는 3학년도 몇 명 있고 4학년도 몇 명 있다면 두 주장은 모두 참이 될 것이기 때문이다. 다음 두 주장도 동시에 참일 수 있다.

> 우리 반 학생은 모두 3학년이다. 우리 반 학생은 모두 여학생이다.

이번 학기에 '공교롭게도' 3학년 여학생들만 이 수업을 듣고 있다면 이 두 주장은 모두 참이 될 터이기 때문이다. 일상어에서는 이처럼 동시에 참일 수 있는 두 주장을 일컬어 '양립 가능하다' 라고 말한다.

한편 모순관계에 있는 다음 두 주장은 동시에 참일 수 없고, 이를 일상어에서는 '양립 불가능하다' 라고 말한다.

우리 반 학생은 모두 3학년이다. 우리 반 학생 가운데 일부는 3학년이 아니다.

또한 반대관계에 있는 다음 두 주장도 동시에 참일 수 없다.

우리 반 학생은 모두 3학년이다. 우리 반 학생은 모두 3학년이 아니다.

이처럼 어떤 두 주장은 동시에 참일 수 있는 반면 어떤 두 주장은 그렇지 않다.

두 개의 주장이 아니라 세 개의 주장을 두고서도 동시에 참일 수 있는지를 따져 볼 수 있다. 가령 다음 세 주장은 동시에 참일 수 있는 반면,

강희는 3학년이다. 연수는 물리학을 전공한다. 정민이는 3학년이다.

다음 세 주장은 동시에 참일 수 없다.

우리 반 학생은 모두 3학년이다. 강희는 우리 반 학생이다. 강희는 3학년이 아니다.

이처럼 몇 개의 주장으로 이루어져 있든, 어떤 주장들이 동시에 참일 수 있을 때 우리는 그 주장들(또는 엄밀하게는 그 주장들의 '집합')이 '일관적'(consistent)이라고 말한다.

주장들 {A₁, A₂, ..., Aₙ}이 일관적이다.
  ⇔ 주장들 {A₁, A₂, ..., Aₙ}이 동시에 참일 수 있다.

한편 주장들이 일관적이지 않을 경우 '비일관적'(inconsistent)이라고 말한다.[5]

참, 거짓, 그리고 일관성

주장들의 집합이 일관적이라는 말은 그 집합의 원소인 각각의 개별 주장이 모두 실제로 참이라는 의미가 아니다. 그 말은 개별 주장이 모두 참이 되는 것이 **가능하다**는 뜻일 뿐이다. 더 정확하게는, 어떤 주장들이 일관적이란 것은 그 주장들이 모두 성립하는 상황이 논리적으로[6] 가능하다는 의미이다. 그렇기 때문에 실제로 거짓인 주장이 들어 있더라도 일관적일 수 있다. 가령 다음 두 주장은 일관적이다.

{부산은 항구도시이다. 부산은 한국의 수도이다.}

부산이 지금의 위치에 있는 항구도시이면서 부산이 한국의 수도인 상황이 논리적으로 가능하기 때문이다. 다음 두 주장도 일관적이다.

{부산은 한국의 수도이다. 부산의 인구는 서울보다 많다.}

이 두 주장은 모두 거짓이지만, 그것들이 모두 참이 되는 상황을 충분히 그려

---

5 앞서 본 모순관계와 반대관계에 있는 두 쌍은 각각 비일관적이라는 점에서는 같다. 하지만 동시에 거짓일 수 있는지와 관련해 이 둘은 구분된다. 이런 점에서 모순과 반대라는 개념은 일관성 개념보다 더 정교한 것이라고 할 수 있다.

⟨생각해 볼 것⟩
한편 중국의 고사에서 유래하는 일상어 '모순'은 다음 두 주장 사이의 관계를 일컫는다.

(가) 이 창은 어떤 방패로도 막지 못한다(= 이 창을 막을 수 있는 방패는 없다).
(나) 이 방패는 어떤 창으로도 뚫지 못한다(= 이 방패를 뚫을 수 있는 창은 없다).

이 두 주장은 앞서 정의한 의미에서의 모순에 해당하는지 아니면 비일관성에 해당하는지 생각해 보라.

6 왜냐하면 논리적으로는 가능하지만 물리적으로나 현실적으로는 불가능한 일도 많이 있기 때문이다. 현실적 가능성이 가장 좁은 가능성이고, 이보다 넓은 가능성이 물리적 가능성이며, 가장 넓은 가능성이 논리적 가능성이다.

1. 주장들 사이의 논리적 관계   **25**

볼 수 있기 때문이다.

거짓인 주장과 비일관적 주장도 구분된다. 다음 주장은 모두 거짓이다.

(가) {서울의 인구는 900만이 안 된다. 춘천의 인구는 50만이 넘는다.}

하지만 이것들이 비일관적 주장은 아니다. 우리는 이 주장들이 참이 되는 상황을 어렵지 않게 그려 볼 수 있다. 반면 다음 두 주장이 모두 성립하는 경우란 있을 수 없으므로 이들은 비일관적 주장이다.

(나) {서울의 인구는 900만이 안 된다. 서울의 인구는 900만이 넘는다.}

(가)에 나오는 주장들은 동시에 참일 가능성을 지니고 있었지만, 모두 거짓으로 끝난 것이다. 반면 (나)에 나오는 주장들은 애초에 동시에 참일 가능성이 없는 것이다. 참일 가능성이 있는 것들 가운데 일부가 실제로 참이 된다. 어떤 사람이 (가)를 주장한다면 그는 참이 아닌 주장, 곧 거짓 주장을 한 것이다. 어떤 사람이 (나)를 주장한다면 그 사람은 동시에 참일 수 없는 주장을 한 것이다.

일관성을 파악하기 위해 주장들이 실제로 참인지를 알 필요는 없다.

여러 주장들이 일관적인지 여부를 알기 위해 거기 나오는 개별 주장의 참/거짓 여부를 우리가 알아야 하는 것은 아니다. 주장들의 의미를 파악하면 일관적인지를 알 수 있다. 그것들이 모두 참이 되는 상황이 논리적으로 가능한지를 생각해 보기만 하면 되기 때문이다. 이 점에서 주장의 참/거짓과 주장의 일관성은 다르다. 어떤 주장이 참인지 여부를 알려면, 그것이 경험세계에 관한 것이라고 할 때, 그 주장의 의미를 파악하는 것만으로는 안 된다. 가령 "지금 밖에 비가 오고 있다. 지금 밖에 바람이 많이 분다"라는 주장이 **참**인지를 알기 위해서는 우리는 창밖을 내다보아 지금 비가 오고 있는지 그리고 바람이 많이 부는지를 확인해야 한다. 하지만 그 두 주장이 **일관적**인지를 알기 위해서는 그럴 필요가 없다. 개별 주장이 어떤 조건에서 참이 되는지를 파악한 다음, 그들 조건이 동시에 실현될 수 있는지를 생각해 보기만 하면 되기 때문이다. 일관성이 곧 어떤 주장들의 참을 보장하는 것은 아니다. 도리어 일관성은 주장들이 참이 되기 위한 최소한의 요건이다.

일관성 개념을 이용해 다른 논리적 관계를 정의하기

'일관성'은 논리학의 핵심 개념 가운데 하나로, 이 개념을 이용해 다른 논리적 관계를 정의할 수도 있다.

A와 B가 모순관계에 있다:

⇔ A와 B가 동시에 참일 수도 없고 동시에 거짓일 수도 없다.

⇔ {A, B}가 비일관적이고 {A의 부정, B의 부정}도 비일관적이다.

A와 B가 반대관계에 있다:

⇔ A와 B가 동시에 참일 수 없지만 동시에 거짓일 수는 있다.

⇔ {A, B}는 비일관적이지만 {A의 부정, B의 부정}은 일관적이다.

A가 B를 함축한다:

⇔ A가 참이면 B도 반드시 참이다.

⇔ {A, B의 부정}은 비일관적이다.

A와 B가 동치이다:

⇔ A가 B를 함축하고 B도 A를 함축한다.

⇔ {A, B의 부정}은 비일관적이고 {B, A의 부정}도 비일관적이다.

1.5 의의와 활용

우리가 보았듯이, 주장들 사이에는 일정한 논리적 관계가 있다. 이 사실은 중요한 의미를 갖는다.

(1) 주장들 사이에는 때로 서로 배척하거나 서로 포함하는 관계가 있다. 이

때문에 우리는 어떤 주장을 할 때 신중을 기해야 한다. 우리가 어떤 주장을 한다면, 우리는 단순히 그 주장만을 하는 것이 아니다. 우리는 그 주장과 모순되거나 반대되는 주장을 거부해야 하고, 나아가 그 주장이 함축하는 것을 받아들여야 한다. 어떤 주장을 할 때 우리는 그 주장의 이른바 '파급효과'를 생각해야 한다. 주장들은 완전히 고립되어 낱개로 떠돌아다니는 것이 아니다. 그것들 가운데 일부는 서로 영향을 미치며, 서로 연결되어 있다.

(2) 주장들 사이의 논리적 관계를 활용해 우리는 새로운 주장의 사실 여부를 파악할 수 있다. 예를 들어 이 점을 잠깐 설명하기로 하자. 가령 다음 주장 ⑤가 **참**이라는 사실을 우리가 알고 있다고 해보자.

⑤ 우리 반 여학생은 모두 장학생이다.   [참]

이때 우리는 다음 주장은 사실이 아님을 알 수 있다.

⑥ 우리 반 여학생 가운데는 장학생이 아닌 사람도 있다.   [거짓]

⑤와 ⑥은 모순관계에 있어서 두 주장이 동시에 참일 수는 없기 때문이다. 나아가 우리는 ⑤와 반대관계에 있는 다음 주장도 거짓임을 알 수 있다.

⑦ 우리 반 여학생은 어느 누구도 장학생이 아니다.   [거짓]

또한 우리는 ⑤가 ⑧을 함축하므로 아래 주장이 참이라는 사실도 알 수 있다.

⑧ 우리 반 여학생 가운데는 장학생도 있다.   [참]

이처럼 ⑤가 참이라는 사실로부터 주장들 사이에 성립하는 논리적 관계만을 따져 다른 관련 주장 ⑥, ⑦, ⑧의 참/거짓 여부를 모두 파악할 수 있다. 여기서 우리는 비교적 간단한 '추론'을 해본 셈이다.

물론 언제나 이처럼 관련 주장들의 사실 여부를 모두 파악할 수 있는 것은 아니다. 이번에는 ⑤가 **거짓**임을 우리가 안다고 해보자.

⑤ 우리 반 여학생은 모두 장학생이다.   [거짓]

이때 우리가 알 수 있는 것은 다음 주장이 참이라는 것뿐이다.

⑥ 우리 반 여학생 가운데는 장학생이 아닌 사람도 있다.   [참]

다음 두 주장의 참/거짓 여부는 주장들 사이의 논리적 관계만을 따져서는 알 수 없다.

⑦ 우리 반 여학생은 어느 누구도 장학생이 아니다.   [?]
⑧ 우리 반 여학생 가운데는 장학생도 있다.   [?]

이들의 사실 여부를 알려면 실제 조사를 해보아야 한다.

(3) 주장들 사이의 논리적 관계를 잘 활용하면 논박을 하는 데도 큰 도움이 된다. 다음 주장이 거짓임을 보이는 효과적인 방안이 어떤 것일지를 한번 생각해 보자.

우리 반 남학생은 모두 일반고 출신이다.

만약 다음 두 주장 가운데 어느 하나가 참임을 확보한다면, 우리는 앞의 주장이 거짓임을 확신할 수 있다. 왜냐하면 원래의 주장과 아래 주장은 모순이나 반대 관계에 있기 때문에 이들은 동시에 참일 수 없기 때문이다.

우리 반 남학생 가운데 일반고 출신이 아닌 사람도 있다.
우리 반 남학생은 어느 누구도 일반고 출신이 아니다.

이 둘 가운데 참임을 보이기 쉬운 것은 어떤 것일까? 그것은 전자이다. 왜냐하면 다음 주장은 전자를 함축하지만 후자를 함축하는 것은 아니기 때문이다.

우리 반 남학생 서진이는 일반고 출신이 아니다.

이 주장은 참임을 쉽게 확인할 수 있다. 방금 설명한 반박 과정을 도식적으로 나타내면 다음과 같다.

우리 반 남학생 서진이는 일반고 출신이 아니다.   [참]
　　⇓ 함축
우리 반 남학생 가운데 일반고 출신이 아닌 사람도 있다.   [참]
　　⇓ 모순
우리 반 남학생은 모두 일반고 출신이다.   [거짓]

이처럼 주장들 사이의 논리적 관계를 이용해 논박을 효율적으로 할 수 있다. 그러므로 주장들 사이에 성립하는 논리적 관계를 정확히 이해하는 일은 중요할 뿐만 아니라 유익하기도 하다.

연습문제

1. 다음과 모순관계에 있는 주장과 반대관계에 있는 주장의 예를 하나씩 들어라.
    ① 우리 반의 여학생 중에는 2학년이 아닌 사람은 아무도 없다.
    ② 우리 반의 남학생 중에는 2학년은 하나도 없다.
    ③ 강희와 연수는 모두 2학년이다.
    ④ 강희와 연수는 둘 다 2학년이 아니다.
    ⑤ 강희는 2학년이고 남학생이다.

2. 다음에서 참인 설명을 모두 고르면?

　① "강희는 2학년이다"와 "강희는 3학년이다"는 모순관계이지만, "강희는 2학년이다"와 "강희는 2학년이 아니다"는 반대관계이다.

　② "우리 반 학생은 모두 3학년이다"는 "강희가 우리 반 학생이라면 강희는 3학년이다"를 함축한다.

　③ "강희나 연수 가운데 적어도 한 사람은 2학년이다"는 "강희가 2학년이 아니라면 연수는 2학년이다"를 함축한다.

　④ "강희와 연수가 둘 다 2학년인 것은 아니다"는 "강희는 2학년이 아니다"를 함축한다.

　⑤ "강희와 연수가 둘 다 2학년이 아니라는 것은 사실이 아니다"는 "강희나 연수 가운데 적어도 한 사람은 2학년이다"와 동치이다.

　⑥ {우리 반 학생 가운데 일부는 2학년이다, 우리 반 학생 가운데 일부는 3학년이다}는 비일관적이다.

　⑦ {우리 반 학생은 모두 3학년이다, 우리 반 학생 연수는 2학년이다}는 일관적이다.

　⑧ {우리 반에 2학년 남학생은 한 명도 없다, 우리 반 학생 강희는 2학년이다}는 일관적이다.

　⑨ {우리 반 학생은 모두 2학년이다, 2학년은 모두 경제원론을 수강했다, 우리 반 학생 지수는 경제원론을 수강하지 않았다}는 비일관적이다.

　⑩ {강희와 연수 가운데 적어도 한 사람은 2학년이 아니다, 강희는 2학년이 아니다, 연수는 2학년이 아니다}는 비일관적이다.

3. 다음에서 참인 설명을 모두 고르면?

　① {A와 E만 쓰레기를 무단투기하는 사람을 보았다, E는 쓰레기를 무단투기하는 사람을 아무도 보지 못했다}는 비일관적이다.

　② {살인 사건이 일어난 날 밤 11시에 B는 A, C와 함께 있었다, 그날 밤 11시에 C는 E와 단둘이 있었다}는 비일관적이다.

　③ {모든 고양이는 육식성이며 혀에는 가시돌기가 돋아 있다, 페르시안 고

양이 중에 혀에 가시돌기가 없는 개체는 없다}는 비일관적이다.

④ {루비듐이란 광물은 알콜램프로 가열할 경우 진한 붉은 색을 띠는 성질을 지녔다. 루비듐 중에는 알콜램프로 가열할 때 진한 붉은 색을 띠지 않는 것도 있다}는 비일관적이다.

⑤ {이 문제는 아무도 풀 수 없거나 잘못된 문제이다. 이 문제는 잘못되지 않았고 누군가는 이 문제를 풀 수 있다}는 모순이다.

4. 다음에서 참인 설명을 모두 고르면?

① A와 B가 모순관계에 있다면, A는 B의 부정을 함축한다.

② A와 B가 반대관계에 있다면, {A, B}는 비일관적이다.

③ {A, B}가 비일관적이라면, A는 B의 부정을 함축한다.

④ {A의 부정, B의 부정}이 비일관적이라면, B의 부정은 A를 함축한다.

⑤ {A, B의 부정}이 일관적이라면, A는 B를 함축한다.

⑥ {A, B, C}가 일관적이면, {A, B, C, D}도 일관적이다.

⑦ {A, B, C}가 일관적이면, {A, B}도 일관적이다.

⑧ {A, B, C}가 비일관적이면, {A, B, C, D}도 비일관적이다.

⑨ {A, B, C}가 비일관적이면, {A, B}도 비일관적이다.

⑩ {A, B}가 일관적이고 {B, C}가 일관적이면, {A, B, C}도 일관적이다.

5. (가), (나)에 들어갈 말을 올바르게 짝지은 것은?

갑: 예술가의 작업이란, 자신이 경험한 감정을 타인도 경험할 수 있도록 색이나 소리와 같이 감각될 수 있는 여러 형태로 표현하는 것이지.

을: 그렇다면 훌륭한 예술과 그렇지 못한 예술을 구별하는 기준은 무엇이지?

갑: 그것이야 예술가가 해야 할 작업을 성공적으로 수행하면 훌륭한 예술이고, 그런 작업에 실패한다면 훌륭하지 못한 예술이지. 즉 예술가가

경험한 감정이 잘 전달되어 감상자도 그런 감정을 느끼게 되는 예술을 훌륭한 예술이라고 할 수 있어.

을: 예술가가 느낀 감정 중에서 천박한 감정이 있을까? 아니면 예술가가 느낀 감정은 모두 고상하다고 할 수 있을까?

갑: 물론 여느 사람과 마찬가지로 예술가 역시 천박한 감정을 가질 수 있지. 만약 어떤 예술가가 남의 고통을 보고 고소함을 느꼈다면 이는 천박한 감정이라고 해야 할 텐데, 예술가라고 해서 모두 천박한 감정을 갖지 않는다고 할 수는 없어.

을: 그렇다면 천박한 감정을 느낀 예술가가 그 감정을 표현하여 감상자 역시 그런 감정을 느낀다면, 그런 예술이 훌륭한 예술인가?

갑: ☐ (가) ☐

을: 너의 대답은 모순이다. 왜냐하면 네 대답은 ☐ (나) ☐ 때문이야.

	(가)	(나)
①	그렇다.	훌륭한 예술에 대한 너의 정의와 앞뒤가 맞지 않기
②	그렇다.	예술가의 작업에 대한 너의 정의와 앞뒤가 맞지 않기
③	그렇다.	예술가가 느낀 감정이 모두 고상하지는 않다는 너의 주장과 앞뒤가 맞지 않기
④	아니다.	훌륭한 예술에 대한 너의 정의와 앞뒤가 맞지 않기
⑤	아니다.	예술가가 느낀 감정이 모두 고상하지는 않다는 너의 주장과 앞뒤가 맞지 않기

[PSAT, 2012. 8]

6. 〈보기〉에 나오는 정의에 비추어 볼 때, 주장들 사이의 관계를 잘못 설명하고 있는 것은?

과학 탐구에 실험이 본격적으로 채용된 것은 근대 이후이다. 특히 ㉠ 현대에 이르러 실험을 위한 각종 도구는 어느 과학자에게나 매우 중요한 역할을 하고 있다. 이런 상황에 비추어 볼 때, 실험에 대한 근대 이전 자연철학자의 태도가 어떠했는지를 알아보는 것은 흥미로운 일이다.

㉡ 고대 그리스의 자연철학자들은 모두 실험을 자연 탐구의 정당한 수단으로 여기지 않았다. ㉢ 이러한 인식은 중세에도 지속되었지만, 로저 베이컨과 그로스테스트와 같이 예외적으로 실험을 강조한 이도 있었다. 하지만 르네상스 시기에 이르기까지 실험은 대체로 과학 활동과 거리가 먼 것이었다. 그것은 연금술사의 은밀한 사술에 지나지 않았다.

그러면 고중세의 자연철학자들이 실험을 과학 활동에 채용하지 않은 이유는 무엇일까? 그것은 주로 인식적 이유 때문이었다. ㉣ 고중세 시대의 자연철학은 언제나 '사변'에 의지한 것이었다. 당시의 자연철학자들은 순수한 정신적 작업을 통해서 자연의 본성과 질서를 파악할 수 있으리라 기대했다. 그러한 태도는 고대 그리스의 자연철학자들로부터 유래되어 중세까지 유지되었다. ㉤ 인공적 도구를 써서 자연에 조작을 가할 경우 자연의 참 모습을 왜곡시킨다고 보았기 때문이다.

〈 보   기 〉

두 주장 A와 B가 '비일관적'이라는 말은 A와 B가 동시에 참일 수 없다는 의미이다. A와 B가 비일관적이지 않을 경우, 우리는 그 두 주장이 '일관적'이라고 말한다.

---

① "현대의 과학자들에게 실험 도구는 아무런 역할도 하지 않는다"라는 주장은 ㉠과 비일관적이다.

② "고대 그리스의 자연철학자인 탈레스는 실험을 자연 탐구의 정당한 수단으로 여겼다"라는 주장은 ㉡과 비일관적이다.

③ "중세의 자연철학자들 가운데는 실험을 자연 탐구의 정당한 수단으로 여긴 사람도 있다"라는 주장은 ⓒ과 일관적이다.

④ "현대의 과학철학은 사변에 의지하고 있는 것이 아니다"라는 주장은 ⓔ과 일관적이다.

⑤ "인공적 도구를 써서 자연에 조작을 가하지 않았는데도 자연의 참 모습을 왜곡시키는 경우가 있다"라는 주장은 ⓜ과 비일관적이다.

[PSAT, 2008. 2]

7. 갑 ~ 병의 주장의 관계에 대한 평가로 적절한 것만을 〈보기〉에서 모두 고르면?

갑: 어떠한 경우에도 자살은 옳지 않은 행위이다. 신의 뜻에 어긋날 뿐만 아니라 공동체에 해악을 끼치기 때문이다. 자살은 사회로부터 능력 있는 사람들을 빼앗아가는 행위이다. 물론 그러한 행위는 공동체에 피해를 주는 것이다. 따라서 자살은 죄악이다.

을: 자살하는 사람은 사회에 해악을 끼치는 것이 아니다. 그는 단지 선을 행하는 것을 멈추는 것일 뿐이다. 사회에 선을 행해야 한다는 우리의 모든 의무는 상호성을 함축한다. 즉 나는 사회로부터 혜택을 얻으므로 사회의 이익을 증진시켜야 한다. 그러나 내가 만약 사회로부터 완전히 물러난다면 그러한 의무를 계속 짊어져야 하는 것은 아니다.

병: 인간의 행위는 자신에게만 관련된 것과 타인이 관련된 것으로 구분될 수 있다. 원칙적으로 인간은 타인에게 해가 되지 않는 한 원하는 것은 무엇이든 행할 수 있다. 다만 타인에게 해악을 주는 행위만이 도덕적 비판의 대상이 된다고 할 수 있다. 이러한 원칙은 자살의 경우에도 적용된다.

〈 보 기 〉

ㄱ. 갑의 주장은 을의 주장과 양립할 수 없다.

ㄴ. 을의 주장은 병의 주장과 양립할 수 있다.

ㄷ. 자살이 타인이 아닌 자신에게만 관련된 행위일 경우 병은 갑의 주장
　에 찬성할 것이다.

① ㄱ　② ㄷ　③ ㄱ, ㄴ　④ ㄴ, ㄷ　⑤ ㄱ, ㄴ, ㄷ

[PSAT, 2016. 7]

8. 갑과 을의 주장에 대한 판단으로 옳은 것만을 〈보기〉에서 있는 대로 고른 것
은?

갑: 범죄의 불법성을 판단하는 척도가 범죄를 행하는 자의 의사에 있다고
믿는 것은 잘못이다. 범죄의 의사는 사람마다 다르고 심지어 한 사람에
있어서도 그 사상, 감정, 상황의 변화에 따라 시시각각 달라질 수 있기
때문이다. 범죄의 척도를 의사에서 찾는다면 개인 의사의 경중에 따른
별도의 법을 만들어야 할 것이다. 따라서 처벌은 의사가 아닌 손해의
경중을 기준으로 차등을 두어야 한다.

을: 갑은 범죄자의 '의사'를 객관화할 수 없다고 전제하고 있다. 그러나 범
죄자의 '의사'를 몇 가지 기준에 의해서 유형화한다면 의사 자체의 경
중도 판단할 수 있다. 우선, 의도한 범죄의 경중을 기준으로 삼는 경우,
더 중한 결과를 발생시키는 범죄를 행하려는 의사가 더 경한 결과를 발
생시키는 범죄를 행하려는 의사보다 중하다. 다음으로 의욕의 정도를
기준으로 삼는 경우, 결과 발생을 의도한 범죄자의 의사가 결과 발생을
의도하지 않고 단지 부주의로 손해를 발생시킨 범죄자의 의사보다 중
하다.

따라서 처벌은 손해뿐만 아니라 범죄자의 의사의 경중 또한 고려하여 차등을 두어야 한다.

─────── 〈보 기〉 ───────

ㄱ. 살인의 의사를 가지고 가격하였으나 상해의 결과가 발생한 경우와 폭행의 의사를 가지고 가격하였으나 사망의 결과가 발생한 경우를 동일하게 처벌한 법원의 태도는 갑의 주장에 부합한다.

ㄴ. 강도의 의사로 행위를 하였으나 강도는 실패하고 중(重)상해의 결과를 발생시킨 경우와 살인의 의사로 행위를 하였으나 역시 중상해의 결과를 초래한 경우에 있어서 전자를 중하게 처벌한 법원의 태도는 갑과 을의 주장 모두에 부합하지 않는다.

ㄷ. 살인의 의사가 있었으나 그 행위에 나아가지 않은 경우와 부주의로 사람을 다치게 한 경우에 있어서 전자를 처벌하지 않고 후자만 처벌한 법원의 태도는 갑과 을의 주장 모두에 부합한다.

① ㄱ   ② ㄴ   ③ ㄱ, ㄷ   ④ ㄴ, ㄷ   ⑤ ㄱ, ㄴ, ㄷ

[LEET, 2017학년도]

9. A, B에 대한 평가로 옳은 것만을 〈보기〉에서 있는 대로 고른 것은?

사람들의 미적 감각이 결코 우열을 가릴 대상이 아님을 당연시하는 오늘날의 상식은 흔히 ㉠미적 취향의 보편적 기준을 부정하고 모든 이의 미적 취향을 동등하게 인정하는 태도로 이어지곤 한다. 하지만 때로는 상식이 정반대의 견해를 옹호하는 것처럼 보이기도 한다. 우리는 흔히 예술가의 우열 구분에 쉽게 동의하곤 하는데, 미켈란젤로가 위대한 예술가라는 믿음은 실제로 상식이 아닌가. 이럴 때는 마치 상식이 미적 취향의 보편적 기준을 인정하는 것처럼 보인다. 그렇다면 상식은 한편으로는 미적 취향의 보편적 기준은 없다고 판단하면서 다른 한편으로는 그런 보편적 기준이 있다고 판단하는 셈이다.

A: 인간의 자연 본성에는 미적 취향과 관련하여 고정된 공통 감정이란 것이 있다. 편견이나 선입견 때문에 나쁜 작품이 일정 기간 명성을 얻을 수 있으나 그런 현상이 결코 지속될 수 없는 것도 바로 이 공통 감정 때문이다. 편견이나 선입견은 결국 인간의 올바른 감정의 힘에 굴복하게 되어 있다.

B: 사회 지배층이 자신들의 탁월성을 드러내고 피지배자들과의 차별성을 부각하는 과정에서 미적 취향의 기준이 생성된다. 미적 취향은 이런 사회적 관계가 체화된 것일 뿐 인간의 자연 본성에 근거한 것이 아니다. 사회적 관계가 늘 변할 수 있듯이 그런 미적 취향의 기준도 항상 변화할 수 있다.

───────── 〈보 기〉 ─────────

ㄱ. A는 ㉠을 거부한다.

ㄴ. B는 '사회를 구성하는 모든 이의 미적 취향을 동등하게 인정해야 한다'라는 주장에 동의한다.

ㄷ. A도 B도 '피카소가 위대한 예술가라는 현재의 평가가 미래에는 달라질 수 있다'라는 주장과 모순되지 않는다.

① ㄱ   ② ㄴ   ③ ㄱ, ㄷ   ④ ㄴ, ㄷ   ⑤ ㄱ, ㄴ, ㄷ

[LEET, 2019학년도]

10. 다음 글의 ㉠으로 가장 적절한 것은?

갑: 우리는 타인의 언어나 행동을 관찰함으로써 타인의 마음을 추론한다. 예를 들어, 우리는 철수의 고통을 직접적으로 관찰할 수 없다. 그러면 철수가 고통스러워한다는 것을 어떻게 아는가? 우리는 철수에게 신체적인 위해라는 특정 자극이 주어졌다는 것과 그가 신음 소리라는 특정 행동을 했다는 것을 관찰함으로써 철수가 고통이라는 심리 상태에 있다고 추론하는 것이다.

을: 그러한 추론이 정당화되기 위해서는 내가 보기에 ㉠ <u>A 원리</u>가 성립한다고 가정해야 한다. 그렇지 않다면, 특정 자극에 따른 철수의 행동으로부터 철수의 고통을 추론하는 것은 잘못이다. 그런데 A 원리가 성립하는지는 아주 의심스럽다. 예를 들어, 로봇이 우리 인간과 유사하게 행동할 수 있다고 하더라도 로봇이 고통을 느낀다고 생각하는 것은 잘못일 것이다.

병: 나도 A 원리는 성립하지 않는다고 생각한다. 아무런 고통을 느끼지 못하는 사람이 있다고 해보자. 그런데 그는 고통을 느끼는 척하는 방법을 배운다. 많은 연습 끝에 그는 신체적인 위해가 가해졌을 때 비명을 지르고 찡그리는 등 고통과 관련된 행동을 완벽하게 해낸다. 그렇지만 그가 고통을 느낀다고 생각하는 것은 잘못일 것이다.

정: 나도 A 원리는 성립하지 않는다고 생각한다. 위해가 가해져 고통을 느끼지만 비명을 지르는 등 고통과 관련된 행동은 전혀 하지 않는 사람도 있기 때문이다. 가령 고통을 느끼지만 그것을 표현하지 않고 잘 참는 사람도 많지 않은가? 그런 사람들을 예외적인 사람으로 치부할 수는 없다. 고통을 참는 것이 비정상적인 것은 아니다.

을: 고통을 참는 사람들이 있고 그런 사람들이 비정상적인 것은 아니라는 데는 나도 동의한다. 하지만 그러한 사람의 존재가 내가 얘기한 A 원리에 대한 반박 사례인 것은 아니다.

① 어떤 존재의 특정 심리 상태 X가 관찰 가능할 경우, X는 항상 특정 자극에 따른 행동 Y와 동시에 발생한다.

② 어떤 존재의 특정 심리 상태 X가 항상 특정 자극에 따른 행동 Y와 동시에 발생할 경우, X는 관찰 가능한 것이다.

③ 어떤 존재에게 특정 자극에 따른 행동 Y가 발생할 경우, 그 존재에게는 항상 특정 심리 상태 X가 발생한다.

④ 어떤 존재에게 특정 심리 상태 X가 발생할 경우, 그 존재에게는 항상 특정 자극에 따른 행동 Y가 발생한다.

⑤ 어떤 존재에게 특정 심리 상태 X가 발생할 경우, 그 존재에게는 항상 특정 자극에 따른 행동 Y가 발생하고, 그 역도 성립한다.

[PSAT, 2019. 3]

2장

옳은 추론이란?

2.1 함축, 타당성, 논리적 귀결

다음 두 주장을 생각해 보자.

우리 반 학생 연수는 제주도 출신이다.
우리 반에는 제주도 출신 학생도 있다.

앞 장의 논의에 따를 때, 첫 번째 주장은 두 번째 주장을 함축한다. 첫 번째 주장이 참이면 두 번째 주장도 반드시 참이기 때문이다. 다음 예를 보자.

우리 반 학생은 모두 3학년이다.
강희는 우리 반 학생이다.
강희는 3학년이다.

앞의 두 주장이 참이라면 마지막 주장도 반드시 참이다. 이때도 우리는 앞의 두 주장이 마지막 주장을 '함축한다'라고 말한다. 이처럼 하나의 주장이 다른 하나의 주장을 함축한다고 말하기도 하지만, 때에 따라 여러 개의 주장이 하나의 주장을 함축한다고 말하기도 한다. 이때 이 세 주장 사이에 함축 관계가 성립한다는 사실을 표현하는 가장 자연스러운 방식은 다음일 것이다.

> 우리 반 학생은 모두 3학년이다.
> 강희는 우리 반 학생이다.
> **따라서** 강희는 3학년이다.

이것이 바로 우리가 '추론' (또는 '추리')이나 '논증'[1]이라고 부르는 것이다. '따라서'를 기준으로 그 앞에 나오는 주장들이 '전제'이고, 그 다음에 나오는 주장이 '결론'이다.

추론의 전제가 꼭 두 개일 필요는 없다. 전제는 하나 이상 여러 개의 주장으로 구성될 수 있으므로, 추론의 일반 형태는 다음과 같다고 할 수 있다.

$$\frac{\text{전제 } A_1, A_2, A_3, ..., A_n}{\text{결론 } C}$$

전제와 결론 사이에 함축 관계가 성립할 때 **옳은** 추론이 되는데, 이를 일컫는 다양한 표현이 있다.

> **전제가 결론을 함축한다.**
> ⇔ **추론/논증이 연역적으로 타당하다.**
> ⇔ **전제로부터 결론이 따라나온다.**
> ⇔ **결론은 전제의 논리적 귀결이다.**

이 가운데 대표적인 표현은 '타당하다' (valid)라는 것이므로, 이를 주로 사용하기로 하겠다. 타당하지 않은 추론은 '부당한' (invalid) 추론이라 부른다.

---

1 추론에 연역 추론만 있는 것은 아니다. 귀납 추론도 널리 쓰이고, 우리 삶의 중요한 사고방식이다. 하지만 여기서는 연역 추론에 논의를 국한한다.

타당한 추론의 정확한 의미

전제가 결론을 함축한다는 의미에서 옳은 추론, 즉 타당한 추론이 되려면 다음 조건을 만족해야 한다.

추론이 타당하다.

　⇔ **전제가 모두 참이면 결론도 반드시 참이다.**

타당성에 대한 이 정의는 찬찬히 곱씹어 볼 필요가 있다.

(1) 우선 함축 관계의 정의 때와 달리 여기에 **'모두'**가 들어간 이유는 전제가 여러 개의 주장으로 이루어진 경우도 있기 때문이다. 우리는 전제가 모두 참이라고 할 때 결론이 어떻게 되는지를 따져 보려는 것이지 전제 가운데 어느 하나나 일부가 참이라고 할 때 결론이 어떻게 되는지를 따져 보려는 것이 아니다.

(2) 타당성의 정의를 자세히 보면, '전제가 모두 **참이면**'이라고 말하고 있지 '전제가 모두 **참이고**'라고 말하고 있지 않다. 타당한 추론인지를 판단할 때 우리가 따져 보는 것은 전제가 모두 참이라고 **가정했을 때** 결론도 반드시 참이 되는지 여부이다. 다시 말해 우리는 전제가 모두 맞다고 칠 때 결론도 맞을 수밖에 없는지를 따져 타당성을 판가름 한다. 그렇기 때문에 전제에 거짓인 주장이 들어가도 타당한 추론이 될 수 있다. 우리는 그 주장이 참이 되는 경우를 가정해 볼 수 있기 때문이다.[2] 앞서 나온 예를 다시 보자.

　우리 반 학생은 모두 3학년이다.

　강희는 우리 반 학생이다.

　따라서 강희는 3학년이다.

첫 번째 전제가 실제로는 거짓이라고 해보자. 그렇더라도 이 추론은 여전히 타당하다고 말한다. 타당한 추론이 되기 위해 전제가 모두 참인 주장들로 구성될

2　영민한 사람이라면 이런 '가정'이 성립하지 않을 경우, 즉 전제 자체가 도무지 참이 될 수 없는 경우라면 어떻게 되는지 궁금해할 것이다. 이는 뒤에서 잠깐 다룬다.

필요는 없기 때문이다.

　(3) 타당성의 정의에서 가장 중요한 요소는 **'반드시'**이다. 이를 통해 우리는 전제가 참이 되는 모든 상황에서 예외 없이 결론도 참이어야 한다는 것을 나타내고자 한다. 타당성을 판가름할 때는 전제가 참이 되는 모든 상황이 어떤 것일지를 생각해 보고, 그런 상황에서는 **예외 없이** 결론도 참이 되는지를 따져 보아야 한다. 다음 예를 보자.

　강희가 3학년이거나 연수가 3학년이다.

　따라서 강희가 3학년이다.

이 예의 경우 전제가 참이 되는 상황으로 세 가지를 그려 볼 수 있다. 하나는 '강희가 3학년이다' 라는 주장만 참이어서 전제가 참이 된 상황(상황 1)이고, 다른 하나는 '연수가 3학년이다' 라는 주장만 참이어서 전제가 참이 된 상황(상황 2)이고, 마지막으로는 그 두 주장이 모두 참이어서 전제가 참이 된 상황(상황 3)이다. 상황 1과 상황 3에서는 결론이 참이지만 상황 2에서는 거짓이다.

전제가 참이 되는 상황	상황 1	상황 2	상황 3
결론	참	거짓	참

결국 우리는 전제가 참인 모든 상황에서 예외 없이 결론이 참인 것은 아님을 알 수 있다. 이런 이유에서 이 추론은 부당하다고 말한다.

　타당한 논증이란 전제가 참이 되는 **모든** 상황에서 예외 없이 결론도 참이 되는 논증을 말하는 것이지, 전제가 참이 되는 **어떤** 상황에서 '우연히' '운 좋게' 결론도 참이 되는 논증이 아니다. 앞의 예를 그대로 사용한다면, '상황 1' 과 같은 칸이 존재한다고 해서 타당한 논증이 되는 것은 아니며, '상황 2' 와 같은 칸이 결코 존재하지 않아야 타당한 논증이 된다. 이 점을 강조하여 타당한 논증이란 '진리보존적인'(truth-preserving) 논증이라고 말하기도 한다. 전제의 참이 결론의 참으로 완벽하게 보존될 경우에만 타당한 논증이 된다는 의미이다. 타당성의 정의가 이것을 의미하므로, 우리는 전제가 참이 되는 상황이 여러 가지

일 경우 그런 각각의 상황에 대해 결론이 참이 되는지를 모두 따져 보아야 한다. 만약 전제가 모두 참이지만 결론은 거짓이 되는 상황이 하나라도 있다면 그 논증은 부당한 논증이 된다. 그렇기 때문에 타당성의 정의를 다음과 같이 서술해도 된다.

추론이 타당하다.
  ⇔ 전제가 모두 참인데 결론은 거짓이 되는 상황은 존재하지 않는다.

다시 한번 강조하자면, 전제가 모두 참이고 결론도 참인 상황이 있다고 해서 논증이 타당한 것은 아니다. 전제가 모두 참이면서 결론은 거짓이 되는 상황이란 있을 수 없어야 타당한 논증이 된다.

일관성을 파악하기 위해서도 그랬듯이, 타당한 추론인지를 판단하기 위해서도 추론에 나오는 주장의 사실 여부를 실제로 알 필요는 없다. 우리는 전제가 모두 성립하는데 결론은 성립하지 않는 상황이 있을 수 있는지를 생각해 보기만 하면 된다.

타당성 개념의 특수한 결과

앞서 우리는 추론의 타당성을 판별하기 위해서는 전제가 모두 참이라고 가정할 때 결론도 반드시 참이 되는지를 따져 보아야 한다고 했다. 그런데 전제가 모두 참일 수 없다면 어떻게 될까? 다시 말해, 전제들이 비일관적 주장으로 구성되어 있어서 전제들이 모두 참이 되는 상황이 아예 있을 수 없다면, 그 논증은 타당하다고 해야 할까 부당하다고 해야 할까?

타당성의 정의에 따를 때, 그 논증은 타당한 것으로 판정된다. 왜냐하면 그런 경우 그 논증의 전제가 모두 참일 수 있는 상황은 없으므로 그 논증의 전제가 모두 참이면서 결론이 거짓일 수 있는 상황도 당연히 없을 것이기 때문이다. 이 점은 타당성의 정의가 다음을 의미하지 않는다는 것을 잘 보여 준다.

(가) 전제가 모두 참인 상황이 존재하고,
(나) 전제가 모두 참이면서 결론이 거짓인 상황은 존재하지 않는다.

다시 말해, 타당한 논증이 되기 위해서는 (가)와 (나)의 조건을 모두 충족해야 하는 것이 아니라 (나)의 조건만 충족하면 된다는 것이다.

타당성의 정의가 정확히 이런 의미이기 때문에 다음 예는 타당한 논증이 된다.

강희는 3학년이다. 강희는 3학년이 아니다. 따라서 서울은 한국의 수도이다.

어느 누구도 위와 같은 논증을 '좋은' 논증이라 보지는 않을 것이다. 하지만 타당성의 정의가 이런 결과를 낳는다는 점은 명백하다. 이는 타당한 논증이라는 개념이 직관적 의미에서의 좋은 논증이라는 개념과 꼭 일치하는 것은 아님을 보여준다. 전제가 비일관적이라면 결론에 무엇이 오든 모두 타당한 논증이 된다는 현상을 'EFQ'(Ex falso quodlibet, "(논리적) 거짓으로부터는 아무것이나 다 따라나온다")라고 부른다.[3]

2.2 타당성과 논증 형식

(4) 타당성의 정의에 나오는 '**반드시**'의 의미를 이해하는 또 다른 방안도 있다. 그것은 타당성을 논증 형식과 결부 짓는 것이다. 앞서 부당하다고 한 논증을 다시 보자.

(가)

강희가 3학년이거나 연수가 3학년이다.

따라서 강희가 3학년이다.

---

3 영민한 사람이라면, 결론이 도무지 거짓일 수 없는 주장으로 이루어진 논증이라면 어떻게 될지 궁금해할 것이다. 가령 "서울은 한국의 수도이다. 따라서 강희는 대학생이거나 대학생이 아니다."라는 추론은 타당할까? 올바른 대답은 이 추론도 타당하다는 것이다. 왜냐하면 결론이 어떠한 상황에서도 거짓일 수 없으므로, 전제가 참이면서 결론이 거짓인 상황도 당연히 있을 수 없기 때문이다.

이를 다음 논증과 비교해 보자.

(나)

송광사는 충청도에 있거나 송광사는 전라도에 있다.

따라서 송광사는 충청도에 있다.

두 논증은 다음과 같은 공통의 '논증 형식'을 지니고 있다.

P이거나 Q

따라서 P

우리는 (가)와 (나)를 이 논증 형식의 P, Q 자리에 각각 한번은 '강희가 3학년이다'와 '연수가 3학년이다'를 대입하고, 다른 한번은 '송광사는 충청도에 있다'와 '송광사는 전라도에 있다'를 대입한 것이라고 볼 수 있다. 그런데 두 논증 모두 부당하다. 전제가 참이 되는 상황에서는 언제나 결론이 참이 되는 것은 아니기 때문이다. 이처럼 이 두 논증은 논증 형식이 같다는 점뿐만 아니라 부당하다는 점에서도 공통점이 있다.

한편 이번에는 다음 두 논증을 보자.

(다)

우리 반 학생은 모두 3학년이다.

강희는 우리 반 학생이다.

따라서 강희는 3학년이다.

(라)

사람은 모두 죽는다.

소크라테스는 사람이다.

따라서 소크라테스는 죽는다.

이 두 논증은 다음과 같은 '논증 형식'을 공유하고 있다.

  F는 모두 G이다.
  a는 F이다.
  따라서 a는 G이다.

우리는 두 논증이 이 논증 형식의 F, G, a 자리를 한번은 '우리 반 학생', '3학년', '강희'를 각각 대입하고, 다른 한번은 '사람', '죽는다', '소크라테스'를 각각 대입한 것이라고 볼 수 있다. 두 논증 모두 타당하다. 왜냐하면 전제가 참이되는 상황에서는 언제나 결론도 참일 것이기 때문이다. 이처럼 이 두 논증 또한 논증 형식이 같다는 점뿐만 아니라 타당하다는 점에서도 공통점이 있다.

  두 쌍의 사례는 논증의 타당성이 논증 형식과 맞물려 있다는 점을 시사해 준다. 이를 보통 "타당한 논증은 형식 덕분에 타당하다"(Valid arguments are valid in virtue of their forms)라는 슬로건으로 표현한다. 논증의 타당성은 형식의 문제라는 것이다. 이는 특정한 논증 형식의 사례는 바로 그 논증 형식을 지니고 있기 때문에 모두 타당하며, 특정한 논증 형식의 사례는 또한 바로 그 논증 형식을 지니고 있기 때문에 모두 부당하다는 의미이다.

  그렇다면 어떤 형식을 지닌 논증이 타당할까? 이에 대한 전문적인 대답은 다음 조건을 만족하는 논증 형식이 타당하다는 것이다.[4]

  추론 형식이 타당하다.
  ↔ 전제가 참인 해석은 모두 결론도 참인 해석이다.

이는 논증 형식에 나오는 문자 자리를 적절히 채웠을 때 전제가 참이 되는 해석은 모두 결론도 참이 되는 해석일 경우 타당한 논증이 된다는 의미이다. 이에

---

4   이를 '모형이론적 귀결'(model-theoretic consequence) 개념이라고 부른다. 물론 여기 나오는 '해석'은 일상적인 의미의 해석은 아니고 좀더 엄밀하게 규정되어야 하지만, 여기서는 그 점은 무시하기로 한다.

따를 때 앞서 본 다음 논증 형식은 부당하다는 것을 알 수 있다.

> P이거나 Q
> 따라서 P

이 논증 형식은 위의 조건을 만족하지 못하기 때문이다. 이 논증 형식에 나오는
P와 Q를 각각 '송광사는 충청도에 있다', '송광사는 전라도에 있다' 로 해석할
경우 전제는 참이지만 결론은 거짓인 해석을 얻게 되고, 이는 위의 조건을 만족
하지 못함을 말해 준다.
　한편 앞에 나온 아래 논증 형식은 타당하다.

> F는 모두 G이다.
> a는 F이다.
> 따라서 a는 G이다.

이 논증 형식에 나오는 F, G, a를 어떤 식으로 해석하든 전제가 참인 해석은 모
두 결론도 참인 해석이 되기 때문이다.

부당성 입증과 반례

　논증의 타당성을 논증 형식과 결부시킬 경우 얻는 또 다른 이점이 있다. 그것은
어떤 논증이 타당하지 않음을 입증하는 방법이 어떤 것일지를 말해 주기 때문이
다. 앞의 논의에 따를 때 논증이 **부당하다**는 것은 다음이 성립한다는 의미이다.

추론 형식이 부당하다.
　⇔ 전제가 모두 참이지만 결론은 거짓인 해석이 존재한다.

이를 입증하기 위해서는 전제는 모두 참이지만 결론은 거짓인 해석을 하나 제
시하면 된다. 가령 다음 논증이 부당함을 입증하기 위해서는,

　　강희가 3학년이거나 연수가 3학년이다.
　　따라서 강희는 3학년이다.

이 논증과 같은 형식이면서 전제는 참이지만 결론은 거짓인 논증을 하나 제시하면 된다. 앞서 우리가 본 논증이 그런 것이었다.

　　송광사는 충청도에 있거나 송광사는 전라도에 있다.
　　따라서 송광사는 충청도에 있다.

이런 논증을 '반례'라고 부른다. 이처럼 논증의 반례를 제시함으로써 어떤 논증이 부당함을 입증할 수 있다. 타당한 논증이라면 반례가 있을 수 없다.
　　다음 논증을 보자.

　　어떤 사람은 노래를 잘 부른다.
　　어떤 사람은 춤을 잘 춘다.
　　따라서 춤도 잘 추고 노래도 잘 부르는 사람도 있게 마련이다.

언뜻 보면 이는 올바른 추론처럼 보인다. 전제와 결론이 모두 성립하는 상황을 충분히 상상해 볼 수 있기 때문이다. 하지만 그렇다고 해서 이것이 타당한 추론인 것은 아니다. 이를 우리는 다음과 같은 반례를 들어 입증할 수 있다.

　　어떤 동물은 개다.
　　어떤 동물은 고양이이다.
　　따라서 고양이이면서 개인 것도 있다.

이런 반례를 통해 우리는 앞의 논증의 전제가 참이라고 해서 결론의 참을 보증하는 것이 아님을 백일하에 드러내는 것이다. 반례를 들어 부당성을 입증할 때는 다음 두 요건을 만족해야 한다.

첫째, 주어진 논증과 같은 논증 형식을 지녀야 한다.

둘째, 전제는 누가 보더라도 참이지만 결론은 누가 보더라도 거짓인 주장으로 구성되어야 한다.

2.3 타당성 관계의 몇 가지 특징

논의를 간단히 하기 위해, 전제는 A_1, A_2, ..., A_n이고 결론은 C로 이루어진 타당한 논증을 다음과 같이 나타내기로 하자.

$$A_1, A_2, ..., A_n \vDash C$$

'$\vDash$'는 '턴스타일'이라고 부르는 기호인데, 여기서는 그냥 '따라서'라고 읽으면 된다. 그리고 앞서 설명한 의미에서 M이 N을 함축할 경우, 즉 $M \vDash N$이 성립할 경우, M을 N보다 '강한 주장', N을 M보다 '약한 주장'이라고 부르기로 하자. 함축 관계, 즉 타당성 관계는 몇 가지 중요한 성질을 지닌다.

(1) 결론의 약화

먼저 다음이 일반적으로 성립한다.

$$A_1, A_2, ..., A_n \vDash C이고 C \vDash D이면, A_1, A_2, ..., A_n \vDash D$$

이는 어떤 논증이 타당할 경우, **결론을 약화**하더라도 논증은 여전히 타당하다는 것을 말해 준다. 예를 들어, 다음 논증은 타당하다.

강희나 연수 가운데 적어도 한 사람이 어제 모임에 갔다면, 정민이는 영래의 최근 소식을 들었을 것이다. 하지만 정민이는 영래의 최근 소식을 듣지 못했다. 따라서 강희나 연수 가운데 적어도 한 사람이 어제 모임에 갔다는 것은 사실이 아니다.

그런데 다음 논증도 타당하다.

> 강희나 연수 가운데 적어도 한 사람이 어제 모임에 갔다는 것은 사실이 아니다. 따라서 강희는 어제 모임에 가지 않았다.

결국 우리는 다음 논증도 타당하다는 점을 쉽게 알 수 있다.

> 강희나 연수 가운데 적어도 한 사람이 어제 모임에 갔다면, 정민이는 영래의 최근 소식을 들었을 것이다. 하지만 정민이는 영래의 최근 소식을 듣지 못했다. 따라서 강희는 어제 모임에 가지 않았다.

물론 타당한 논증의 **결론을 강화**하게 되면 타당성이 유지된다는 보장은 없다.

(2) 전제의 강화

한편 전제 가운데 어느 하나를 강화하더라도 원래 논증은 여전히 타당하다. 따라서 다음이 성립한다.

> $A_1, A_2, ..., A_n \vDash C$이고 $B \vDash A_1$이면, $B, A_2, ..., A_n \vDash C$

앞에 나온 예를 그대로 사용해 이를 설명해 보자. 우선 원래의 논증은 타당한 것이었다.

> 강희나 연수 가운데 적어도 한 사람이 어제 모임에 갔다면, 정민이는 영래의 최근 소식을 들었을 것이다. 하지만 정민이는 영래의 최근 소식을 듣지 못했다. 따라서 강희나 연수 가운데 적어도 한 사람이 어제 모임에 갔다는 것은 사실이 아니다.

그런데 다음 논증도 타당하다.

정민이는 영래의 최근 소식을 듣지 못했고 서진이도 영래의 최근 소식을 듣지 못했다. 따라서 정민이는 영래의 최근 소식을 듣지 못했다.

이때 다음 논증도 타당하다는 것이다.

강희나 연수 가운데 적어도 한 사람이 어제 모임에 갔다면, 정민이는 영래의 최근 소식을 들었을 것이다. 하지만 정민이는 영래의 최근 소식을 듣지 못했고 서진이도 영래의 최근 소식을 듣지 못했다. 따라서 강희나 연수 가운데 적어도 한 사람이 어제 모임에 갔다는 것은 사실이 아니다.

물론 타당한 논증의 **전제를 약화**하게 되면 타당성이 유지된다는 보장은 없다. 결국 우리는 결론을 강화하거나 전제를 약화하면 타당성 관계가 깨지게 된다는 점을 알 수 있다.

(3) 타당성과 비일관성
타당한 논증과 비일관성은 다음과 같은 방식으로 연관되어 있다.

$A_1, A_2, ..., A_n \vDash C$
  ⇔ 주장들의 집합 $\{A_1, A_2, ..., A_n,$ C의 부정$\}$이 비일관적이다.

여기서 'C의 부정'이란 C가 참이 아님을 주장하는 명제를 말하고, C와 C의 부정은 서로 모순관계에 있는 주장이다. 예를 들어 타당성과 비일관성 사이에 어떤 관계가 있는지를 한번 생각해 보자. 앞서 보았듯이, 다음 논증은 타당하다.

우리 반 학생은 모두 3학년이다.
강희는 우리 반 학생이다.
따라서 강희는 3학년이다.

이때 우리는 이 논증의 전제를 그대로 가져오고 결론을 부정한 것으로 이루어진 다음 세 주장은 비일관적임을 쉽게 알 수 있다.

{우리 반 학생은 모두 3학년이다. 강희는 우리 반 학생이다. 강희는 3학년이 아니다.}

여기서 우리가 고려하는 주장들은 전제와 결론으로 이루어진 집합이 아니라 **전제와 결론의 부정**으로 이루어진 집합이라는 점을 명심해야 한다.

　타당한 논증과 (비)일관성 사이에 이런 관계가 있다는 사실은 두 가지 점에서 중요한 의미를 지닌다. 첫째, 타당한 논증의 전제를 모두 받아들인다고 하면서 결론을 부정한다면 이는 비일관적 주장을 하는 결과가 된다. 이 때문에 우리는 타당한 논증의 전제를 모두 받아들인다면 결론도 받아들여야 한다. 논증의 설득력은 이 사실에 뿌리를 두고 있다. 둘째, 논증의 타당성 여부를 전제와 결론의 부정으로 이루어진 주장들이 비일관적인지 여부를 확인해 파악해도 된다. 다시 말해, 결론을 부정할 경우 비일관성이 초래되는지를 확인해 논증이 타당한지 여부를 판별해도 된다. 앞으로 보겠지만, 이 방식을 쓰면 때로는 옳은 추론인지를 한층 더 쉽게 판별할 수 있다.

연 습 문 제

1. 다음 추론이 옳은지 여부를 밝히고, 옳지 않다면 반례를 들어 이를 입증해 보라.
   ① 강희가 올해 2학년이라면 그는 비판적 사고 수업을 이미 들었을 것이다. 그는 비판적 사고 수업을 이미 들었다. 따라서 강희가 올해 2학년임이 분명하다.
   ② 지원이는 지난 학기에 미시경제학이나 거시경제학 수업을 들었다. 그는 지난 학기에 미시경제학 수업을 들은 것으로 보아 거시경제학 수업은 듣지 않았을 것이다.

③ 연수가 영어와 수학을 둘 다 잘하는 것은 아니다. 연수는 영어를 잘하지
못한다. 따라서 연수는 수학은 잘 한다.

④ 정치학 과목을 좋아하는 학생은 모두 경제학 과목도 좋아하지만 경제학
과목을 좋아하는 학생 가운데는 철학 과목은 좋아하지 않는 학생도 있다.
따라서 정치학 과목은 좋아하지만 철학 과목은 좋아하지 않는 학생도 있
게 마련이다.

⑤ 서진이 친구들은 모두 대학원 진학을 준비하고 있고, 정민이 친구들은 어
느 누구도 대학원 진학을 준비하고 있지 않다. 따라서 서진이 친구이면서
정민이 친구인 사람은 아무도 없다.

2. 다음에서 참인 설명을 모두 고르면?

① A와 B가 동치이고 "A, K ⊨ C"가 타당한 논증이면, "B, K ⊨ C"도 타당
한 논증이다.

② A와 B가 동치이면, "A의 부정 ⊨ B의 부정"도 타당한 논증이다.

③ "A, B ⊨ C"가 타당한 논증이면, "A, C의 부정 ⊨ B의 부정"도 타당한
논증이다.

④ "A ⊨ B"가 타당한 논증이고 "B ⊨ C"가 타당한 논증이면, "A의 부정 ⊨
C의 부정"도 타당한 논증이다.

⑤ "A, B, C ⊨ D"가 타당한 논증이고 "D ⊨ E"가 타당한 논증이면, "B, C,
그리고 E의 부정 ⊨ A의 부정"도 타당한 논증이다.

⑥ "A, B, C ⊨ D"가 타당한 논증이고 "E ⊨ A"가 타당한 논증이면, "B, C,
D ⊨ E의 부정"도 타당한 논증이다.

⑦ "A, B ⊨ C"가 부당한 논증이면, {A, B, C의 부정}은 일관적이다.

⑧ {A, B, C, D}가 일관적이면, "A, B, C ⊨ D의 부정"은 타당한 논증이다.

⑨ {A, B, C}가 비일관적이면, "A, B ⊨ C의 부정"은 타당한 논증이다.

⑩ 타당한 논증이면, 전제와 결론으로 이루어진 명제 집합은 언제나 일관적
이다.

3. 다음 글에서 밑줄 친 주장의 논거를 '주머니에서 카드 꺼내기'의 비유를 들어 설명한다고 할 때, 올바른 설명을 〈보기〉에서 **모두** 고르면?

> 타당한 논증이란 타당한 형식의 논증을 말한다. 타당한 형식의 논증이란 반례가 있을 수 없는 형식의 논증을 일컫는다. '반례'란 그 논증이 부당함을 보여 주는 반박 사례의 준말로서, 전제들이 모두 참이면서 결론은 거짓인 논증의 사례를 말한다. 반례가 나올 수 있는 형식의 논증은 부당한 형식의 논증이다. 부당한 논증 형식과 동일한 형식의 논증은 설령 그 전제들과 결론이 모두 참이라 해도 부당한 논증으로 간주된다. 왜냐하면 그 형식의 논증 가운데는 반례가 있기 때문이다.
>
> 우리는 어떤 논증이 타당한지 부당한지 얼핏 불확실해 보일 때, 그와 동일한 형식의 반례가 되는 논증을 찾아서 원래의 논증이 부당함을 보일 수 있다. 이 방법이 어떻게 쓰이는지 예를 들어 설명해 보자.
>
> "모든 셰퍼드는 포유류이다. 모든 개는 포유류이다. 따라서 모든 셰퍼드는 개다."
>
> 이 논증은 아래와 같은 논증 형식의 사례이다.
>
> "모든 A는 B이다. 모든 C는 B이다. 따라서 모든 A는 C이다."
>
> 원래 논증의 전제와 결론은 모두 참이므로, 우리는 이 논증이 타당한지 여부를 미심쩍어 할 수 있다. 이때 우리는 다음과 같은 반례를 하나 찾아내어 원래의 논증이 부당함을 보일 수 있다.
>
> "모든 고양이는 포유류이다. 모든 개는 포유류이다. 따라서 모든 고양이는 개다."

　　그런데 어떤 논증의 반례를 찾아보아도 나오지 않는 경우가 있을 수 있다. 이때 우리는 그 논증이 타당해서 반례가 없기 때문에 못 찾은 것인지, 아니면 부당해서 반례가 있기는 하지만 아직 찾아내지 못한 것인지 알 수 없다. 이 때문에 이 방법으로는 논증의 부당성을 입증할 수 있지만, 논증의 타당성을 입증할 수는 없다.

―――――――― 〈보　기〉 ――――――――

ㄱ. 지금까지 주머니에서 꺼낸 카드는 모두 초록색이었다면 그 주머니에는 빨간색 카드는 전혀 없다고 확실하게 말할 수 있으므로, 이 방법으로는 논증의 부당성을 입증할 수 있다.

ㄴ. 지금까지 주머니에서 꺼낸 카드 가운데는 초록색이 하나도 없었다면 그 주머니에는 초록색 카드는 전혀 없다고 확실하게 말할 수 있으므로, 이 방법으로는 논증의 부당성을 입증할 수 있다.

ㄷ. 지금까지 주머니에서 꺼낸 카드가 모두 초록색이었다고 하더라도 그 주머니에는 빨간색 카드는 하나도 없다고 확실하게 말할 수 없으므로, 이 방법으로는 논증의 타당성을 입증할 수 없다.

ㄹ. 지금까지 주머니에서 꺼낸 카드가 모두 초록색이었다고 하더라도 그 주머니에는 초록색 카드만 들어 있다고 확실하게 말할 수 없으므로, 이 방법으로는 논증의 타당성을 입증할 수 없다.

ㅁ. 지금까지 주머니에서 꺼낸 카드 가운데는 초록색이 하나도 없었다고 하더라도 그 주머니에는 초록색 카드가 하나도 없다고 확실하게 말할 수 없으므로, 이 방법으로는 논증의 타당성을 입증할 수 없다.

① ㄱ, ㄷ　② ㄴ, ㄹ　③ ㄷ, ㅁ　④ ㄹ, ㅁ　⑤ ㄷ, ㄹ, ㅁ

[PSAT, 2008. 2]

4. 다음 추론 중 논리적으로 타당한 것은?

① 운동을 열심히 하면 체중이 줄어든다. 영희는 최근 운동을 전혀 하지 않았다. 그러므로 영희는 체중이 늘었음에 틀림없다.

② 코페르니쿠스의 지동설이 옳다면 행성의 운동을 설명하기 위해서 주전원의 존재를 가정해야 한다. 그러므로 주전원의 존재를 가정하지 않고는 행성의 운동을 설명할 수 없다.

③ 박쥐가 후각 능력이 약하거나 탁월한 청각 능력이 없다면, 어둠 속을 빠르게 날아갈 수 없다. 박쥐는 빠르게 어둠 속을 날아갈 수 있다는 것이 확인되었다. 그러므로 박쥐의 청각 능력이 탁월함이 분명하다.

④ 광학에 관하여 우리가 믿고 있는 이론이 옳고, 무지개에 대한 우리의 관찰을 비롯한 초기 조건이 정확하다면, 무지개의 색에 대한 정확한 설명을 할 수 있다. 우리는 관찰되는 무지개의 색에 대하여 정확하게 설명을 해내고 있다. 그러므로 우리가 믿고 있는 광학 이론은 옳다.

⑤ 이해나 감정 등을 비롯한 인간의 모든 정신 현상이 일종의 입력된 정보에 대한 계산적 처리 과정이라고 주장하는 계산 기능주의자들의 주장이 옳다면, 인간의 모든 정신 현상은 기계적으로 실현될 수 있다. 그런데 인공지능이란 인간처럼 느끼고 이해할 뿐만 아니라 자율적으로 판단하고 행동할 수 있는 인공물을 말한다. 그러므로 결국 머지않아 인공지능이 우리 눈앞에 현실로 등장하게 될 것이다.

[PSAT, 2004. 2]

5. 다음 논증 중 타당하지 **않은** 것은?

① 과학자인 동시에 수학자인 사람은 모두 천재이다. 어떤 수학자도 천재가 아니다. 그러므로 수학자인 동시에 과학자인 사람은 아무도 없다.

② 모든 과학자는 신을 믿는다. 신을 믿는 모든 사람은 유물론자가 아니다. 어떤 유물론자는 진화론자이다. 그러므로 어떤 진화론자는 과학자가 아니다.

③ 만일 직녀가 부산 영화제에 참석한다면 광주의 동창회에는 불참할 것이

다. 만일 직녀가 광주의 동창회에 불참한다면, 견우를 만나지 못할 것이다. 그러므로 직녀는 부산 영화제에 참석하지 않거나 견우를 만나지 못할 것이다.

④ 외국어 학원에 다니는 사람들은 모두 외국 문화에 관심이 있다. 외국 문화에 관심을 가지는 사람들 중 한 번도 외국에 가 본 적이 없는 사람들이 있다. 그러므로 외국에 한 번도 가 본 적이 없는 사람들 중 일부는 외국어 학원에 다니지 않는다.

⑤ 철준이가 선미도 사랑하고 단이도 사랑한다는 것은 사실이 아니다. 그러나 철준이는 선미를 사랑하거나 단이를 사랑한다. 그러므로 철준이가 선미를 사랑하지 않으면 철준이는 단이를 사랑하고, 철준이가 단이를 사랑하면 철준이는 선미를 사랑하지 않는다.

[PSAT, 2008. 2]

6. 전제가 참일 때 결론이 반드시 참인 논증을 펼친 사람만을 모두 고르면?

영희: 갑이 A부처에 발령을 받으면, 을은 B부처에 발령을 받아. 그런데 을이 B부처에 발령을 받지 않았어. 그러므로 갑은 A부처에 발령을 받지 않았어.

철수: 갑이 A부처에 발령을 받으면, 을도 A부처에 발령을 받아. 그런데 을이 B부처가 아닌 A부처에 발령을 받았어. 따라서 갑은 A부처에 발령을 받았어.

현주: 갑이 A부처에 발령을 받지 않거나, 을과 병이 C부처에 발령을 받아. 그런데 갑이 A부처에 발령을 받았어. 그러므로 을과 병 모두 C부처에 발령을 받았어.

---

① 영희   ② 철수   ③ 영희, 철수   ④ 영희, 현주   ⑤ 철수, 현주

[PSAT, 2013. 8]

7. 다음 (가) ~ (마) 각각의 논증에서 전제가 모두 참일 때, 결론이 반드시 참
   인 것을 모두 고르면?

(가) 삼촌은 우리를 어린이대공원에 데리고 간다고 약속했다. 삼촌이 이
    약속을 지킨다면, 우리는 어린이대공원에 갈 것이다. 우리는 어린이
    대공원에 갔다. 따라서 삼촌이 이 약속을 지킨 것은 확실하다.

(나) 내일 비가 오면, 우리는 박물관에 갈 것이다. 내일 날씨가 좋으면, 우
    리는 소풍을 갈 것이다. 내일 비가 오거나 날씨가 좋을 것이다. 따라
    서 우리는 박물관에 가거나 소풍을 갈 것이다.

(다) 영희는 학생이다. 그녀는 철학도이거나 과학도임이 틀림없다. 그녀는
    과학도가 아니라는 것이 밝혀졌다. 따라서 그녀는 철학도이다.

(라) 그가 나를 싫어하지 않는다면, 나를 데리러 올 것이다. 그는 나를 싫
    어한다. 따라서 그는 나를 데리러 오지 않을 것이다.

(마) 그가 유학을 간다면, 그는 군대에 갈 수 없다. 그가 군대에 갈 수 없다
    면, 결혼을 미루어야 한다. 그가 결혼을 미룬다면, 그녀와 헤어지게
    될 것이다. 따라서 그녀와 헤어지지 않으려면, 그는 군대에 가서는 안
    된다.

---

① (가), (나)
② (가), (라)
③ (나), (다)
④ (나), (마)
⑤ (다), (마)

[PSAT, 2012. 8]

8. 다음 글에 대한 분석으로 적절하지 않은 것은?

공포영화에 자주 등장하는 좀비는 철학에서도 자주 논의된다. 철학적 논의에서 좀비는 '의식을 갖지는 않지만 겉으로 드러나는 행동에서는 인간과 구별되지 않는 존재'로 정의된다. 이를 '철학적 좀비'라고 하자. ㉠인간은 고통을 느끼지만, 철학적 좀비는 고통을 느끼지 못한다. 즉 고통에 대한 의식을 가질 수 없는 존재라는 것이다. 그러나 ㉡철학적 좀비도 압정을 밟으면 인간과 마찬가지로 비명을 지르며 상처 부위를 부여잡을 것이다. 즉 행동 성향에서는 인간과 차이가 없다. 그렇기 때문에 겉으로 드러나는 모습만으로는 철학적 좀비와 인간을 구별할 수 없다. 그러나 ㉢인간과 철학적 좀비는 동일한 존재가 아니다. ㉣인간이 철학적 좀비와 동일한 존재라면, 인간도 고통을 느끼지 못하는 존재여야 한다.

물론 철학적 좀비는 상상의 산물이다. 그러나 우리가 철학적 좀비를 모순 없이 상상할 수 있다는 사실은 마음에 관한 이론인 행동주의에 문제가 있다는 점을 보여 준다. 행동주의는 마음을 행동 성향과 동일시하는 입장이다. 이에 따르면, ㉤마음은 특정 자극에 따라 이러저러한 행동을 하려는 성향이다. ㉥행동주의가 옳다면, 인간이 철학적 좀비와 동일한 존재라는 점을 인정할 수밖에 없다. 그러나 인간과 달리 철학적 좀비는 마음이 없어서 어떤 의식도 가질 수 없는 존재이다. 따라서 ㉦행동주의는 옳지 않다.

① ㉠과 ㉡은 동시에 참일 수 있다.
② ㉠과 ㉣이 모두 참이면, ㉢도 반드시 참이다.
③ ㉡과 ㉥이 모두 참이면, ㉤도 반드시 참이다.
④ ㉢과 ㉥이 모두 참이면, ㉦도 반드시 참이다.
⑤ ㉤과 ㉦은 동시에 거짓일 수 없다.

[PSAT, 2019. 7]

9. 다음 글의 내용이 참일 때, 반드시 참인 것만을 〈보기〉에서 모두 고르면?

    교수 갑 ~ 정 중에서 적어도 한 명을 국가공무원 5급 및 7급 민간경력자 일괄채용 면접위원으로 위촉한다. 위촉 조건은 아래와 같다.

    • 갑과 을이 모두 위촉되면, 병도 위촉된다.
    • 병이 위촉되면, 정도 위촉된다.
    • 정은 위촉되지 않는다.

─────── 〈보   기〉 ───────

    ㄱ. 갑과 병 모두 위촉된다.
    ㄴ. 정과 을 누구도 위촉되지 않는다.
    ㄷ. 갑이 위촉되지 않으면, 을이 위촉된다.

① ㄱ   ② ㄷ   ③ ㄱ, ㄴ   ④ ㄴ, ㄷ   ⑤ ㄱ, ㄴ, ㄷ

[PSAT, 2017. 8]

10. A, B, C, D 네 개의 국책 사업 추진 여부를 두고, 정부가 다음과 같은 기본 방침을 정했다고 하자. 이를 따를 때 반드시 참이라고는 할 수 없는 것은?

    • A를 추진한다면, B도 추진한다.
    • C를 추진한다면, D도 추진한다.
    • A나 C 가운데 적어도 한 사업은 추진한다.

① 적어도 두 사업은 추진한다.
② A를 추진하지 않기로 결정한다면, 추진하는 사업은 정확히 두 개다.

③ B를 추진하지 않기로 결정한다면, C는 추진한다.

④ C를 추진하지 않기로 결정한다면, B는 추진한다.

⑤ D를 추진하지 않기로 결정한다면, 다른 세 사업의 추진 여부도 모두 정해진다.

[PSAT, 2011. 8]

2부

옳은 추론의 여러 형태

네 개 장으로 이루어진 2부에서는 우리가 일상적으로 하는 여러 가지 추론 방식을 체계적으로 설명한다. 먼저 3장에서는 가장 기초적인 추론 방식인 명제논리 추론을 다루고, 이를 확장한 양화논리 추론을 6장에서 다룬다. 4장에서는 삼단논법의 논리를 살펴보고, 5장에서는 벤 다이어그램을 이용한 추론 방식을 소개한다.

옳은 추론이란 전제가 모두 참이라고 할 때 결론도 반드시 참이 되는 추론을 일컫는다. 따라서 옳은 추론인지를 판단하려면 우선 추론에 나오는 주장들이 정확히 어느 경우에 참이 되는지를 알아야 한다. 주장들이 참이 되는 조건을 '진리조건'(truth-condition)이라 부르는데, 이는 주장들의 형태에 따라 다르다. 우리는 먼저 추론에 나오는 주장들이 정확히 어떤 형태의 것인지를 분명히 하고, 이들의 진리조건, 즉 그 주장들이 언제 참이 되는지를 분명히 제시한 다음, 이에 근거해 어떤 추론 형식이 타당한 것인지를 설명하는 순서로 논의를 진행할 것이다.

옳은 추론에는 여러 가지 형태가 있다. 가장 기초적인 것이 '명제논리' 추론이고, 이를 확장해 '양화논리' 추론까지 포괄한 것이 '1단계 논리학'을 이루게 된다. 1단계 논리학을 이용하면 우리가 일상적으로 하는 웬만한 추론은 다 다룰 수 있다. 이 외에 우리는 삼단논법의 논리와 벤 다이어그램의 방법도 소개할 것이다.

우리가 차례로 살펴볼 여러 형태의 추론 방법은 바다에 나가 물고기를 잡는 여러 방법에 해당한다고 보면 된다. 명제논리라는 그물의 '그물코'는 꽤 성겨서 이것으로 모든 물고기를 잡을 수는 없다. 양화논리는 좀 더 촘촘한 그물코를 지닌 어구(漁具)라 할 수 있어서 우리가 좋아하는 웬만한 물고기는 대개 이를 써서 잡을 수 있다. 어떤 제한된 종류의 물고기를 잡는 데 특화된 간편하고 효율적인 어구도 있다. 우리가 중간에 소개할 삼단논법의 논리나 벤 다이어그램의 방법이 그런 것이다. 다만 우리가 이런 어구밖에 사용할 줄 모른다면 다양한 어종의 물고기를 맛볼 기회는 사라진다는 점을 명심해야 한다.

3장

명제논리 추론
'~아니다, ~이고, ~이거나, ~면'에 담긴 논리

3.1 명제논리 추론이란?

다음이 우리가 이 장에서 살펴볼 명제논리(propositional logic) 추론의 예이다.

> 강희가 3학년이거나 연수가 3학년이다. 강희는 3학년이 아니다. 따라서 연수가 3학년이다.

> 지원이가 경제학을 복수전공하고 있다면, 지원이는 지난 학기에 미시경제학 수업을 들었을 것이다. 지원이는 지난 학기에 미시경제학 수업을 듣지 않았다. 따라서 지원이가 경제학을 복수전공하고 있는 것은 아니다.

3.1.1 어떤 주장들이 나오는가?

단순명제와 복합명제

명제논리에서 다루는 주장에는 기본적으로 두 가지 유형이 있다. 하나는 단순명제(simple proposition)이고, 다른 하나는 복합명제(complex proposition)이다. 다음은 단순명제의 예이다.

① 강희는 3학년이다.

② 연수는 3학년이다.

한편 다음은 복합명제의 예이다.

③ 강희는 3학년이 아니다.

④ 강희가 3학년이거나 연수가 3학년이다.

단순명제와 복합명제는 서로 연관되어 있다. ③은 ①로부터 구성된 것이고, ④는 ①과 ②로부터 구성된 것이라고 할 수 있다. 나아가 ③의 참/거짓은 ①의 참/거짓에 달려 있고, ④의 참/거짓은 ①과 ②의 참/거짓에 달려 있다고 할 수 있다. 그러므로 명제논리는 다음 두 원리에 근거해 있다고 할 수 있다.

첫째, 단순명제가 결합되어 복합명제가 구성된다.

둘째, 복합명제의 참/거짓은 단순명제의 참/거짓에 달려 있다.

네 가지 복합명제: 부정, 연언, 선언, 조건언

단순명제를 묶어 복합명제를 구성하게 하는 표현을 논리학에서는 '결합사'(connective, 또는 '연결사')라고 부른다. 결합사란 문법에서 문장과 문장을 묶어 주는 접속사에 해당하는 것이라고 대략 말할 수 있지만, 그보다는 좀 더 넓은 개념이다. 통상적으로 접속사라 부르지 않는 것도 결합사로 여기기 때문이다. 가령 우리는 '...는 사실이 아니다'와 같은 표현을 접속사라 부르지 않지만 논리학에서는 이것도 결합사라고 본다. 그 이유는 가령 '...이거나 ...'에서 빈자리에 문장을 넣으면 새로운 문장을 얻을 수 있듯이, '...는 사실이 아니다'의 빈자리에도 문장을 넣으면 새로운 문장을 얻을 수 있기 때문이다.[1]

---

1   그러므로 결합사에는 하나의 문장에 붙여 또 다른 문장을 만드는 것이 있고, 두 개의 문장에 붙여 또 다른 문장을 만드는 것이 있다. 전자를 1항 결합사, 후자를 2항 결합사라고 부른다. 부정은 1항 결합사인 반면, 연언, 선언 및 조건언 등은 2항 결합사이다.

　명제논리에서 쓰는 결합사에는 기본적으로 네 가지가 있고, 이를 사용해 네 가지 종류의 복합명제가 구성된다. 앞서 본 예를 통해 이를 살펴보자. 다음 두 개의 단순명제에서 출발하자.

　A: 강희는 3학년이다.
　B: 연수는 3학년이다.

이 두 단순명제로부터 다음과 같은 네 가지 유형의 복합명제, 부정, 연언, 선언, 조건언을 구성할 수 있고, 이를 명제논리의 언어로는 다음과 같이 적는다.

　부정: ∼A　　　　　　강희가 3학년이라는 것은 사실이 아니다.
　연언: A & B　　　　　강희는 3학년이고 연수도 3학년이다.
　선언: A ∨ B　　　　　강희가 3학년이거나 연수가 3학년이다.
　조건언: A → B　　　　강희가 3학년이면 연수도 3학년이다.

여기서 연언 A & B와 선언 A ∨ B를 이루고 있는 명제, A, B를 각각 '연언성원' (또는 연언지, conjunct)과 '선언성원' (또는 선언지, disjunct)이라고 부른다. 한편 조건언 A → B를 구성하는 명제 A, B의 경우, A를 '전건' (antecedent), B를 '후건' (consequent)이라 부른다.

　우리가 도입한 복합명제 유형을 표로 정리하면 다음과 같다.

복합명제 유형	우리말 표현	영어 표현
부정 ∼A	A는 사실이 아니다.	it is not the case that A
연언 A & B	A이고 B	A and B
선언 A ∨ B	A이거나 B	A or B
조건언 A → B	A이면 B	if A then B

3.1.2 언제 참이 되는가?

추론의 타당성은 전제가 참일 때 결론이 반드시 참인지에 달려 있으므로, 어떤 추론이 타당한지를 판별하려면 전제나 결론에 나오는 주장들이 정확히 어느 경우에 참이 되는지를 알아야 한다. 이에 따라 우리가 여기서 도입한 여러 주장들, 즉 단순명제와 네 가지 복합명제가 참이 되는 조건, 즉 진리조건을 먼저 분명히 하기로 하자.

"강희는 3학년이다"(A)와 같은 **단순명제**의 참/거짓은 어떻게 결정되는 것일까? 이에 관해서 우리가 특별히 따져 볼 것은 없다. 그 주장이 사실과 부합한다면 참일 테고, 그렇지 않다면 거짓일 것이다. 다시 말해, "강희는 3학년이다"(A)라는 단순명제는 강희가 실제로 3학년에 재학 중이라면 참일 테고, 그렇지 않다면 거짓일 것이다.

진리함수적 복합명제

복합명제의 참/거짓은 어떻게 결정되는 것일까? 명제논리의 원리에 따를 때, 복합명제의 참/거짓은 이를 구성하는 단순명제의 참/거짓에 의해 완전하게 결정된다. 이런 성질을 지닌 복합명제를 '진리함수적(truth-functional)' 복합명제라고 부른다.[2] 함수의 함숫값이 독립변수의 값에 의해 완전히 결정되듯이, 복합명제의 참/거짓이라는 진릿값은 구성명제의 진릿값에 의해 완전히 결정되기 때문이다.[3] 구체적으로 어떻게 결정되는지 살펴보자.

(1) 부정

"강희는 3학년이 아니다"(~A)와 같은 부정명제의 참/거짓이 정해지는 방식

---

2 복합명제가 모두 진리함수적인 것은 아니다. 가령 '... 때문에 ...' 라는 결합사를 사용해 구성된 복합명제는 진리함수적이지 않다. "강희가 3학년이기 때문에 연수는 3학년이다"라는 주장의 참/거짓은 강희가 3학년이라는 주장과 연수가 3학년이라는 주장의 참/거짓만으로는 결정되지 않기 때문이다. 두 주장이 모두 참이라 하더라도 그 복합명제는 참인 경우가 있고 거짓인 경우도 있을 것이다. 이런 결합사를 '비진리함수적'(non-truth-functional) 결합사라 부른다.

3 복합명제의 참/거짓이 이처럼 단순명제의 참/거짓에 의해 완전히 결정되므로, 우리는 복합명제의 진릿값을 단순명제의 진릿값으로부터 계산할 수 있게 되고, 이를 통해 **정보 처리**가 가능하게 된다.

은 분명하다. 부정명제란 원래 명제가 참이 아님을 주장하는 것이므로, 원래 주장이 실제로 참이라면 부정명제는 거짓이 될 테고, 원래 주장이 실제로 거짓이라면 부정명제는 참이 될 것이다. 부정이 전형적인 진리함수적 복합명제임을 알 수 있다.

부정의 계산 규칙

A	~A
T	F
F	T

(2) 연언

"강희는 3학년이고 연수도 3학년이다"(A & B)와 같은 연언 명제의 참/거짓이 정해지는 방식도 분명하다. 그 연언 명제는 두 개의 연언성원, 강희는 3학년이다(A)와 연수는 3학년이다(B)가 모두 참일 때 참이고 그 밖의 경우라면 거짓이다. 그것이 정확히 우리가 정보를 전달할 때 '이고'라는 말을 쓰는 방식이기 때문이다.

연언의 계산 규칙

A	B	A & B
T	T	T
T	F	F
F	T	F
F	F	F

(3) 선언

"강희가 3학년이거나 연수가 3학년이다"(A ∨ B)와 같은 선언 명제의 참/거짓이 정해지는 방식에 대해서는 설명이 좀 필요하다. 우리가 일상적으로 쓰는 'A이거나 B'에는 서로 다른 두 가지 의미가 있다. 하나는 '포괄적' 의미이고, 다른 하나는 '배타적' 의미이다. 이 둘은 A나 B 가운데 적어도 하나가 참이라는 주장을 한다는 점에서는 같다. 차이는 A와 B가 모두 참인 경우도 포괄하느냐 배제하느냐를 두고 생긴다. 배타적 의미의 전형적 예로 다음을 들 수 있다.

정민이는 충청도가 고향이거나 강원도가 고향이다.

논리학에서는 '이거나'의 표준석 의미를 포괄적 의미로 잡는다. 그렇기 때문에 가령 다음 주장은

강희가 3학년이거나 연수가 3학년이다.

실제로 강희와 연수가 모두 3학년일 경우에도 참이 된다고 본다. 그러므로 논리학에서 사용하는 'A이거나 B'라는 선언 명제는 두 개의 선언성원, 강희는 3학년이다(A)나 연수는 3학년이다(B) 가운데 적어도 하나가 참이면 참이며, 둘 다 거짓일 때에만 거짓이다.[4]

---

4 한편 배타적 선언은 결합사 '$\underline{\lor}$'을 사용해서 표현하며, 계산 규칙은 다음과 같다.

배타적 선언

A	B	A $\underline{\lor}$ B	(A $\lor$ B) & ~(A & B)
T	T	F	F
T	F	T	T
F	T	T	T
F	F	F	F

위의 표에서 오른쪽은 배타적 선언을 포괄적 선언을 이용해 표현할 수 있음을 보여 준다. 배타적 의미의 선언은 둘 가운데 적어도 하나는 참이지만 둘 다 참은 아니라는 것을 말하므로 다음의 동치가 성립한다.

A $\underline{\lor}$ B = (A $\lor$ B) & ~(A & B)

이는 다시 다음과도 동치이다.

A $\underline{\lor}$ B = (A & ~B) $\lor$ (~A & B)

포괄적 선언이든 배타적 선언이든 다음 형태의 추론(이를 '선언 삼단논법'이라 부른다)은 타당하다.

선언의 계산 규칙

A	B	A ∨ B
T	T	T
T	F	T
F	T	T
F	F	F

(4) 조건언

"강희가 3학년이면 연수도 3학년이다"(A → B)와 같은 조건언의 참/거짓이 결정되는 방식을 생각해 보자. 우선 'A이면 B'라는 조건언의 참/거짓은 전건인 A가 참일 경우에는 후건인 B의 참/거짓에 달려 있다는 점은 분명하다. 다시 말해 강희가 실제로 3학년에 재학 중일 경우, "강희가 3학년이면 연수도 3학년이다"(A → B)라는 주장은 연수가 실제로 3학년에 재학 중이면 참이고 그렇지 않다면 거짓이다. 이 점에 대해서는 별 논란이 없다. 전건인 A가 참이 아닐 경우에는 'A이면 B'라는 조건언의 참/거짓은 어떻게 될까? 그때는 B가 참이든 거짓이든 상관없이 조건언 'A이면 B'는 참이 된다고 본다.[5] 이는 조건언은 전건 A가 참인데 후건 B는 거짓일 경우에 거짓이고 그 밖의 경우에는 참임을 의미한다. 이처럼 〈T, F, T, T〉로 참/거짓이 정해진다고 보는 조건언을 '진리함수적 조건언'(truth-functional conditional) 또는 '질료적 조건언'(material condi-

---

A이거나 B

A가 아니다.

따라서 B

하지만 다음 추리는 포괄적 선언이라면 부당하고, 배타적 선언일 경우에만 타당하다.

A이거나 B

A

따라서 B가 아니다.

이 점에서 포괄적 선언과 배타적 선언은 다르다. 일상적으로는 배타적 의미로 선언을 사용하는 경우도 흔히 있다.

5 왜 이렇게 보는지가 궁금한 사람은 뒤에 나오는 설명을 참조하기 바란다.

tional)이라고 부른다.

조건언의 계산 규칙

A	B	A → B
T	T	T
T	F	F
F	T	T
F	F	T

지금까지 설명한 네 가지 복합명제의 참/거짓이 결정되는 방식을 한꺼번에 나타내면 다음과 같다.

A	B	~A	A & B	A ∨ B	A → B
T	T	F	T	T	T
T	F	F	F	T	F
F	T	T	F	T	T
F	F	T	F	F	T

진리함수적 조건언이란 무엇인가?

우리가 일상적으로 사용하는 조건문이 과연 진리함수적 조건언인지를 둘러싸고 논란이 있다. 조건언에 관한 불필요한 오해를 방지하고, 일상적 조건문을 진리함수적 조건언으로 여길 만한 나름의 이유가 있다는 점을 잠깐 설명하기로 한다.

예비 사항

논리학에서 쓰는 조건언을 정확히 이해하려면 우선 다음 두 가지를 분명히 해야 한다.

첫째, 조건언은 복합명제이다. 일반인들은 조건언이 개별 주장 두 개가 결합되어 구성된 것이라는 생각을 별로 하지 않고, 그냥 하나의 덩어리로 된 주장이라고 보는 경향이 있다. 논리학에서는 조건언을 두 개의 주장이 '~이면'에 의해 결합된 복합문장으로 본다.

둘째, 조건언은 조건부 주장을 나타낸다. 조건부 주장은 단정적 주장과 다르다. 'A이면 B'는 'A이고 B'와 다르고 'B'와도 다르다. 'A이고 B'를 주장하는 사람은 A도 주장하는 것이고 B도 주장하는 것이다. 하지만 'A이면 B'를 주장하는 사람은 그렇지 않다. 이 점에서 'A이면 B'와 'A이고 B'는 서로 다르다. 또한 'A이면 B'를 주장하는 사람은 A라는 조건 아래서 B를 주장하는 것인 반면, 'B'를 주장하는 사람은 아무 조건 없이 B를 단정적으로 주장하는 것이다. 이 점에서 'A이면 B'와 'B'는 서로 다르다. 가령 다음 세 주장은 서로 구분된다.

(가) 정민이의 증언이 사실이고 강희가 범인이다.
(나) 정민이의 증언이 사실이면 강희가 범인이다.
(다) 강희가 범인이다.

정민이의 증언이 사실이 아닌 것으로 드러났다고 해보자. 이때 (가)를 주장한 사람은 거짓을 말한 것이다. 하지만 (나)를 주장한 사람은 그렇지 않다. 이번에는 **강희가 범인이 아닌 것**으로 드러났다고 해보자. 이때 (가)를 주장한 사람과 (다)를 주장한 사람은 거짓을 말한 것이다. 하지만 (나)를 주장한 사람은 그렇지 않다.

때로 조건언을 표현할 때 화살표(→) 대신 말굽 기호(⊃)를 사용하는 사람도 있다. 수학에서 부분집합 관계를 표시하는 데 말굽 기호를 사용하고 있어서 조건언이 그런 부분집합 관계를 나타낸다고 오해하는 사람들이 가끔 있다. 이런 오해를 불러오기 때문에 말굽 기호를 사용하는 것은 좋지 않다. 어떤 기호를 쓰든, 우리가 표현하고자 하는 것은 진리함수적 복합명제로서의 조건언이다.

두 가지 종류의 조건문: 직설법적 조건문과 가정법적 조건문

우리가 일상적으로 사용하는 조건문에는 기본적으로 두 가지가 있다. 하나는 직설법적 조건문(indicative conditionals)이고 다른 하나는 가정법적 조건문(subjunctive conditionals)이다. 가정법적 조건문을 때로 '반사실적 조건문'(counter-factual conditionals)이라고 부르기도 한다. 명칭에서 잘 드러나듯이, 반사실적 조건문은 말하는 사람(화자)이 전건이 실제로는 거짓이라고 믿고 있지만 그것이 참이라고 가정할 경우 어떤 일이 벌어질지(혹은 벌어졌을지)에 관한 것이다. 우리말에서 이런 반사실적 조건문을 나타내는 전형적 방식은 "A였더라면 B였을 텐데"이다. 가령 "6.25가 일어나지 않았더라면, 한국사회는 지금보다 훨씬 살기 좋은 나라가 되었을 텐데"는 반사실적 조건문의 예라고 할 수 있다.

반사실적 조건문의 참/거짓이 진리함수적 조건문의 참/거짓처럼 정해진다고 보아서는 안 된다는 점은 분명하다. 그렇게 본다면 반사실적 조건문 "A였더라면 B이었을 텐데"는 모두 참이 되고 말 것이기 때문이다. 전건 A는 가정상 거짓이기 때문이다. 더구나 그렇게 볼 경우, "A였더라면 B가 아니었을 텐데"라는 이른바 '반대' 조건문도 모두 참이 되고 만다. 가령 "6.25가 일어나지 않았더라면, 한국사회는 지금보다 훨씬 살기 좋은 나라가 되지 않았을 텐데"도 참이라고 해야 한다. 이때도 여전히 전건 A는 거짓이기 때문이다. 하지만 어느 누구도 사실과 다른 가정을 하기만 하면, 그런 가정 아래서는 아무 주장이나 다 할 수 있다고 보지는 않을 것이다. 그러므로 일상적 조건문을 진리함수적 조건문으로 여길 수 있느냐 하는 물음은 정확하게 말하면 직설법적 조건문을 과연 진리함수적 조건문으로 여길 수 있느냐의 물음인 것이다.

진리함수적 조건언의 진릿값이 〈T, F, T, T〉로 결정된다고 보는 이유

우리가 일상적으로 사용하는 직설법적 조건문이 과연 진리함수적 조건언인지를 둘러싸고는 많은 논란이 있다. 하지만 일상적 조건문이 진리함수적 복합명제라는 점을 받아들일 경우, 그 조건문의 진릿값은 〈T, F, T, T〉로 정해진다고 보아야 할 좋은 이유가 있다. 이를 잠깐 소개하기로 하겠다.

일단 직설법적 조건문이 그 조건문을 구성하는 전건과 후건의 진릿값에 의해 완전히 결정된다는 점을 받아들이기로 하자. 친구가 다음과 같은 주장을 했다고 해보자.

강희가 수업에 오면 연수도 수업에 온다.

친구의 주장은 어떤 경우에 참이고 어떤 경우에 거짓일까? 강희가 실제로 수업에 들어온 경우부터 따져 보자. 이때 연수도 수업에 들어온다면 친구는 참을 말한 것으로 여길 테고, 연수가 수업에 들어오지 않는다면 친구는 거짓을 말한 것으로 여길 것이다. 달리 말해, **전건이 참일 경우 조건언의 참/거짓은 후건의 참/거짓에 달려 있다**고 할 수 있다. 이 점에 대해서는 별 논란이 없다. 지금까지의 논의 결과 조건문의 참/거짓은 일단 다음과 같은 방식으로 정해진다고 할 수 있다.

A	B	A → B
T	T	T
T	F	F
F	T	?
F	F	?

　나머지 두 경우 조건언의 진릿값은 어떻게 될까? 나머지는 전건이 거짓인 경우이다. 이와 관련해, 조건언은 말 그대로 '조건부' 주장이므로 전건이 거짓일 경우에는 참/거짓을 따질 수 없다는 입장이 있을 수 있다. 이런 입장에 따르면, 조건이 실현되지 않았을 경우 그 조건부 주장은 '무효'가 되어 참도 아니고 거짓도 아니다. 하지만 우리가 여기서 이 입장을 받아들일 수는 없다. 왜냐하면 우리는 이미 조건언이 진리함수적 복합명제라는 점은 받아들였기 때문이다. 조건언의 참/거짓이 그것을 이루고 있는 전건과 후건의 참/거짓에 의해 완전히 결정된다는 점을 인정한다면, 전건이 거짓인 경우에도 조건언은 진릿값을 갖는다고 할 수밖에 없다. 그렇지 않다면, 정의역의 한 원소에 대해 그에 대응하는 치역의 원소가 없게 되고, 그것은 진리 '함수적' 복합명제일 수 없기 때문이다.
　전건이 거짓인 때에도 조건언이 일정한 진릿값을 가져야 한다면 가능한 방안은 다음 네 가지뿐이다.

A	B	A → B			
T	T	T			
T	F	F			
F	T	T	T	F	F
F	F	T	F	T	F
		(1)	(2)	(3)	(4)

어떤 방안이 가장 자연스러울까? 여기서 우리는 대안을 하나씩 제거해 나감으로써 최선의 방안은 (1)임을 보이기로 하겠다.

먼저 (2)가 좋은 방안이 아님은 쉽게 알 수 있다. 조건언의 진릿값이 (2)와 같이 정해진다면, 이는 조건언 A → B의 진릿값이 언제나 후건 B의 진릿값과 같다는 의미이다. 이는 받아들일 수 없는 결과이다. "강희가 수업에 오면 연수가 수업에 온다"라는 주장은 그냥 "연수가 수업에 온다"라는 주장과는 다르기 때문이다.

둘째, (4)가 좋은 방안이 아님도 쉽게 알 수 있다. 조건언의 진릿값이 (4)와 같이 정해진다면, 이는 조건언 A → B의 진릿값이 언언 A & B의 진릿값과 언제나 같다는 것인데, 이도 받아들이기 어렵기 때문이다. "강희가 수업에 **오면** 연수가 수업에 온다"라는 주장은 "강희가 수업에 **오고** 연수가 수업에 온다"라는 주장과 큰 차이가 있기 때문이다.

셋째, (3)이 좋은 방안이 아니라는 사실도 비슷한 식으로 보일 수 있다. 조건언의 진릿값이 (3)과 같이 정해진다면, 조건언 A → B는 조건언 B → A와 언제나 같은 진릿값을 갖게 될 것이다. 표를 보면 A, B의 자리를 서로 바꾸더라도 진릿값은 같기 때문이다. 이것도 받아들이기 어렵다. "강희가 수업에 오면 연수가 수업에 온다"라는 주장은 이의 역인 "연수가 수업에 오면 강희가 수업에 온다"라는 주장과는 분명히 의미가 다르기 때문이다.

남은 방안은 (1)뿐이다. 따라서 우리는 조건언 결합사가 진리함수적 결합사라고 한다면, 조건언의 진리함수적 대응은 다음과 같다고 보는 것이 최선의 방안이라고 할 수 있다.

조건언의 계산 규칙

A	B	A → B
T	T	T
T	F	F
F	T	T
F	F	T

조건언은 전건이 참인데 후건이 거짓인 경우에 거짓이고, 그 밖의 경우는 모두 참이다. 바꾸어 말해 조건언은 전건이 거짓이거나 후건이 참이기만 하면 참이다. 다시 한번 강조하지만, 이 논증은 일상적 조건문이 진리함수적 복합명제임을 가정하고 전개되는 논증이다. 이 가정 자체가 받아들일 만한지를 두고서는 학자들 사이에 이견이 있다.

진리함수적 조건언과 관련한 핵심 사항

논리학에서 사용하는 조건언의 용법과 관련한 지금까지의 논의 결과를 우리는 다음과 같이 요약할 수 있다.

첫째, 전건이 참일 경우, 조건언의 참/거짓은 후건의 참/거짓에 달려 있다.

둘째, 전건이 거짓일 경우, 조건언은 (후건과 무관하게) 무조건 참이 된다.

셋째, 조건언이 거짓이라는 것은 전건은 참이지만 후건이 거짓임을 의미한다.

간단히 말해 다음의 동치가 성립한다.[6]

$$\sim(A \rightarrow B) = A \ \& \sim B$$

연 습 문 제

---

1. 다음 글의 ㉠과 ㉡에 들어갈 문장을 〈보기〉에서 골라 바르게 짝지은 것은?

한편에서는 "C시에 건설될 도시철도는 무인운전 방식으로 운행된다."라고 주장하고, 다른 한편에서는 "C시에 건설될 도시철도는 무인운전 방식으로 운행되지 않는다."라고 주장한다고 하자. 이 두 주장은 서로 모순되는 것처럼 보인다. 하지만 양편이 팽팽히 대립한 회의가 "C시에 도시철도는 적합하지 않다고 판단되므로, 없던 일로 합시다."라는 결론으로 끝날 가능성도 있다는 사실을 우리는 고려해야 한다. C시에 도시철도가 건설되지 않을 경우에도 양편의 주장에 참이나 거짓이라는 값을 매겨야 한다면 어떻게 매겨야 옳을까?

한 가지 분석 방안에 따르면, "C시에 건설될 도시철도는 무인운전 방식

---

6 이를 언급하는 이유는 "A → B"(강희가 수업에 오면 연수도 온다)를 부정한 것이 "A & ~B"(강희가 수업에 오지만 연수는 안 온다)를 뜻하지만 일상어에서는 때로 "A → ~B"(강희가 수업에 오면 연수는 오지 않는다)를 뜻하는 것으로도 보이기 때문이다. 하지만 논리학에서는 조건문의 부정은 늘 전자를 뜻하는 것으로 이해한다.

으로 운행된다."라는 문장은 "　　㉠　　"이라는 것을 의미하는 것으로 해석한다. 이렇게 해석할 경우, C시에 도시철도를 건설하지 않기로 했으므로 원래의 문장은 거짓이 된다. 이런 분석은 "C시에 건설될 도시철도는 무인운전 방식으로 운행되지 않는다."에 대해서도 똑같이 적용되어 그것에도 거짓이라는 값을 부여한다.

원래 문장, "C시에 건설될 도시철도는 무인운전 방식으로 운행된다."를 분석하는 둘째 방안도 있다. 이 방안에서는 우선 원래 문장은 "　　㉡　　"이라는 것을 의미하는 것으로 해석한다. 그런 다음 이렇게 분석된 이 문장은 C시에 도시철도를 건설해 그것을 무인운전이 아닌 방식으로 운행하는 일은 없다는 주장과 같은 의미를 나타낸다고 이해한다. 이렇게 해석할 경우 원래의 문장은 참이 된다. 왜냐하면 C시에 도시철도를 건설하지 않기로 했으므로 C시에 도시철도를 건설해 그것을 무인운전이 아닌 방식으로 운행하는 일도 당연히 없을 것이기 때문이다. 이런 분석은 "C시에 건설될 도시철도는 무인운전 방식으로 운행되지 않는다."에 대해서도 똑같이 적용되어 그것에도 참이라는 값을 부여한다.

─────── 〈보   기〉 ───────

(가) C시에 도시철도가 건설되고, 그 도시철도는 무인운전 방식으로 운행된다.

(나) C시에 무인운전 방식으로 운행되는 도시철도가 건설되거나, 아니면 아무 도시철도도 건설되지 않는다.

(다) C시에 도시철도가 건설되면, 그 도시철도는 무인운전 방식으로 운행된다.

(라) C시에 도시철도가 건설되는 경우에만, 그 도시철도는 무인운전 방식으로 운행된다.

	㉠	㉡
①	(가)	(다)
②	(가)	(라)
③	(나)	(다)
④	(나)	(라)
⑤	(라)	(다)

[PSAT, 2019. 3]

2. 다음 글을 분석한 것으로 옳은 것만을 〈보기〉에서 있는 대로 고른 것은?

일상적인 조건문의 진위는 어떻게 결정되는가? 다음 예를 통해 알아보자.

K 공항에서 비행기가 이륙하기 위해서는 1번 활주로와 2번 활주로 중 하나를 통해서만 가능하다. 영우는 1번 활주로가 며칠 전부터 폐쇄되어 있다는 것을 안다. 그래서 ㉠"어제 K 공항에서 비행기가 이륙했다면, 1번 활주로로 이륙하지 않았다."라고 추론한다. 경수는 2번 활주로가 며칠 전부터 폐쇄되어 있다는 것과 비행기 이륙이 1번 활주로와 2번 활주로 중 하나를 통해서만 가능하다는 것을 알고 있다. 경수는 이로부터 ㉡"어제 K 공항에서 비행기가 이륙했다면, 1번 활주로로 이륙했다."라고 추론한다.

위 예에서 영우와 경수가 사용한 정보들은 모두 참이며 영우와 경수의 추론에는 어떤 잘못도 없으므로 ㉠도 참이고 ㉡도 참이라고 결론 내릴 수 있다.

그런데 정말 ㉠과 ㉡이 둘 다 참일 수 있을까? 우리가 일상적으로 'A이면 B이다'라는 조건문의 진위를 파악하는 (가) 방식에 따르면, A를 참이라고 가정하고 B의 진위를 따져 본다. 즉 A를 참이라고 가정할 때, B가 참으로 밝혀지면 'A이면 B이다'가 참이라고 판단하고, B가 거짓으로 밝혀지면

'A이면 B이다' 가 거짓이라고 판단한다. 이에 따라 A가 참이라고 가정해 보자. 그런데 'B이다' 와 'B가 아니다' 중에 하나만 참일 수밖에 없으므로, 'A이면 B이다' 와 'A이면 B가 아니다' 가 모두 참이라고 판단하는 것이 가능하지 않다. 그렇다면 조건문의 진위를 파악하는 이 방식에 따르면, ㉠과 ㉡ 중 최소한 하나는 참이 아니라고 결론 내려야 한다. 그러나 이는 앞의 결론과 충돌한다.

───────── 〈 보 기 〉 ─────────

ㄱ. 영우가 가진 정보와 경수가 가진 정보를 모두 가지고 있는 사람은 "어제 K 공항에서는 어떤 비행기도 이륙하지 않았다."를 타당하게 추론할 수 있다.

ㄴ. 영우가 가진 정보가 참이라는 것을 아는 사람이 (가)를 적용하면 ㉡ 이 거짓이라고 판단할 것이다.

ㄷ. 영우나 경수가 가진 어떤 정보도 갖지 않은 사람이 (가)를 적용하면, ㉠과 ㉡이 모두 거짓이라고 판단할 것이다.

① ㄱ   ② ㄷ   ③ ㄱ, ㄴ   ④ ㄴ, ㄷ   ⑤ ㄱ, ㄴ, ㄷ

[LEET, 2018학년도]

3. 다음 ㉠과 ㉡에 들어갈 말을 바르게 나열한 것은?

(A) "만일 갑이 비리 사건의 주범이라면, 을은 교사범이다."와 (B) "만일 갑이 비리 사건의 주범이라면, 을은 교사범이 아니다."가 서로 모순관계에 있는 진술인지 따져 보자. 두 진술이 서로 모순이라는 것은, 둘 중 한 진술이 참인 경우 다른 하나는 거짓이고, 거꾸로 한 진술이 거짓인 경우 다른 하나는 참이라는 의미이다. 만일 그렇지 않으면 두 진술은 모순이 아니다. 우선 갑이 주범이고 을이 교사범인 경우를 생각해 보자. 그 경우 A는 참으

로 간주될 것이다. 이 경우 B는 어떤가? B는 거짓으로 판명될 것이다. 그렇다면 A와 B는 서로 모순인가? 아직 더 살펴봐야 한다. 갑이 주범이지만 을이 교사범이 아닌 경우는 어떤가? 이 경우 [㉠]. 검토해야 할 두 경우가 더 남았다. 갑이 주범이 아니지만 을은 교사범인 경우, 그리고 갑이 주범이 아닐 뿐만 아니라 을도 교사범이 아닌 경우이다. 그런데 갑이 실제로 사건의 주범이 아니라면, A와 B의 공통된 부분인 "만일 갑이 비리 사건의 주범이라면"이라는 표현은 실제와 다른 상황을 가리키게 된다. 여기서 실제와 다른 상황을 가정한다는 이유로 "만일 갑이 비리 사건의 주범이라면"으로 시작하는 문장은 이미 틀린 문장이 된다고, 즉 거짓이 된다고 판정한다면, [㉡]. 한편 논리학 책에서는, 갑이 비리 사건의 주범이 아닌 경우, "만일 갑이 비리 사건의 주범이라면, 을은 교사범이다."와 "만일 갑이 비리 사건의 주범이라면, 을은 교사범이 아니다."를 둘 다 참인 문장으로 간주하라고 가르친다. 물론 그렇게 간주할 만한 근거도 있다. "만일 갑이 비리 사건의 주범이라면, 을은 교사범이다."라는 주장이 거짓으로 판명되는 경우는 오로지 갑이 주범이지만 을이 교사범이 아닌 경우뿐이라는 분석이 그것이다. 그리고 거짓이라고 판단할 분명한 이유가 있는 경우를 제외하고는 모두 참으로 간주할 수 있다는 생각이 이러한 분석에 함께 작용한다.

	㉠	㉡
①	A는 거짓인 반면 B는 참이 된다.	A와 B는 서로 모순이다.
②	A는 거짓인 반면 B는 참이 된다.	A와 B는 서로 모순이 아니다.
③	A는 참인 반면 B는 거짓이 된다.	A와 B는 서로 모순이다.
④	A는 참인 반면 B는 거짓이 된다.	A와 B는 서로 모순이 아니다.
⑤	A와 B는 모두 거짓이 된다.	A와 B는 서로 모순이다.

[PSAT, 2014. 2]

3.2 어떤 추론을 할 수 있는가?

추리규칙

전제가 참이라면 결론도 반드시 참이 되는 추론을 하려면 우리가 따라야 할 일정한 규칙이 있다. 그런 규칙을 '추리규칙'(rule of inference)이라 부르는데, 우리는 여기서 초급 논리에서 일반적으로 채택하는 자연연역 체계의 추리규칙을 소개하기로 한다.[7]

자연연역 체계에는 기본적으로 두 가지 유형의 추리규칙이 있다. 하나는 제거규칙(elimination rule)이고, 다른 하나는 도입규칙(introduction rule)이다. 두 규칙은 다음과 같은 점에서 구분된다.

- 제거규칙: 주어진 형태의 명제가 **전제**로 주어졌을 때 이를 어떻게 활용할 수 있는지를 일러 주는 규칙이다.
- 도입규칙: 주어진 형태의 명제를 **결론**으로 얻고자 한다면 어떻게 해야 하는지를 일러 주는 규칙이다.

명제논리에는 네 가지 형태의 복합명제가 있으므로, 표준적인 자연연역 체계라면 모두 8개의 추리규칙이 있게 된다. 자연연역의 추리규칙들은 우리의 일상적 사고방식을 엄밀하게 형식화한 것으로, 우리가 쉽게 이해할 수 있는 아주 직관적인 추리방식들이다. 제거규칙을 한꺼번에 설명하고, 이어 도입규칙을 설명하는 순서로 진행하기로 한다.

---

7 '자연연역'(natural deduction)이란 수학에서의 증명처럼 엄밀한 추론을 할 때 우리가 보통 쓰는 '자연스러운'(natural) 추론 방식을 정식화한 것으로 겐첸(G. Gentzen)이라는 논리학자가 체계화하였다. 우리가 여기서 채택하는 여덟 개의 추리규칙은 임의로 고른 것이 아니다. 이 규칙들을 사용해 증명할 수 있는 추론들은 실제로 모두 옳은 추론이며, 나아가 명제논리 형태로 된 옳은 추론은 이들 추리규칙만을 사용해서 모두 증명할 수 있다. 간단히 말해, 우리가 채택하는 이 자연연역의 논리 체계는 이른바 '건전성'과 '완전성'을 모두 지닌 것이다.

3.2.1 기본규칙

네 가지 제거규칙

제거규칙이란 복합명제 형태의 정보가 있다고 할 때, 거기에 들어 있는 정보로부터 어떤 것을 추론할 수 있는지를 말해 주는 규칙이라고 할 수 있다. 차례대로 살펴보자.

(1) 연언 제거규칙

$$\frac{A \,\&\, B}{A} \qquad\qquad \frac{A \,\&\, B}{B}$$

이것은 A & B라는 연언 정보가 주어지면, 이로부터 A를 추론할 수 있고 또한 B를 추론할 수도 있다는 것을 말한다. 가령 '강희는 3학년이고 연수도 3학년이다' 라는 정보로부터 우리는 '강희는 3학년이다' 라는 사실을 추론할 수 있고 또한 '연수는 3학년이다' 라는 사실도 추론할 수 있다.

　연언 제거규칙이 타당한 추론 형태인 이유를 다음과 같이 설명할 수도 있다. 전제 A & B는 A와 B가 둘 다 참임을 말해 준다. 따라서 이 전제로부터 우리는 A가 참임을 추론할 수 있고 또한 B가 참임을 추론할 수도 있다. 다시 말해, 우리는 위의 추론 도식이 다음을 말해 주는 것으로 읽어도 된다.

$$\frac{A와 \ B가 \ 둘 \ 다 \ 참이다.}{따라서 \ A가 \ 참이다.} \qquad \frac{A와 \ B가 \ 둘 \ 다 \ 참이다.}{따라서 \ B가 \ 참이다.}$$

(2) 조건언 제거규칙

$$\frac{A \rightarrow B, \ A}{B}$$

이는 'A이면 B' 라는 조건언 정보가 주어져 있고, 조건언의 전건인 A가 사실이라는 정보가 추가로 주어지면 이로부터 조건언의 후건인 B를 추론할 수 있다는 것을 말해 준다. 가령 '강희가 3학년이면 연수도 3학년이다' 라는 조건부 주장에 '강희가 3학년이다' 라는 추가 정보가 확보될 경우, 우리는 이로부터 '연수는 3학년이다' 라는 것을 확신할 수 있다는 것이다.

조건언 제거규칙이 타당한 추론 형태인 이유를 우리는 다음과 같이 설명할 수도 있다. 첫 번째 전제 A → B는 A가 참이면 B도 참임을 말해 준다. (논리학에서 사용하는 조건부 주장의 의미에 따를 때, 이는 A가 참인데 B가 거짓인 것은 아님을 말하는 것이라고 해도 된다.) 그런데 두 번째 전제는 A가 실제로 참임을 말해 주는 것이므로, 이 둘로부터 우리는 B가 참임을 추론할 수 있다. 다시 말해, 우리는 위의 추론 도식이 다음을 말해 주는 것으로 읽어도 된다.

$$\frac{\text{A가 참이면 B도 참이다. A가 참이다.}}{\text{따라서 B가 참이다.}}$$

(3) 부정 제거규칙

$$\frac{\sim\sim A}{A}$$

이는 정확히 말하면 이중부정 제거규칙을 뜻한다. 1장에서 설명했듯이, '이중부정' 이란 어떤 명제를 부정한 것을 다시 부정한 것을 말한다. 가령 '강희는 3학년이 아니라는 것은 사실이 아니다' 라는 명제는 '강희는 3학년이 아니다' 라는 부정명제를 한 번 더 부정한 것이다. 이때 이중부정 명제인 '강희는 3학년이 아니라는 것은 사실이 아니다' 라는 정보로부터 우리는 '강희는 3학년이다' 라는 정보를 이끌어 낼 수 있다. 우리는 1장에서 이 역도 올바른 추론이어서 이 둘이 서로 동치임을 보았다.

부정 제거규칙이 타당한 추론 형태인 이유를 다음과 같이 설명할 수도 있다. 전제 ∼∼A는 A가 거짓인 것은 아님을 말해 준다. 따라서 이 전제로부터 우리는 A가 참임을 추론할 수 있다. 다시 말해, 우리는 위의 추론 도식이 다음을 말해 주는 것으로 읽어도 된다.

A가 거짓인 것은 아니다.

따라서 A가 참이다.

(4) 선언 제거규칙

$$
\begin{array}{ccc}
 & [A] & [B] \\
 & \vdots & \vdots \\
A \vee B & C & C \\
\hline
 & C &
\end{array}
$$

이는 A나 B 가운데 적어도 하나는 성립한다는 선언 정보가 전제로 주어졌을 경우, A가 성립한다고 가정하면 C라는 결론을 얻을 수 있고, 또한 B가 성립한다고 가정해도 마찬가지로 C라는 결론을 얻을 수 있다는 것이 밝혀지면, 우리는 최종적으로 C라고 결론 내릴 수 있다는 것을 말해 준다. 위의 도식에서 꺾쇠괄호([ ])로 표시한 것은 해당 정보가 주어진 전제가 아니라, 논의를 위해 일시적으로 가정한 것임을 나타낸다. 이런 표기 방법은 뒤에서도 몇 차례 등장할 것이다.

자연연역 체계에서 선언 제거규칙은 꽤 복잡한 추론 방식이므로 설명이 좀 필요하다. 우선 제거규칙이므로 이는 선언 명제 형태의 정보를 전제로 확보하고 있을 경우 이를 어떻게 활용할 수 있는지를 일러 주는 규칙임을 알 수 있다. "강희나 연수 가운데 적어도 한 사람은 학교에 나와 있다"라는 것이 선언 정보의 예이다. 이런 정보로부터 어떤 사실을 우리가 알아낼 수 있을까? 주목할 점은 선언 정보는 연언 정보에 비해 상당히 약한 정보라는 사실이다. 앞서 본 대로, 연언 정보로부터는 연언성원 가운데 하나를 곧바로 결론으로 얻을 수 있다. 가령 다음은 타당한 추론이다.

강희는 3학년이고 연수도 3학년이다.

따라서 강희는 3학년이다.

하지만 선언의 경우 이런 식으로 나아갈 수 없다. 다음은 부당한 추론이기 때문이다.

> 강희가 3학년이거나 연수가 3학년이다.
> 따라서 강희는 3학년이다.

연언은 많은 정보 내용을 담고 있는 강력한 정보인 반면, 선언은 상대적으로 그보다 약한 정보라고 할 수 있다. 이런 차이 때문에 선언 정보만 가지고는 바로 어떤 새로운 사실을 알아낼 수 없다. 그렇다고 선언 정보가 정보력이 전혀 없는 것은 아니다. 어떤 살인 사건의 조사 결과 용의자가 두 명으로 좁혀져 'A가 범인이거나 B가 범인이다'라는 결론에 도달했다면, 이는 아주 중요한 수사 성과임이 분명하기 때문이다. 다시 말해, 선언 정보는 그것만으로는 약한 정보이지만 무가치한 정보는 아니라는 것이다. 그렇다면 선언 정보를 어떻게 활용하면 유용하게 쓸 수 있을까? 어떻게 하면 될지를 알기 위해, 일상적으로 우리가 선언 정보를 어떤 방식으로 활용하는지를 살펴보자.

내가 "강희나 연수 가운데 적어도 하나는 학교에 나와 있다"라는 선언 정보를 알고 있다고 해보자. 이 정보에 추가로 다음과 같은 사실이 알려졌다고 해보자.

> 강희와 연수 모두 나와 아주 친한 친구로, 이들은 학교에 오면 늘 나한테 점심을 사 준다. 그런데 나는 오늘 지갑을 집에 두고 나와 수중에 돈 한 푼 없다.

이런 상황에서 여러분은 내가 오늘 점심을 굶지 않을 것임을 확신할 수 있을 것이다. 왜 그런가? 우리는 다음과 같은 추론을 하기 때문이다.

> 강희나 연수 가운데 적어도 하나는 학교에 나와 있다. 강희가 나와 있다고 해보자. 그렇다면 내가 학교에 있을 경우 그는 나한테 늘 점심을 사 주므로 오늘 나는 점심을 먹을 수 있을 것이다. 이번에는 연수가 나와 있다고 해보자. 그렇다면 그도 내가 학교에 있을 경우 나한테 늘 점심을 사 주므로 오늘 나는 점심을 먹을 수 있을 것이다. 그런데 둘 가운데 적어도 한 사람이 나와 있다는 것은 분명하므로, 어느 경우든 나는 오늘

점심을 먹을 수 있을 것이다.

이것이 선언 정보를 활용하는 우리의 일상적 방식이다.[8] 자연연역 체계의 선언 제거규칙은 바로 이런 사고방식을 형식화한 것이다.

선언 제거규칙이 타당한 추론 형태인 이유를 우리는 다음과 같이 설명할 수도 있다. 첫 번째 전제 A ∨ B는 A가 참이거나 B가 참임을 말해 준다. 오른쪽의 두 도식은 이 사실에 추가하여 A가 참이라고 가정할 경우 C가 참임이 분명하고, B가 참이라고 가정할 경우에도 C가 참임이 분명하다는 것을 말해 준다. 이때 우리는 첫 번째 전제가 A나 B 둘 가운데 적어도 하나가 참이라는 것을 보장해 주므로, 어쨌건 C가 참이라는 사실을 확신할 수 있다. A나 B 가운데 정확히 어떤 것이 참인지를 모르더라도, 오른쪽 도식을 통해 둘 가운데 어느 것이 참이라고 하든 C가 참이 된다는 점은 분명하기 때문이다.

A가 참이거나 B가 참이다.
A가 참이라고 할 경우 C의 참이 보장된다.
B가 참이라고 할 경우 C의 참이 보장된다.
따라서 어쨌건 C가 참이다.

지금까지 소개한 제거규칙 네 가지를 간단히 정리하면 다음과 같다. 연언 제거규칙은 연언 정보가 주어지면 원하는 연언성원을 어느 것이나 결론으로 얻을 수 있다는 것을 말해 준다. 조건언 제거규칙은 조건언 정보가 주어지고 추가로 조건언의 전건이 참이라는 사실이 확보되면 우리는 조건언의 후건을 결론으로 이끌어 낼 수 있다는 것을 말해 준다. 부정 제거규칙은 어떤 명제의 이중부정으로부터 이중부정을 모두 없앤 명제를 결론을 이끌어 낼 수 있다는 것을 말해 준다. 마지막으로, 선언 제거규칙은 선언 정보가 있을 경우 각각의 선언성원이 성립한다고 가정할 때 동일한 결론을 이끌어 낼 수 있다면 우리는 그 동일한 결론

8　선언 정보를 활용하는 또 다른 일상적 방식인 '선언 삼단논법'에 대해서는 뒤에 가서 이야기할 것이다.

을 최종 결론으로 내릴 수 있다는 것을 말해 준다. 제거규칙 가운데 특히 중요
한 것은 조건언 제거규칙과 선언 제거규칙이라고 할 수 있다. 다른 두 제거규칙
은 이들에 비해 상대적으로 단순하고 자명하다.

네 가지 도입규칙

이제 도입규칙 네 가지를 살펴보기로 하자. 도입규칙은 일정한 복합명제를
결론으로 확보하려면 어떤 정보가 있어야 하는지를 말해 주는 규칙이다. 이를
우리는 복합명제 형태의 결론을 정당화하려면 어떤 근거를 확보해야 하는지를
일러 주는 규칙이라고 말할 수도 있다. 차례대로 살펴보자.

(5) 연언 도입규칙

$$\frac{A,\ B}{A\ \&\ B}$$

이는 연언 정보를 최종 결론으로 얻으려면 연언성원 각각이 참임을 확보해야
한다는 것을 말해 준다. 가령 '강희는 3학년이고 연수도 3학년이다' 라는 결론
을 정당화하려면 '강희가 3학년이다' 라는 정보와 '연수는 3학년이다' 라는 정
보를 각각 확보해야 한다는 것이다. 이는 아주 자명한 요구로 보인다.

(6) 조건언 도입규칙

이는 조건언 정보를 최종 결론으로 얻고자 한다면 무엇을 해야 하는지를 말해
주는 규칙이다. 도식에 따를 때, 'A이면 B' 라고 결론을 내리려면 A라고 가정
(그래서 꺾쇠괄호로 표시되어 있다)했을 때 (다른 필요한 정보를 활용해) B라
는 결론을 이끌어 낼 수 있음을 보여야 한다.

예를 들어 이 규칙을 설명해 보기로 하자. "강희가 3학년이면 연수도 3학년

이다'라는 조건부 주장을 정당화하고자 한다고 해보자. 어떻게 해야 할까? 조건
언 도입규칙에 따를 때, 이를 위해서는 '강희가 3학년이다' 라는 가정으로부터 다
른 관련 정보와 추리규칙을 적절히 사용해 '연수도 3학년이다' 라는 것을 이끌어낼
수 있어야 한다는 것이다. 다음과 같은 추가 정보가 있는 상황을 예로 들어 보자.

> 강희가 3학년이면 지원이도 3학년이다.
> 지원이가 3학년이면 연수도 3학년이다.

이때 우리는 다음과 같은 방식으로 사고할 수 있다.

> 강희가 3학년이라고 가정해 보자. 그렇다면 앞에 나온 '강희가 3학년이면 지원이도
> 3학년이다' 라는 첫 번째 추가 정보와 결합해 지원이도 3학년이라는 사실을 추론할
> 수 있다. 그리고 이 결과와 앞에 나온 두 번째 추가 정보 '지원이가 3학년이면 연수
> 도 3학년이다' 를 결합하면 이번에는 연수도 3학년임을 추론할 수 있다. 그러므로 우
> 리는 강희가 3학년이라고 가정하면 연수도 3학년이라는 사실을 추론할 수 있다. 결
> 국 우리는 '강희가 3학년이면 연수도 3학년이다' 라고 말할 수 있다.

위에 나온 조건언 도입규칙은 바로 이런 사고방식을 형식화한 것이다.

(7) 부정 도입규칙

이것은 도입규칙이므로, 부정명제 ~A를 최종 결론으로 얻고자 한다면 무엇을
해야 하는지를 일러 준다. 도식에 따르면, A를 가정했을 때 B & ~B 형태의
'모순' 을 얻게 되면 A가 참이 아니라는 결론을 얻을 수 있다. 다시 말해, A를
참이라고 가정하면 B도 참이고 ~B도 참이라는 터무니없는 결과가 나온다는

것을 근거로 A가 참이 아님을 주장할 수 있다는 것이다. 수학에서 쓰는 귀류법 증명이 바로 이런 형태의 추론임을 쉽게 알 수 있을 것이다.[9]

(8) 선언 도입규칙

$$\frac{A}{A \lor B} \qquad \frac{B}{A \lor B}$$

도식에 따를 때, 선언 명제 A ∨ B를 최종 결론으로 이끌어 내리려면 선언성원 A 나 B를 확보하면 된다는 것이다. 이는 분명하므로 많은 설명이 필요하지 않을 것이다.

지금까지 설명한 도입규칙 네 가지를 정리하면 다음과 같다. 연언 도입규칙 은 연언 주장을 확보하려면 연언성원 각각을 확보해야 한다는 것을 말해 준다. 조건언 도입규칙은 조건언 주장을 정당화하려면 전건을 가정할 경우 후건이 도 출될 수 있다는 것을 보여야 한다는 것이다. 부정 도입규칙은 어떤 주장이 참이 아니라고 결론 내리려면 그 주장을 참이라고 가정할 경우 모순이 도출된다는 것을 보이면 된다는 것이다. 마지막으로 선언 도입규칙은 선언 주장을 정당화 하기 위해서는 선언성원 가운데 어느 하나를 확보하면 된다는 것을 말해 준다.

---

9 고등학교 수학 교과서에 나오는 귀류법 증명의 예 가운데 하나를 들면 다음과 같다(『공통수 학』, 지학사, 2000년, 41쪽).

> $\sqrt{2}$가 무리수임을 증명하라.
>
> **증명**
> $\sqrt{2}$가 유리수라고 가정하면, 서로 소인 양의 정수 a, b에 대하여 $\sqrt{2} = \frac{a}{b}$로 나타낼 수 있다.
> 양변을 제곱하여 정리하면
> $a^2 = 2b^2$
> 여기서 a^2은 짝수이므로 a도 짝수이어야 한다.
> 그러므로 a = 2m(m은 양의 정수)으로 놓고, $a^2 = 2b^2$에 대입하면
> $(2m)^2 = 2b^2$
> 따라서 $b^2 = 2m^2$
> 즉 b^2이 짝수이므로 b도 짝수이어야 한다.
> 따라서 a, b가 서로 소라는 가정에 모순이다.
> 그러므로 $\sqrt{2}$는 유리수가 아니고 무리수이다.

가정을 추가해서 추론하는 방법: 조건언 도입규칙, 부정 도입규칙, 선언 제거규칙

자연연역 체계를 처음 접하는 사람이라면 8개의 추리규칙 가운데 몇 가지는 다소 생소하게 느껴질 것이다. 그것들은 모두 가정을 추가해서 추론을 하는 것들로, 이런 것으로는 조건언 도입규칙, 부정 도입규칙, 선언 제거규칙이 있다. 이들 세 가지 규칙의 구조를 좀 더 자세하게 살펴보기로 하자.

먼저 조건언 도입규칙이다. 우리는 이 추론 방식을 다음과 같이 나타낼 수 있다.

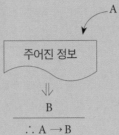

첫째, 우리가 이미 확보하고 있는 정보에 일시적으로 전건 A를 추가한다. 그런 다음 둘째, 주어진 정보와 전건 A를 적절히 사용해 후건 B가 도출되는지를 확인한다. 셋째, 그 점이 확인된다면 최종적으로 우리는 A → B라는 조건언을 최종 결론으로 이끌어 낼 수 있다.

이번에는 부정 도입규칙을 설명하기로 하자. 이 추론 방식은 다음과 같이 나타낼 수 있다.

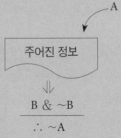

첫째, 여기서도 우리가 이미 확보하고 있는 정보에 일시적으로 A를 추가한다. 그런 다음 둘째, 이번에는 B & ~B 형태의 모순을 도출할 수 있는지, 즉 어떤 명제와 그 명제의 부정을 동시에 얻을 수 있는지를 확인한다. 셋째, 모순이 도출된다는 사실이 확인된다면 우리는 ~A를 최종 결론으로 이끌어 낼 수 있다. 이런 절차는 어떤 것을 받아들였을 때 그것이 기존의 정보와 충돌해 모순을 야기한다면 우리는 그 주장을 부정해야 한다는 사실에 근거한다.

끝으로, 선언 제거규칙이다. 이는 선언 정보의 활용법을 말해 주는 제거규칙으로, 선언 정보 A ∨ B를 활용하려면 다음과 같은 절차를 거쳐야 한다는 것으로 나타낼 수 있다.

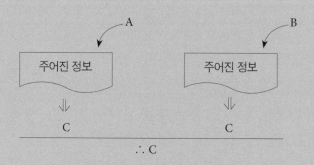

첫째, 우리가 이미 확보하고 있는 정보에 일시적으로 왼쪽 선언지 A를 추가한다. 그런 다음 둘째, 그때 결론 C가 도출되는지를 확인한다. 그리고 셋째, 이번에는 이미 확보하고 있는 정보에 일시적으로 오른쪽 선언지 B를 추가한다. 넷째, 이때도 마찬가지로 결론 C가 도출되는지를 확인한다. 다섯째, 두 경우 모두 그렇다는 사실이 확인된다면 비로소 우리는 C를 최종 결론으로 이끌어 낼 수 있다.

조건언 도입규칙, 부정 도입규칙, 선언 제거규칙은 공통점을 지니고 있다. 도식에서 분명히 드러나듯이, 이들 규칙에는 원래 우리가 지니고 있지 않던 정보를 일시적으로 추가해서 어떤 것이 도출되는지를 확인하는 과정이 들어 있다. 이 과정을 좀 더 자세하게 살펴보자.

(1) 우선 이들 규칙을 적용할 때는 원래 없던 정보를 새로이 추가하는 단계가 있다. 이때 새로이 추가하는 것은 논의를 위해 우리가 일시적으로(잠정적으로) **가정**하는 것일 뿐, 그것을 진심으로 받아들인다는 의미는 아니다. 그렇기 때문에 애초에 주어진 정보인 전제와 구분해 그것을 '가정'이라고 부른다. 어떤 것을 가정해야 할지는 어떤 규칙을 사용하느냐에 달려 있다. 조건언 A → B를 얻기 위해 가정하는 경우라면, 그 조건언의 전건 A를 가정해야 하고, 부정명제인 ~A를 얻기 위해 가정하는 경우라면 부정하기 전의 명제인 A를 가정해야 하며, 선언 명제인 A ∨ B를 활용하기 위해 가정하는 경우라면, 선언성원 A와 B를 차례로 가정해야 한다.

(2) 각각의 규칙을 적용할 때 우리는 기존 정보와 추가된 가정으로부터 어떤

것이 실제로 도출되는지를 확인하는 단계가 있다. 여기서도 '그 어떤 것'은 어떤 규칙을 사용하느냐에 달려 있다. 조건언 A → B를 얻기 위해 조건언 도입규칙을 사용하는 경우라면, 그 조건언의 후건 B를 도출해야 하고, 부정명제인 ~A를 얻기 위해 부정 도입규칙을 사용하는 경우라면 B & ~B 형태의 모순을 도출해야 하며, 선언명제인 A ∨ B를 활용하기 위해 선언 제거규칙을 사용하는 경우라면, 일정한 결론 C를 도출해야 한다. 이처럼 규칙을 적용하는 하나의 증명 안에서 다시 증명을 해야 하며, 이런 증명을 '소증명' 또는 '하위 증명'(sub-proof)이라 부른다. 하위 증명을 통해 원하는 명제를 도출해야 한다는 사실을 앞의 그림에서는 '⫞'로 나타냈고, 이전의 도식에서는 '⋮'으로 나타냈다. 물론 조건언 도입규칙과 부정 도입규칙의 경우에는 하위증명이 한 개이지만 선언 제거규칙의 경우에는 두 개라는 점에서 이들 사이에는 차이도 있다.

3.2.2 파생규칙

우리가 소개한 8개 규칙만 가지고도 명제논리 형태로 된 올바른 추론은 모두 증명할 수 있다. 하지만 8개의 기본규칙만을 사용하면 때로는 증명이 번거로울 수도 있으므로, '파생규칙'(derived rule)도 추리규칙으로 사용하는 것이 좋다. 여기서 파생규칙이란 기본규칙을 사용하여 타당성이 증명되는 추리방식을 말한다. 이는 마치 우리가 수학에서 가령 '피타고라스의 정리'나 '근의 공식'을 처음에는 증명하고, 그 다음부터는 이를 자유롭게 사용하여 문제를 해결하는 것과 같다. 파생규칙으로 쓸 만한 것들 가운데 특별히 중요한 것을 몇 가지 유형별로 소개하기로 한다.

조건언이 전제 가운데 하나로 나오는 형태부터 보기로 하자. 우리 자연연역 체계에서는 조건언 제거규칙 A → B, A ⊨ B이 기본규칙이다. 조건언 제거규칙은 조건언 정보가 **전건**과 함께 주어져 있을 때 후건을 바로 결론으로 이끌어 낼 수 있게 해 준다(그래서 이런 형태의 추론 방식을 '전건 긍정규칙' 또는 '전건 긍정식'(modus ponens)이라고 부른다). 그런데 일상적으로 우리는 조건언 정보를 아주 다양한 방식으로 활용한다. 우선 조건언 정보가 **후건의 부정**과 함께 주어지는 경우이다. 이때 우리는 전건의 부정을 결론으로 이끌어 낼 수 있다.

(9) A → B, ~B ⊨ ~A   후건 부정식

이런 추론 방식을 후건 부정식(modus tollens)이라 부른다.[10] 기본규칙만을 써서 이를 증명하면 다음과 같다.

A → B, ~B ⊨ ~A의 증명

(1) A → B   전제

(2) ~B   전제

(3) A   가정

(4) B   1,3 조건언 제거

(5) B & ~B   2,4 연언 도입

(6) ~A   3,5 부정 도입

다음으로 조건언 정보 두 개가 서로 꼬리를 무는 형태로 나오는 경우이다.

---

10   만약 A → B를 이와 동치인 ~B → ~A로 바꿀 수 있다면, 후건 부정식은 다음과 같은 전건 긍정식의 형태라고도 할 수 있다.

$$\frac{\begin{array}{c} \sim B \to \sim A \\ \sim B \end{array}}{\sim A}$$

그리고 B와 B의 이중부정인 ~~B가 동치라는 점을 감안하면, 다음 추리도 똑같이 타당하므로 우리는 앞으로 이것도 후건 부정식의 형태라고 여기기로 한다.

$$\frac{\begin{array}{c} A \to \sim B \\ B \end{array}}{\sim A}$$

같은 이유로 우리는 다음 두 가지도 후건 부정식의 형태라고 여기기로 한다.

$$\frac{\begin{array}{c} \sim A \to B \\ \sim B \end{array}}{A} \qquad\qquad \frac{\begin{array}{c} \sim A \to \sim B \\ B \end{array}}{A}$$

(10) A → B, B → C ⊨ A → C   가언 삼단논법

이런 추론을 가언 삼단논법(hypothetical syllogism)이라 부른다. '가언'이란 조건언 형태의 주장을 일컫는 전통 논리학의 용어이고, '삼단논법'이란 여기서는 두 개의 전제와 하나의 결론으로 이루어진 논증 방식을 가리킨다. 이 추론을 기본규칙만을 써서 증명하면 다음과 같다.

A → B, B → C ⊨ A → C의 증명

    (1) A → B   전제

    (2) B → C   전제

    (3) A   가정

    (4) B   1,3 조건언 제거

    (5) C   2,4 조건언 제거

    (6) A → C   3,5 조건언 도입

    가언 삼단논법에서 보듯이, 조건부 주장으로만 전제가 이루어져 있을 경우 결론 또한 대개는 조건부 주장이다. 하지만 조건부 주장 형태의 전제로부터 단정적 주장을 결론으로 이끌어 낼 수 있는 경우가 드물게 있다. 일정한 이름이 붙어 있지는 않지만, 아래 나오는 세 추론은 그래서 기억할 만하다.

(11) A → B, A → ~B ⊨ ~A

이 추론이 타당한 이유는 비교적 쉽게 파악할 수 있을 것이다. A가 참이라고 가정하면 조건언 제거규칙에 의해 B와 ~B를 동시에 얻을 수 있을 텐데 이는 모순이므로 A가 사실일 리 없기 때문이다. 다음은 이를 구체적으로 보이는 증명이다.

A → B, A → ~B ⊨ ~A의 증명

(1) A → B		전제
(2) A → ~B		전제
(3) A		가정
(4) B		1,3 조건언 제거
(5) ~B		2,3 조건언 제거
(6) B & ~B		4,5 연언 도입
(7) ~A		3,6 부정 도입

방금 본 것은 두 개의 조건언이 전제에 나오는데 그들의 전건은 같고 후건이 서로 모순되는 명제로 이루어진 경우였다. 두 개의 조건언이 전제에 나오는데 그들의 후건은 같고 전건이 서로 모순되는 명제로 이루어진 경우에도 단정적 결론을 이끌어 낼 수 있다.

(12) A → B, ~A → B ⊨ B

이 추론에서 첫 번째 전제는 A이면 B가 성립한다는 것을 말하고 두 번째 전제는 ~A이면 B가 성립한다는 것을 말한다. 그 경우 결론 B가 무조건 성립할 것이다. 왜냐하면 A나 ~A 가운데 적어도 하나는 언제나 성립할 것이기 때문이다. 기본규칙만을 사용해 이를 구체적으로 증명하면 다음과 같다.

A → B, ~A → B ⊨ B의 증명

(1) A → B		전제
(2) ~A → B		전제
(3) ~B		가정
(4) A		가정
(5) B		1,4 조건언 제거
(6) B & ~B		3,5 연언 도입

(7) ~A	4,6 부정 도입
(8) B	2,7 조건언 제거
(9) B & ~B	3,8 연언 도입
(10) ~~B	3,9 부정 도입
(11) B	10 부정 제거

조건언 정보를 활용하는 중요한 방식 가운데 마지막으로 소개할 파생규칙은 다음이다.

(13) A → ~A ⊨ ~A

이 추론은 언뜻 보면 반직관적인 것 같다. 하지만 A → ~A라는 전제가 주어져 있을 경우, A라고 가정하면 가정한 A와 전제로부터 조건언 제거규칙에 의해 ~A를 얻을 수 있는데 이는 가정한 A와 모순이므로, ~A라는 결론을 내릴 수 있다는 점을 알 수 있다. 기본규칙만을 사용해 이를 증명해 보이면 다음과 같다.

A → ~A ⊨ ~A의 증명

(1) A → ~A	전제
(2) A	가정
(3) ~A	1,2 조건언 제거
(4) A & ~A	2,3 연언 도입
(5) ~A	2,4 부정 도입

이제 조건언이 아닌 다른 복합명제 형태가 전제에 나오는 추론을 보기로 하자. 다음 추리를 부르는 우리말 이름은 없지만[11] 타당한 추리라는 점은 쉽게 알 수 있을 것이다.

---

11 이 추론을 라틴어로는 'modus ponendo tollens'라고 부른다.

(14) ~(A & B), A ⊨ ~B

(15) ~(~A & ~B), ~A ⊨ B

첫 번째 추리에서 전제는 A와 B가 둘 다 참은 아닌데 A가 참임을 말해 준다. 이때 우리는 B가 거짓임을 쉽게 추론할 수 있다. 두 번째 추리의 전제는 A와 B가 둘 다 거짓은 아닌데 A가 거짓임을 말해 준다. 이때 우리는 B가 참임을 추리할 수 있다.

   ~(A & B), A ⊨ ~B의 증명

(1) ~(A & B)	전제	
(2) A	전제	
(3) B	가정	
(4) A & B	2,3 연언 도입	
(5) (A & B) & ~(A & B)	1,4 연언 도입	
(6) ~B	3,5 부정 도입	

   ~(~A & ~B), ~A ⊨ B의 증명

(1) ~(~A & ~B)	전제
(2) ~A	전제
(3) ~B	가정
(4) ~A & ~B	2,3 연언 도입
(5) (~A & ~B) & ~(~A & ~B)	1,4 연언 도입
(6) ~~B	3,5 부정 도입
(7) B	6 부정 제거

끝으로 언급할 것은 선언 삼단논법이다.

(16) A ∨ B, ~A ⊨ B   선언 삼단논법

이것은 A나 B 가운데 적어도 하나는 참이라는 정보가 주어져 있는 상황에서 A 는 참이 아니라는 정보가 추가로 주어질 경우 B가 참임을 추리할 수 있다는 것을 말해 준다. 선언 삼단논법은 우리 자연연역 체계의 기본규칙은 아니며, 기본 규칙만을 사용해 증명할 경우 증명은 꽤 길다. 앞서 보았듯이, 선언 정보를 처리하는 일상적 방식 가운데 하나는 선언 제거규칙이라고 할 수 있다. 하지만 때로 우리는 선언 삼단논법이 말하는 방식으로 선언 정보를 처리하기도 한다.

자주 사용할 만한 추리규칙

지금까지 소개한 16가지의 추리규칙 가운데 우리가 특히 자주 사용할 만한 추리규칙으로는 다음 일곱 가지를 들 수 있다.

성격	형태	규칙 이름
조건언 정보의 활용 방안 (세 가지)	$A \rightarrow B$ A ————— B	조건언 제거규칙 (전건 긍정식)
	$A \rightarrow B$ $\sim B$ ————— $\sim A$	후건 부정식
	$A \rightarrow B$ $B \rightarrow C$ ————— $A \rightarrow C$	가언 삼단논법
조건언 형태의 결론을 얻는 방안	$[A]$ $\vdots$ B ————— $A \rightarrow B$	조건언 도입
선언 정보의 활용 방안 (두 가지)	$[A]\ [B]$ $\vdots\ \vdots$ $A \vee B\quad C\quad C$ ————— C	선언 제거규칙
	$A \vee B$ $\sim A$ ————— B	선언 삼단논법

부정 형태의 결론을 얻는 방안[12]	[A] ⋮ $$\frac{\text{B \& }{\sim}\text{B}}{{\sim}\text{A}}$$	부정 도입

우선 전제에 A → B라는 조건언 형태의 정보가 있을 경우의 활용법이다. 이때 전건 A를 추가로 확보할 수 있다면 우리는 후건 B를 얻을 수 있다. 만약 후건의 부정 ~B를 확보할 수 있다면 이때는 전건의 부정 ~A를 얻을 수 있다. 또한 전제에 A → B와 B → C라는 형태로 된 두 개의 조건언이 있다면, 이때 우리는 A → C를 얻을 수 있다. 이들 세 가지가 조건언 형태의 정보가 전제에 포함되어 있을 때 이를 활용하는 가장 일반적인 방안이다.

주어진 전제들로부터 A → B라는 조건언 형태의 결론이 실제로 추론되는지를 확인해야 하는 경우도 많다. 이때 우리는 전건 A를 가정했을 때 후건 B가 실제로 도출되는지를 보면 된다. 다시 말해 조건언 결론을 얻을 수 있는지를 확인하려면 주어진 전제에 우리가 확인하고자 하는 조건언의 전건을 추가했을 때 후건이 실제로 도출되는지를 점검해야 한다.

다음은 선언 정보의 활용법이다. A ∨ B라는 선언 형태의 정보가 있을 경우 이를 활용하는 일상적 방법 가운데 하나는 선언 제거규칙이다. 이는 얼핏 복잡해 보이지만 우리가 자주 구사하는 추론 방식이다. 선언 정보를 활용하는 좀 더 간편한 방법은 선언 삼단논법이라고 할 수 있고, 이를 활용하려면 선언성원 가운데 어느 하나를 부정할 수 있을지를 주목해야 한다.

마지막으로, 부정 정보를 얻는 방안이다. 부정 도입규칙에 따를 때, ~A 형태의 부정 정보를 최종 결론으로 얻으려면 A를 가정할 때 모순이 도출된다는 점을 확인해야 한다. 파생규칙 A → ~A ⊨ ~A에서 보았듯이, 이때 A를 가정

---

12 부정 도입규칙과 관련해 또 한 가지 명심해야 할 사항은 때로는 긍정명제도 부정 도입규칙을 사용해 얻을 수 있다는 점이다. 우리가 가령 ~A를 가정하였는데 모순이 도출되었다고 해보자. 이때 우리는 부정 도입규칙에 의해 ~A를 부정한 ~~A를 얻을 수 있을 텐데, 여기에 이중부정을 소거하는 부정 제거규칙을 적용하면 최종적으로 A를 얻을 수 있기 때문이다.

해 ~A가 도출되는지를 확인해 볼 수도 있다. 부정 도입규칙과 관련해 또 한 가
지 주목할 점은 긍정명제 A가 전제들로부터 도출되는지를 확인할 때도 이 방안
을 원용할 수 있다는 점이다. 이때는 ~A를 가정해 모순이 도출되는지를 보면
된다. 만약 모순이 도출된다면 우리는 부정 도입규칙에 의해 ~~A를 얻을 수
있고, 이로부터 부정 제거규칙에 의해 최종적으로 A를 얻을 수 있기 때문이다.

자주 사용할 만한 동치

끝으로, 동치이므로 추론 과정에서 원하면 언제나 서로 맞바꿀 수 있는 동치
인 쌍 가운데 중요한 것 몇 가지를 소개하면 다음과 같다. 우선 고등학교 때 배
운 드모르간 법칙과 대우이다. 앞에서 말한 대로, 이들은 언제든 서로 맞바꾸어
도 된다.

$$\sim(A \mathbin{\&} B) = \sim A \lor \sim B^{13}$$ 　　　　드모르간 법칙

$$\sim(A \lor B) = \sim A \mathbin{\&} \sim B^{14}$$ 　　　　드모르간 법칙

$$A \rightarrow B = \sim B \rightarrow \sim A$$ 　　　　대우

드모르간 법칙은 연언 명제의 부정을 선언으로 나타낼 수 있고, 선언 명제의 부
정을 연언으로 나타낼 수 있다는 것을 말해 준다. 이밖에 주목할 만한 동치로는
다음 두 가지를 들 수 있다. 하나는 이출/이입 원리이다.

$$(A \mathbin{\&} B) \rightarrow C = A \rightarrow (B \rightarrow C)$$ 　　　　이출/이입 원리

이 원리는 A라는 조건하에서 'B이면 C'라는 조건부 주장을 펼치는 것은 A와 B
라는 조건하에서 C임을 주장하는 것과 같다는 것을 말한다. 가령 "강희가 수업
에 올 경우, 연수가 오면 정민이도 온다"라는 주장은 "강희와 연수가 수업에 오

---

13 둘 다 참인 것은 아니다 = 적어도 하나는 거짓이다.

14 적어도 하나가 참인 것은 아니다 = 둘 다 거짓이다.

면, 정민이도 온다"라는 것과 같은 의미이다.

다른 하나는 아래의 것으로, 이들을 가리키는 이름은 없지만 이들이 동치라는 점을 파악하면 아주 유용하게 쓸 수 있다.

$$(A \lor B) \to C = (A \to C) \ \& \ (B \to C)$$

이는 'A나 B가 성립할 경우 C가 성립한다'라는 주장은 'A가 성립하면 C가 성립하고 또한 B가 성립하면 C가 성립한다'라는 주장과 동치임을 말한다. 이 원리의 직관적 타당성을 보여 주는 좋은 예는 다음일 것이다. "비가 많이 오거나 눈이 많이 오면 미시령은 통제된다"라는 주장은 "비가 많이 오면 미시령은 통제되고 또한 눈이 많이 오면 미시령은 통제된다"라는 주장과 같다. 이런 표현 방식은 실생활에서 어떤 규정을 간단하게 서술하는 수단으로도 많이 쓰인다.

여러 형태의 조건부 주장

우리가 접하는 정보 가운데는 조건부 주장 형태가 아주 많다. 원활한 정보 처리를 위해서는 복잡한 조건부 주장도 정확히 이해할 수 있어야 한다. 이때 주의가 필요가 몇 가지 사항을 따로 설명하면 다음과 같다.

우선 앞에서도 말한 중요한 동치부터 시작하자.

(i) $A \to (B \to C) = (A \ \& \ B) \to C$ 이출/이입 원리

물론 다음은 동치가 아니다.

(ii) $(A \to B) \to C \neq (A \ \& \ B) \to C$

따라서 $A \to (B \to C)$와 $(A \to B) \to C$는 서로 구분되어야 한다. 일상어에서는 전자를 의미한다는 사실을 분명히 하기 위해, 보통 다음과 같이 적는다.

A일 경우, B이면 C.

즉 쉼표를 사용해, A라는 조건 아래 B이면 C라는 조건부 주장을 한다는 사실을 나타낸다.

다음 둘도 잘 구분해야 한다.

(iii) $(A \vee B) \rightarrow C = (A \rightarrow C)$ & $(B \rightarrow C)$

(iv) $(A$ & $B) \rightarrow C \neq (A \rightarrow C)$ & $(B \rightarrow C)$

(iii)의 왼쪽은 A나 B 가운데 적어도 하나가 성립하면, C도 성립한다는 것을 말한다. 이는 (iii)의 오른쪽이 말하는, A가 성립하면 C가 성립하고 또한 B가 성립해도 C가 성립한다는 것과 동치이다. 반면 (iv)의 왼쪽은 A와 B가 둘 다 성립하면 C가 성립한다는 것을 말한다.

다음을 두고서도 비슷한 얘기를 할 수 있다.

(v) $A \rightarrow (B$ & $C) = (A \rightarrow B)$ & $(A \rightarrow C)$

(vi) $A \rightarrow (B \vee C) \neq (A \rightarrow B)$ & $(A \rightarrow C)$

(v)의 왼쪽은 A가 성립하면 B와 C가 둘 다 성립한다는 것을 말한다. 이는 (v)의 오른쪽이 말하는, A가 성립하면 B가 성립하고 또한 A가 성립하면 C가 성립한다는 것과 동치이다. 반면 (vi)의 왼쪽은 A가 성립하면 B나 C 가운데 적어도 하나가 성립한다는 것을 말하는 것에 불과하다.

다시 정리하면 다음은 서로 동치이므로, 왼쪽 정보는 오른쪽 정보와 같다.

(i) $A \rightarrow (B \rightarrow C) = (A$ & $B) \rightarrow C$

(iii) $(A \vee B) \rightarrow C = (A \rightarrow C)$ & $(B \rightarrow C)$

(v) $A \rightarrow (B$ & $C) = (A \rightarrow B)$ & $(A \rightarrow C)$

하지만 다음은 서로 동치가 아니므로, 왼쪽 정보를 오른쪽 정보로 오해해서는 안 된다.

(ii) $(A \rightarrow B) \rightarrow C \neq (A$ & $B) \rightarrow C$

(iv) $(A$ & $B) \rightarrow C \neq (A \rightarrow C)$ & $(B \rightarrow C)$

(vi) $A \rightarrow (B \vee C) \neq (A \rightarrow B)$ & $(A \rightarrow C)$

추론 능력을 키우려면 다음과 같은 순서로 많은 연습을 해볼 필요가 있다.

첫째, 기본규칙과 파생규칙을 능수능란하게 구사할 수 있도록 여러 가지 타당한 추론을 증명하는 연습을 해본다. 즉 주어진 전제로부터 결론을 어떻게 도출할 수 있는지를 구체적으로 보이는 연습을 한다.

둘째, 증명한 타당한 추론에서 이번에는 결론을 지운 다음 그 전제들로부터 어떤 결론을 도출할 수 있는지를 스스로 파악하는 연습을 해본다.

셋째, 증명한 타당한 추론에서 이번에는 결론은 그대로 두고 **전제 가운데 하나**를 지운 다음 결론을 도출하기 위해서는 어떤 전제를 추가해야 하는지를 파악하는 연습을 한다.

넷째, 타당한 추론의 전제 가운데 어떤 하나를 빼거나 다른 것으로 바꾸거나 새로운 정보를 추가했을 때 결론이 어떻게 달라지는지를 파악하는 연습을 하면 큰 도움이 될 것이다.

아래 나오는 것은 이런 연습을 위한 것이다.

연 습 문 제

※ 먼저 기본규칙이나 파생규칙을 사용하여 다음을 증명해 보라. 그런 다음 결론을 지우고 나서, 어떤 결론을 도출할 수 있는지를 말하라. 끝으로, 전제 가운데 적어도 하나를 다른 것으로 바꾸거나 새로운 전제를 나름대로 추가한 다음, 이때 얻을 수 있는 결론에 어떤 차이가 생기는지를 파악해 보라.

(1) $\sim$A $\rightarrow$ B, $\sim$A $\vDash$ B

(2) A $\rightarrow$ $\sim$B, B $\vDash$ $\sim$A

(3) $\sim$A $\rightarrow$ A $\vDash$ A

(4) A $\rightarrow$ B, B $\rightarrow$ $\sim$A $\vDash$ $\sim$A

(5) A $\rightarrow$ B, $\sim$B $\rightarrow$ A $\vDash$ B

(6) A $\rightarrow$ $\sim$B, B $\rightarrow$ A $\vDash$ $\sim$B

(7) A $\rightarrow$ B, C $\rightarrow$ $\sim$B $\vDash$ $\sim$(A & C)

(8) A $\rightarrow$ B, $\sim$B $\rightarrow$ C, C $\rightarrow$ A $\vDash$ B

(9) A $\rightarrow$ (B & $\sim$C), $\sim$B $\vDash$ $\sim$A

(10) A $\rightarrow$ (B & $\sim$C), C $\vDash$ $\sim$A

(11) $\sim A \to B, B \to \sim C \vDash C \to A$

(12) $A \to \sim B, \sim C \to B \vDash A \to C$

(13) $(\sim A \lor \sim B) \to C \vDash (\sim A \to C) \,\&\, (\sim B \to C)$

(14) $A \to (B \,\&\, C) \vDash (A \to B) \,\&\, (A \to C)$

(15) $A \to (B \to C) \vDash (A \,\&\, B) \to C$

(16) $A \to (B \to C) \vDash B \to (A \to C)$

(17) $A \to (B \to C) \vDash (\sim C \,\&\, A) \to \sim B$

(18) $(A \,\&\, B) \to C, B \vDash A \to C$

(19) $(\sim A \,\&\, \sim B) \to C, \sim A \vDash \sim B \to C$

(20) $A \to (B \,\&\, C) \vDash A \to B$

(21) $(A \lor B) \to C \vDash \sim C \to \sim B$

(22) $A \to (B \lor C), \sim B \vDash A \to C$

(23) $(A \,\&\, B) \to C, B, \sim C \vDash \sim A$

(24) $A \to C, B \to C, A \lor B \vDash C$

(25) $A \to B, A \to C, \sim B \lor \sim C \vDash \sim A$

(26) $A \to B, C \to D, A \lor C \vDash B \lor D$

(27) $A \to B, C \to D, \sim B \lor \sim D \vDash \sim A \lor \sim C$

(28) $A \to E, (C \lor D) \to E, E \to (A \,\&\, F), F \to \sim E \vDash (\sim A \,\&\, \sim C) \,\&\, (\sim D \,\&\, \sim E)$

(29) $A \to B, B \to \sim D, C \to \sim E, \sim C \to D, \sim D \to E \vDash \sim A \,\&\, D$

(30) $\sim A \to (B \lor C), A \to C, \sim C, D \to \sim B, \sim D \to \sim E \vDash (\sim A \,\&\, B) \,\&\, (\sim D \,\&\, \sim E)$

3.3 어떻게 적용할 수 있는가?

3.3.1 일상 문장을 명제논리의 언어로 바꾸기

명제논리에서 다루는 추론 기법을 일상 논증에 적용하려면 먼저 일상 논증을 명제논리의 언어로 나타내는 '기호화'(symbolization) 작업을 해야 한다. 이를 잠깐 설명하기로 하자. 앞서 말했듯이, 명제논리에 나오는 명제는 단순명제 아니면 복합명제이다. 따라서 일상어로 표현된 논증을 명제논리의 언어로 표현하기 위해서는 다음 두 가지 작업을 해야 한다.

첫째, 일상 언어 문장이 단순명제를 표현한다고 보아야 하는지 아니면 복합 명제를 표현한다고 보아야 하는지를 결정해야 한다.
둘째, 복합명제를 표현한다고 볼 경우 네 가지 가운데 어떤 진리함수적 결합 사를 사용하여 기호화하는 것이 가장 적절한지를 결정해야 한다.

일상적 표현 가운데 진리함수적 결합사라는 사실을 쉽게 알 수 있는 것들을 대략적으로 정리하면 다음과 같다.

(1) 부정 결합사

P라는 것은 사실이 아니다, P가 아니다, P는 거짓이다, P는 성립하지 않는다.

(2) 연언 결합사

P이고 Q, P이지만 Q, P일지라도 Q

(3) 선언 결합사

P이거나 Q, P나 Q, P, Q 가운데 (적어도) 하나는 참이다, P, Q 가운데 적어도 하나

는 성립한다.

(4) 조건언 결합사

P면 Q, P일 경우 Q, P라고 가정하면 Q, P가 성립한다고 할 때 Q도 성립한다,
P라는 단서 아래 Q, P는 Q의 충분조건이다. P라는 전제하에 Q.

기호화 작업을 할 때 우리는 의미, 즉 문장의 내용에 초점을 맞추어야 한다. 명제논리에서 사용하는 P, Q, R 등의 문자는 명제를 나타내는 것이지 문장을 나타내는 것이 아니라는 점을 명심할 필요가 있다. 그런데 일상 언어에서는 동일한 문장일지라도 맥락에 따라 서로 다른 의미를 지니기도 한다. 이 때문에 문장이 같다고 해서 그것이 동일한 내용을 지닌다는 점을 보장하는 것은 아니다. 더구나 우리는 일상 언어에서 동일한 내용을 여러 가지 다른 방식으로 표현하기도 한다. 이 때문에 문장이 다르다고 그것들이 같은 명제를 표현하지 않는다는 보장도 없다. 간단히 말해 우리는 문장의 **내용**을 잘 파악해 그것을 명제논리의 기호로 옮겨야 한다. 기호화 과정에서 주의해야 할 사항 몇 가지를 설명하면 다음과 같다.

부정명제와 관련하여

원칙적으로 부정명제는 복합명제이다. 하지만 타당성을 따지는 데는 부정의 내용을 담고 있는 주장을 단순명제로 잡아도 상관없다. 그렇게 하면 좀 더 간결한 기호화를 얻을 수 있다. 다음 예를 보자.

만일 직녀가 부산 영화제에 참석한다면 광주의 동창회에는 불참할 것이다. 만일 직녀가 광주의 동창회에 불참한다면, 견우를 만나지 못할 것이다. 그러므로 직녀는 부산 영화제에 참석하지 않거나 견우를 만나지 못할 것이다.

단순명제 P, Q, R이 모두 긍정의 내용을 담도록 기호화하면, 이 추론은 다음과

같이 기호화된다.

 P: 직녀가 부산 영화제에 참석한다.
 Q: 직녀가 광주 동창회에 **참석한다.**
 R: 직녀가 견우를 만난다.
 $P \rightarrow \sim Q, \sim Q \rightarrow \sim R \models \sim P \lor \sim R$

한편 이번에는 Q와 R이 부정의 내용을 담도록 기호화하면, 다음과 같은 기호화를 얻는다.

 P: 직녀가 부산 영화제에 참석한다.
 Q: 직녀가 광주 동창회에 **불참한다.**
 R: 직녀가 견우를 **만나지 못한다.**
 $P \rightarrow Q, Q \rightarrow R \models \sim P \lor R$

이 기호화가 훨씬 더 단순해 보인다는 점을 알 수 있다. 어떤 식으로 기호화를 하더라도 타당성을 결정하는 데는 영향을 미치지 않는다. 이중부정은 그냥 긍정명제로 표현하는 것이 효율적일 것이다.

선언과 관련하여

 앞서 선언을 처음 도입할 때 설명했듯이, 선언에는 포괄적 선언과 배타적 선언이 있다. 논리학에서는 포괄적 선언을 선언의 표준적 의미로 채택하므로 우리가 쓰는 A ∨ B는 포괄적 선언을 나타낸다. 가령 "A와 B 가운데 적어도 한 사람을 뽑는다"라는 정보를 우리는 다음과 같이 기호화할 수 있다.

 (1) A ∨ B

 그렇다면 "A와 B 가운데 정확히 한 사람을 뽑는다"라는 것은 어떻게 나타내야 할까? 그것은 A와 B 둘 가운데 적어도 하나를 뽑지만 둘 다 뽑지는 않는다는 것을 의미하므로 다음과 같이 기호화하면 된다.

(2) (A ∨ B) & ~(A & B)

그런데 이를 다음과 같이 나타내도 된다.

(3) (A & ~B) ∨ (~A & B)

왜냐하면 "A와 B 가운데 정확히 한 사람을 뽑는다"라는 것은 "A를 뽑고 B는 뽑지 않거나 또는 B를 뽑고 A는 뽑지 않는다"라는 것과 같은 의미이기 때문이다. 즉 (2)와 (3)은 서로 동치이다.

A, B 가운데 정확히 한 사람을 뽑는다는 정보를 (3)과 같은 방식으로 표현할 수 있다는 점은 선언 결합사를 적절히 사용한다면 우리가 경우의 수를 나열할 수 있다는 것을 말해 준다. 이제 "A, B, C 세 사람 가운데 정확히 한 사람을 뽑는다"라는 정보를 어떻게 기호화할 수 있을지 생각해 보자. 그것은 다음과 같이 나타내면 된다.

(4) (A & ~B & ~C) ∨ (~A & B & ~C) ∨ (~A & ~B & C)

여기에 나오는 첫 번째 선언지는 A는 뽑고 B와 C는 뽑지 않는다는 것, 다시 말해 A, B, C 가운데 A만 뽑는다는 것을 나타낸다. 두 번째 선언지는 B만 뽑는다는 것을, 세 번째 선언지는 C만 뽑는다는 것을 나타낸다. 셋 가운데 한 사람만을 뽑는 경우는 세 가지가 있고, 이를 선언 결합사를 사용해 나열하면 되는 것이다. 다만 이때 각각의 선언성원은 서로 배타적인 것(즉 동시에 성립할 수는 없는 것)으로 구성되어야 한다.

이번에는 가령 "A, B, C 세 사람 가운데 적어도 두 사람을 뽑는다"라는 정보를 어떻게 기호화할지 생각해 보자. 한 가지 방안은 다음과 같이 경우의 수를 나열하는 것이다.

(5) (A & B & C) ∨ (A & B & ~C) ∨ (A & ~B & C) ∨ (~A & B & C)

여기서 첫 번째 선언지는 셋을 모두 뽑는 경우를 나타내고, 나머지 세 개의 선언지는 두 사람을 뽑는 세 경우를 각각 나열한 것이다. 이는 다음과 동치이다.

(6) (A & B) ∨ (B & C) ∨ (A & C)

이를 이용하면 "A, B, C 세 사람 가운데 정확히 두 사람을 뽑는다"라는 것도 쉽게 나타낼 수 있다. 그것은 다음이다.

(7) [(A & B) ∨ (B & C) ∨ (A & C)] & ~(A & B & C)

이는 적어도 두 사람을 뽑는 것에서 셋 모두를 뽑는 경우를 배제하면 될 것이기 때문이다. (7)은 물론 다음과 동치가 된다.

(8) (A & B & ~C) ∨ (A & ~B & C) ∨ (~A & B & C)

이는 앞서의 적어도 두 사람을 뽑는 경우에서 셋 모두를 뽑는 경우의 수(즉 (5)의 첫 번째 선언지)를 삭제한 것에 해당한다. 지금까지 논의한 것을 한꺼번에 정리하면 다음과 같다.

선언을 이용해 경우의 수를 표현하기

A, B 두 사람의 선발에 관한 정보를 기호화하는 방법은 다음과 같다.

- 둘 가운데 적어도 한 사람을 뽑는다:

  A ∨ B

  = (A & B) ∨ (A & ~B) ∨ (~A & B)

  = ~(~A & ~B)

- 둘 가운데 정확히 한 사람을 뽑는다:

  $(A \lor B) \ \& \sim(A \ \& \ B)$

  $= (A \ \& \sim B) \lor (\sim A \ \& \ B)$

A, B, C 세 사람의 선발에 관한 정보를 기호화하는 방법은 다음과 같다.

- 셋 가운데 적어도 한 사람을 뽑는다:

  $A \lor B \lor C$

  $= (A \ \& \ B \ \& \ C) \lor (A \ \& \ B \ \& \sim C) \lor (A \ \& \sim B \ \& \ C) \lor (\sim A \ \& \ B \ \&$
  $C) \lor (A \ \& \sim B \ \& \sim C) \lor (\sim A \ \& \ B \ \& \sim C) \lor (\sim A \ \& \sim B \ \& \ C)$

  $= \sim(\sim A \ \& \sim B \ \& \sim C)$

- 셋 가운데 적어도 두 사람을 뽑는다:

  $(A \ \& \ B) \lor (B \ \& \ C) \lor (A \ \& \ C)$

  $= (A \ \& \ B \ \& \ C) \lor (A \ \& \ B \ \& \sim C) \lor (A \ \& \sim B \ \& \ C) \lor (\sim A \ \& \ B \ \& \ C)$

- 셋 가운데 정확히 한 사람을 뽑는다:

  $(A \ \& \sim B \ \& \sim C) \lor (\sim A \ \& \ B \ \& \sim C) \lor (\sim A \ \& \sim B \ \& \ C)$

- 셋 가운데 정확히 두 사람을 뽑는다:

  $(A \ \& \ B \ \& \sim C) \lor (A \ \& \sim B \ \& \ C) \lor (\sim A \ \& \ B \ \& \ C)$

  $= [(A \ \& \ B) \lor (B \ \& \ C) \lor (A \ \& \ C)] \ \& \sim(A \ \& \ B \ \& \ C)$

조건언과 관련하여

충분조건, 필요조건, 필요충분조건

조건언을 이용해 충분조건, 필요조건, 필요충분조건이 무엇인지를 설명할 수 있다.

먼저 (1) 충분조건이다. 조건언 "P이면 Q"는 "P인데 Q가 아닌 것은 아니다"를 의미한다. 이는 P가 Q이기 위한 충분조건임을 말해 준다.

이제 (2) 필요조건을 생각해 보자. "P이면 Q"를 Q를 기준으로 생각해 보자. 중고등학교 때 '대우'라고 배워 잘 알고 있듯이, "P이면 Q"는 "Q가 아니면 P가 아니다"와 같은 의미이다. 후자의 주장은 P이기 위해서는 Q가 꼭 필요함을 말하고, 이는 Q가 P이기 위한 필요조건임을 의미한다. 요약하면 조건언 "P이면 Q"는 (1)에서 보았듯이 P가 Q의 충분조건임을 뜻하고, 또한 (2)에서 보았듯이 Q는 P의 필요조건임을 뜻한다.

마지막으로 (3) 필요충분조건이다. 앞의 논의에 따를 때, "P이면 Q"는 P가 Q의 충분조건임을 말하고, "Q이면 P"는 P가 Q의 필요조건임을 말한다. 이 둘을 모두 주장한다면 이것이 바로 P가 Q의 필요충분조건임을 말하는 것이 될 것이다. 그러므로 필요충분조건은 "P이면 Q"와 "Q이면 P"를 동시에 주장하는 것, 즉 (P → Q) & (Q → P)로 기호화할 수 있다(때로 이런 조건부 주장을 '양조건언'(bi-conditional)이라 부르고, 이를 간단히 P ↔ Q로 기호화한다).

'~면'과 '~만'

다음 두 주장을 생각해 보자.

(가) 강희가 수업에 오면, 연수도 온다.
(나) 강희가 수업에 올 때에만, 연수도 온다.

두 주장이 명백히 다르다는 데 모두 동의할 것이다. 여기에 나오는 단순명제를 다음과 같이 잡아 보자.

P: 강희가 수업에 온다.
Q: 연수가 수업에 온다.

우선 첫 번째 주장은 다음과 같이 기호화할 수 있을 것이다.

(1) P → Q

문제는 두 번째 주장을 어떻게 나타내어야 하는가이다. 이를 위해서는 이 주장이 정확히 무엇을 뜻하는지를 분명히 해야 한다. 두 번째 주장은 다음을 말한다고 할 수 있다.

(다) 강희가 수업에 오지 않으면, 연수도 오지 않는다.

그렇다면 이 주장은 다음과 같이 기호화될 것이다.[15]

(2) $\sim P \rightarrow \sim Q$

이제 다음 논증을 기호화한다고 해보자.

오직 고온에서 저온으로 열의 이동이 발생할 때에만 열에서 동력을 얻을 수 있다. 따라서 열에서 동력을 얻을 수 있었다면 고온에서 저온으로 열의 이동이 발생한 것이다.

R과 S를 각각 다음과 같이 잡아 보자.

R: 고온에서 저온으로 열의 이동이 발생한다.
S: 열에서 동력을 얻을 수 있다.

앞서 말했듯이, 우리는 다음 두 주장을 구분해야 한다.

(라) 고온에서 저온으로 열의 이동이 발생할 경우에만 열에서 동력을 얻을 수 있다.
(마) 고온에서 저온으로 열의 이동이 발생할 경우(또는 고온에서 저온으로 열의 이동이 발생한다면), 열에서 동력을 얻을 수 있다.

첫 번째 문장 (라)를 (마)로 보아 R → S로 기호화해서는 안 된다. 그러면 (라)

---

15 '대우'라고 알고 있듯이, (2)는 다음 명제와 같은 것이다.

(3) Q → P

를 어떻게 기호화해야 할까? (라)는 다음을 의미한다.

(라)′ 고온에서 저온으로 열의 이동이 발생하지 않는다면, 열에서 동력을 얻을 수 없다.

이는 $\sim R \rightarrow \sim S$로 기호화될 수 있다(물론 이는 다시 의미상 $S \rightarrow R$와 같다). 따라서 원래 논증은 다음과 같이 기호화할 수 있다.

$\sim R \rightarrow \sim S$ 따라서 $S \rightarrow R$

지금까지 논의한 것을 일반화하면 다음과 같다.

A일 때에만 B = A가 아니라면, B가 아니다.[16]

---

16 "~만"의 애매성

우리말에서 '~만'이 들어가는 구문은 사실 애매한 것으로 보인다. 앞서 보았듯이, 'P일 때에만 Q'는 P가 Q의 필요조건임을 나타내는 것이 일반적이라고 할 수 있다. 하지만 때로 그것은 **필요충분조건**을 나타내기도 하는 것으로 보인다. 다음 예를 보자.

M: 이 수업에서는 전출을 해야만 A^+를 받는다.

맥락을 감안해 볼 때, 이는 전출이 A^+를 받는 데 필요조건임을 의미할 것이다. 전출을 하기만 하면 A^+를 받는다는 것, 즉 그것이 충분조건이기도 하다고 읽는 것은 자연스럽지 않을 것이다. 반면 다음 예를 보자.

N: 이 수업에서는 만점을 맞아야만 A^+를 받는다.

이때는 이를 만점을 맞는 것이 A^+를 받는 데 필요조건일 뿐만 아니라 충분조건이기도 하다는 것으로 읽는 것이 자연스러워 보인다. 이 경우 말하는 사람은 만점을 맞으면 당연히 A^+를 받게 되고, 나아가 만점을 맞아야만 A^+를 받게 된다는 점을 강조하는 것으로 볼 수 있다. 다시 말해 그 사람은 만점을 맞는 것이 A^+를 받는 충분조건임은 당연해서 생략하고 있고, 그것이 필요조건이기도 하다는 점을 명시적으로 밝히고 있는 것이다. 이렇게 본다면 N은 다음을 생략해 표현한 것이라고 볼 수 있다.

O: 이 수업에서는 만점을 맞으면 A^+를 받고, 그리고 만점을 맞아야만 A^+를 받는다.

또는 이를 다음과 같이 나타낼 수도 있을 것이다.

O: 이 수업에서는 만점을 맞으면 A^+를 받고, 그리고 만점을 맞지 못하면 A^+를 받지 못한다.

이처럼 우리말의 '~만' 구문은 필요조건을 나타내기도 하고, 때로 더 강하게 필요충분조건을 다음도 마찬가지이다.

A이어야 B = A가 아니라면, B가 아니다.

비슷한 것을 하나 더 들면 다음과 같다.

A를 하기 위해서는 B를 해야 한다 = B를 하지 않으면, A를 할 수 없다.

지금까지 논의한 것을 예를 중심으로 다시 정리하면 다음과 같다.

강희가 수업에 오면 연수도 수업에 온다.
= 강희가 수업에 오는데 연수가 수업에 안 오지는 않는다.
= 강희가 수업에 오는 것이 연수가 수업에 오기 위한 충분조건이다.
= 연수가 수업에 오지 않으면 강희도 수업에 오지 않는다.
= 연수가 수업에 오는 것이 강희가 수업에 오기 위한 필요조건이다.

강희가 수업에 오기 위해서는 연수가 와야 한다.
= 연수가 수업에 와야 강희가 수업에 온다.
= 연수가 수업에 오는 것이 강희가 수업에 오기 위한 필요조건이다.
= 연수가 수업에 오지 않으면 강희도 수업에 오지 않는다.
= 강희가 수업에 오면 연수도 수업에 온다.

나타내기도 하는 것으로 보인다. 하지만 이처럼 '~만' 구문을 강하게 읽을 수 있는 맥락도 있지만, 우리는 명시적으로 그렇게 나와 있지 않는 한 그것은 필요조건을 표현하는 것으로 읽는다.

한편, 어떤 점에서 '~면' 구문도 충분조건뿐만 아니라 **필요충분조건**을 나타낸다고 볼 수 있을 것 같다. 어떤 맥락에서는 'P이면 Q'가 'P이면 Q이고 그리고 P가 아니면 Q가 아니다'를 의미하는 것으로 보인다. 가령 오늘 저녁에 동창생 모임이 있다고 알려 준 친구에게 내가 "오늘 회사 일이 일찍 끝나면 나도 참석하겠다"라고 말했다면, 이는 "오늘 회사 일이 일찍 끝나면 내가 참석하고, 일찍 끝나지 않으면 나는 참석하지 않겠다"라는 의미라고 할 수 있다. 이처럼 '~면' 구문도 어떤 점에서 애매하지만 그럼에도 우리는 특별히 필요충분조건으로 읽으라는 지시가 없는 한 충분조건만을 표현하는 것으로 읽는 것이 관례이다.

강희가 수업에 올 때에만 연수가 온다.

= 강희가 수업에 오지 않으면 연수도 오지 않는다.

= 연수가 수업에 오면 강희도 수업에 온다.

기호화를 하는 기계적인 규칙은 없다. 이는 기계적인 번역, 즉 번역기가 있을 수 없다는 말이 아니다. 사실 그런 것이 있다. 다만 완벽한 번역기는 없다는 말이다. 기호화할 때는 늘 내용을 염두에 두어야 한다. 문장 형태가 기호화를 하는 데 도움을 주지만 때로 그것은 우리를 오도할 수도 있다.

연 습 문 제

※ 앞의 논의를 바탕으로 일상어로 표현된 다음 추론을 명제논리의 언어로 적절히 기호화하고 타당한지를 판단해 보라.

① 만일 직녀가 부산 영화제에 참석한다면 광주의 동창회에는 불참할 것이다. 만일 직녀가 광주의 동창회에 불참한다면, 견우를 만나지 못할 것이다. 그러므로 직녀는 부산 영화제에 참석하지 않거나 견우를 만나지 못할 것이다.

② 철준이가 선미도 사랑하고 단이도 사랑한다는 것은 사실이 아니다. 그러나 철준이는 선미를 사랑하거나 단이를 사랑한다. 그러므로 철준이가 선미를 사랑하지 않으면 철준이는 단이를 사랑하고, 철준이가 단이를 사랑하면 철준이는 선미를 사랑하지 않는다.

③ 민수의 증언이 사실이라면 철수의 증언도 사실이야. 민수가 한 증언이 사실이라면 영희가 한 증언도 사실이고, 철수가 한 증언이 사실이라면 영희가 한 증언도 사실이기 때문이지.

④ A교수가 국립대학 교수라면 그는 대통령에 의해 임용되었을 것이다. 그러나 그는 대통령에 의해 임용되지 않았다. 따라서 A교수는 국립대학 교수가 아니다.

⑤ 여당 지도부의 지지 없이는 새로운 증세안은 국무회의에서 기각될 것이다.

그러나 국무회의에서 새로운 증세안이 통과되었으므로 여당 지도부는 증세안을 지지했음에 틀림없다.

⑥ 마이클 조던이 최고의 농구 선수라면 공중에 3초 이상 떠 있을 수 있어야 한다. 하지만 마이클 조던은 2.5초밖에 공중에 떠 있지 못한다. 그러므로 마이클 조던을 최고의 농구 선수라고 할 수 없다.

⑦ 오직 고온에서 저온으로 열의 이동이 발생할 때에만 열에서 동력을 얻을 수 있다. 따라서 열에서 동력을 얻을 수 있었다면 고온에서 저온으로 열의 이동이 발생한 것이다.

⑧ 코페르니쿠스의 지동설이 옳다면 행성의 운동을 설명하기 위해서 주전원의 존재를 가정해야 한다. 그러므로 주전원의 존재를 가정하지 않고는 행성의 운동을 설명할 수 없다.

⑨ 박쥐가 후각 능력이 약하거나 탁월한 청각 능력이 없다면, 어둠 속을 빠르게 날아갈 수 없다. 박쥐는 빠르게 어둠 속을 날아갈 수 있다는 것이 확인되었다. 그러므로 박쥐의 청각 능력이 탁월함이 분명하다.

⑩ 도덕적 판단이 객관성을 지닌다면 도덕적 판단은 경험적 근거를 가지며 유전적 요인과는 무관할 것이다. 사람들이 히틀러의 유태인 학살 행위를 잘못이라고 판단하는 것으로 볼 때, 도덕적 판단은 경험적 근거를 가진다. 따라서 도덕적 판단이 유전적 요인과 무관하다면 도덕적 판단은 객관성을 지닌다.

3.3.2 추론하기

다음 예를 통해서 지금까지 다룬 내용을 어떻게 적용할 수 있는지 살펴보자.

> 1. 먼 은하계에 X, 알파, 베타, 감마, 델타 다섯 행성이 있다. X 행성은 매우 호전적이어서 기회만 있으면 다른 행성을 식민지화하고자 한다. 다음 진술이 참이라고 할 때, X 행성이 침공할 행성을 모두 고르면?

> ㄱ. X 행성은 델타 행성을 침공하지 않는다.
>
> ㄴ. X 행성은 베타 행성을 침공하거나 델타 행성을 침공한다.
>
> ㄷ. X 행성이 감마 행성을 침공하지 않는다면 알파 행성을 침공한다.
>
> ㄹ. X 행성이 베타 행성을 침공한다면 감마 행성을 침공하지 않는다.
>
> ① 베타 행성   ② 감마 행성   ③ 알파와 베타 행성
>
> ④ 알파와 감마 행성   ⑤ 알파와 베타와 감마 행성
>
> [PSAT, 2005. 2]

첫 번째로 해야 할 작업은 기호화하는 일이다. 여기 나오는 단순명제를 각각 다음과 같은 문자를 사용해 나타내기로 하자.

    D: X 행성은 델타 행성을 침공한다.

    B: X 행성은 베타 행성을 침공한다.

    G: X 행성은 감마 행성을 침공한다.

    A: X 행성은 알파 행성을 침공한다.

이제 제시된 정보를 명제논리의 언어로 기호화하면 다음과 같다.

    ㄱ. X 행성은 델타 행성을 침공하지 않는다: $\sim D$

    ㄴ. X 행성은 베타 행성을 침공하거나 델타 행성을 침공한다: $B \vee D$

    ㄷ. X 행성이 감마 행성을 침공하지 않는다면 알파 행성을 침공한다: $\sim G \to A$

    ㄹ. X 행성이 베타 행성을 침공한다면 감마 행성을 침공하지 않는다: $B \to \sim G$

논의의 편의를 위해, 이들 정보를 일련번호를 붙여 다음과 같이 적기로 하자.

    (1) $\sim D$

(2) B ∨ D
(3) ~G → A
(4) B → ~G

다음 작업은 이 정보들로부터 적절한 추리규칙을 사용해 결론을 이끌어 내는 작업, 즉 추론을 하는 것이다. 다음이 한 가지 방식이다.

(5) B   1,2 선언 삼단논법
(6) ~G   4,5 조건언 제거
(7) A   3,6 조건언 제거

이렇게 우리는 A, B, ~G를 도출하였다. 이는 각각 X 행성이 알파 행성과 베타 행성을 침공하고, 감마 행성은 침공하지 않는다는 의미이다. 따라서 정답은 ③이다.
  우리는 앞으로 추론을 위의 방식대로 적기로 하겠다. 추론의 단계를 주어진 전제부터 시작하여 일련번호로 차례대로 나열하고, 추론을 할 때는 단계별로 오른쪽에 어떤 정보에 어떤 추리규칙을 사용해 단계별 결론을 얻었는지를 명시할 것이다.
  모든 추론이 앞의 예처럼 간단하지는 않다. 복잡한 추론도 많이 있다. 이때는 전략을 잘 세워야 한다. 다음을 살펴보자.

전제가 모두 조건부 주장인 경우

2. 다음 글의 내용이 참일 때, 반드시 채택되는 업체의 수는?

농림축산식품부는 구제역 백신을 조달할 업체를 채택할 것이다. 예비 후보로 A, B, C, D, E 다섯 개 업체가 선정되었으며, 그 외 다른 업체가 채택될 가능성은 없다. 각각의 업체에 대해 농림축산식품부는 채택하거나 채택하지 않거나 어느 하나의 결정만 내린다.

정부의 중소기업 육성 원칙에 따라, 일정 규모 이상의 대기업인 A
가 채택되면 소기업인 B도 채택된다. A가 채택되지 않으면 D와 E 역
시 채택되지 않는다. 그리고 수의학 산업 중점육성 단지에 속한 업체
인 B가 채택된다면, 같은 단지의 업체인 C가 채택되거나 혹은 타지역
업체인 A는 채택되지 않는다. 마지막으로 지역 안배를 위해, D가 채
택되지 않는다면, A는 채택되지만 C는 채택되지 않는다.

① 1개   ② 2개   ③ 3개   ④ 4개   ⑤ 5개

[PSAT, 2015. 2]

먼저 여기 나온 정보를 기호화하면 다음과 같다.[17]

(1) A → B

(2) ~A → (~D & ~E)

(3) B → (C ∨ ~A)

(4) ~D → (A & ~C)

다음 작업은 추론이다. '채택되는 업체의 수'를 파악하려면 '채택되는 업체'
가 어떤 것인지를 알아야 한다. 그런데 주어진 정보는 모두 조건부 주장이어서
앞의 예와 달리 바로 일정한 결론을 이끌어 낼 수는 없다. 어떻게 해야 할까?
한 가지 풀이는 다음과 같다.

〈풀이 1〉

    (5) ~A   가정

    (6) ~D & ~E   2,5 조건언 제거

---

17 여기서 가령 A는 'A가 채택된다'라는 것을 나타낸다. 앞으로 어떤 주장을 어떻게 기호화했
는지가 분명할 경우 이를 따로 말하지 않을 것이다.

(7) ~D	6 연언 제거
(8) A & ~C	4,7 조건언 제거
(9) A	8 연언 제거
(10) A & ~A	5,9 연언 도입
(11) ~~~A	5,10 부정 도입
(12) A	11 부정 제거

이렇게 A가 확정되고 나면 다음 작업은 쉽다.

(13) B	1,12 조건언 제거
(14) C ∨ ~A	3,13 조건언 제거
(15) C	12,14 선언 삼단논법
(16) ~(A & ~C)	15 C ⊨ ~(A & ~C)
(17) ~~D	4,16 후건 부정식
(18) D	17 부정 제거

이로써 우리는 A, B, C, D가 채택된다는 것을 알 수 있으므로, 정답은 ④이다.
   귀류법을 쓰지 않고 파생규칙 "A → ~A 따라서 ~A"[18]를 사용해서 단정적 결론을 얻을 수도 있다.

〈풀이 2〉

(5) ~A	가정
(6) ~D & ~E	2,5 조건언 제거
(7) ~D	6 연언 제거
(8) A & ~C	4,7 조건언 제거
(9) A	8 연언 제거

---

18 엄밀하게 말하면, 아래 사용한 것은 이것의 변형이다.

(10) ~A → A   5,9 조건언 도입

(11) A   10 ~A → A ⊨ A

이후 과정은 앞의 것을 그대로 따르면 된다.

이 예를 통해, 우리는 어떤 명제를 가정해서 모순이 도출된다는 점을 확인하거나 아니면 A → ~A 형태의 명제를 도출할 수 있다는 점을 확인해 단성석 결론을 확보할 수 있다는 것을 알 수 있다. 그렇다면 어떤 것을 가정하는 것이 좋을까? 대답은 '적절한' 것을 가정해야 한다는 것이다. 어떤 적절한 것? 대략적인 지침은 주어진 정보에서 가장 많이 거론되는 명제를 선택하라는 것이다. 이 지침을 따를 때 앞의 예에서 우리가 고를 수 있는 것은 단연 A이다. 그와 관련된 정보는, 기호화한데서 잘 드러나듯이, 모두 네 차례로 가장 많이 등장한다. 그렇다면 A가 참임을 가정해야 할까 아니면 거짓임을 가정해야 할까? 이에 대한 대답 또한 적절한 것을 가정해야 한다는 것이다. 이 경우도 대략적인 지침을 말한다면, 가정해서 많은 추론을 해낼 수 있는 것을 되도록 선택하라는 것이다. 앞의 예에서 A를 가정하는 것보다 ~A를 가정할 때 더 많은 것을 알아낼 수 있다.

앞의 증명은 추론 과정을 소상히 적은 것이다. 실제 상황에서는 이를 간소화해도 된다. 우선 이중부정을 소거하는 부정 제거규칙은 생략해도 될 것이다. 지금쯤이면 이들이 동치임은 분명하기 때문이다. 나아가 연언 제거규칙이나 연언 도입규칙도 자명하므로, 원한다면 생략해도 된다. 그리고 후건 부정식을 쓰기 위해 먼저 후건의 부정을 얻을 수 있다는 것을 보이는 단계도 생략할 수 있다. 이는 복합명제의 진릿값이 계산되는 방식만 안다면, 아주 간단한 '암산'을 통해 쉽게 알 수 있기 때문이다. 앞서 우리는 C ⊨ ~(A & ~C)가 타당하다는 점을 파생규칙에 호소하였는데, 우리는 이 점을 간단히 진릿값 계산을 통해 파악할 수도 있다. 전제는 C가 참임을 말한다. 이때 이를 부정한 ~C는 거짓이며, 연언 A & ~C는 연언성원 하나가 거짓이면 거짓이므로 결국 C가 참이면 A & ~C는 거짓임을 알 수 있다. 다시 말해, C ⊨ ~(A & ~C)가 성립한다는 점을 쉽게 알 수 있다.

〈풀이 3〉

정보가 복잡한 조건부 주장 형태로 되어 있을 경우에는 그것들을 낱개의 조건부 주장으로 미리 해체하는 것도 좋은 방법이다. 원래의 정보를 다시 보자.

(1) A → B

(2) ~A → (~D & ~E)

(3) B → (C ∨ ~A)

(4) ~D → (A & ~C)

여기에서 (2)와 (4)는 다음과 같이 풀어쓸 수 있다.

(1) A → B

(2) ~A → (~D & ~E) = (~A → ~D) & (~A → ~E)

(3) B → (C ∨ ~A)

(4) ~D → (A & ~C) = (~D → A) & (~D → ~C)

이는 결국 우리가 다음과 같은 정보를 확보하고 있음을 의미한다.

(1) A → B

(2)′ ~A → ~D

(2)″ ~A → ~E

(3) B → (C ∨ ~A)

(4)′ ~D → A

(4)″ ~D → ~C

이제 어떤 정보가 있는지를 좀 더 쉽게 파악할 수 있을 것이다. 한 가지 풀이는 다음과 같이 진행하는 것이다.

⑸ ~A → A   2′, 4′ 가언 삼단논법
⑹ A   5, ~A → A ⊨ A

앞서 우리가 자주 사용할 만한 파생규칙이라고 불렀던 것을 활용해 이처럼 비
교적 짧은 단계에서 A가 참이라는 단정적 정보를 확보할 수 있다. 이후 과정은
이 정보를 이용하면 쉽다. 이처럼 복잡한 조건부 주장을 개별 주장에 관한 것으
로 분해해 이용하는 것이 효과적인 때도 있다.

결론이 모두 조건부 주장인 경우

3. 사무관 A, B, C, D, E는 다음 조건에 따라 회의에 참석할 예정이다.
   반드시 참이라고는 할 수 없는 것은?

   ▪ A가 회의에 참석하면, B도 참석한다.
   ▪ A가 참석하면 E도 참석하고, C가 참석하면 E도 참석한다.
   ▪ D가 참석하면, B도 참석한다.
   ▪ C가 참석하지 않으면, B도 참석하지 않는다.

   ① A가 참석하면, C도 참석한다.
   ② A가 참석하면, D도 참석한다.
   ③ C가 참석하지 않으면, D도 참석하지 않는다.
   ④ D가 참석하면, C도 참석한다.
   ⑤ E가 참석하지 않으면, B도 참석하지 않는다.

   [PSAT, 2012. 8]

이 예의 경우 답지에 나오는 주장은 모두 조건부 주장 형태이다. 조건언 도입
규칙에 따르면, 조건부 주장 A → B가 주어진 전제로부터 실제로 도출되는지
여부를 판단하려면 전건 A를 전제에 추가했을 때 후건 B가 따라나오는지를 확

인해야 한다. 이런 형태의 문제는 답지에 나오는 전건을 추가해 후건이 따라나
오는지를 일일이 검토해야 하므로 번거롭기 마련이다. 다만 조건언의 전건을
전제에 추가할 수 있으므로, 더 많은 정보를 지닌 셈이 되어 추론은 쉬워진다.
다음이 한 가지 풀이이다.

먼저 주어진 정보를 기호화하면 다음과 같다.

(1) $A \rightarrow B$

(2) $(A \rightarrow E)$ & $(C \rightarrow E)$

(3) $D \rightarrow B$

(4) $\sim C \rightarrow \sim B$

① "A가 참석하면, C도 참석한다"($A \rightarrow C$)가 추론된다는 것을 보이는 증명은
다음과 같다.

(5) A	가정
(6) B	1,5 조건언 제거
(7) C	4,6 후건 부정식
(8) $A \rightarrow C$	5,7 조건언 도입

③ $\sim C \rightarrow \sim D$가 추론된다는 것을 보이는 증명은 다음과 같다.

(5) $\sim C$	가정
(6) $\sim B$	4,5 조건언 제거
(7) $\sim D$	3,6 후건 부정식
(8) $\sim C \rightarrow \sim D$	5,7 조건언 도입

④ $D \rightarrow C$가 추론된다는 것을 보이는 증명은 다음과 같다.

(5) D	가정
(6) B	3,5 조건언 제거
(7) C	4,6 후건 부정식
(8) D → C	5,7 조건언 도입

끝으로 ⑤ ~E → ~B가 추론된다는 것을 보이는 증명은 다음과 같다.

(5) ~E	가정
(6) ~C	2의 오른쪽 연언지 + 5 후건 부정식
(7) ~B	4,6 조건언 제거
(8) ~E → ~B	5,7 조건언 도입

따라서 정답은 ②이다.

타당한 논증과 비일관성의 관계를 활용하기

앞서 2장에서 설명했듯이, 어떤 논증이 타당하면 그 논증의 전제와 결론의 부정으로 이루어진 명제 집합은 비일관적이다. 도식화하면, 다음이 성립한다.

$A_1, A_2, ..., A_n \vDash C$

⇔ {$A_1, A_2, ..., A_n$, ~C}는 비일관적이다.

이에 따라 우리는 전제로부터 결론이 실제로 도출되는지를 확인해서 옳은 추론인지를 확인할 수도 있지만, 전제와 결론의 부정으로 이루어진 집합이 비일관적인지 여부를 파악해서 옳은 추론인지를 확인할 수도 있다. 이때 전제와 결론의 부정으로 이루어진 집합이 비일관적인지 여부는 그 명제 집합으로부터 어떤 명제 A와 ~A를 동시에 도출할 수 있는지를 보아 판단할 수 있다.

이번에는 결론을 부정하면 모순을 초래하는지를 확인해서 옳은 추론인지를 판단하는 방법을 써 보기로 하자. 우선 앞의 예에서 전제들을 기호화한 결과는 다음과 같았다.

(1) $A \rightarrow B$

(2) $(A \rightarrow E)$ & $(C \rightarrow E)$

(3) $D \rightarrow B$

(4) $\sim C \rightarrow \sim B$

① "A가 참석하면, C도 참석한다"($A \rightarrow C$)가 옳은 추론인지를 판단하려면, 앞의 원리에 따를 때 이들 전제에 ①을 부정한 (5)를 추가했을 때 모순이 도출되는지를 확인하면 된다.

(1) $A \rightarrow B$

(2) $(A \rightarrow E)$ & $(C \rightarrow E)$

(3) $D \rightarrow B$

(4) $\sim C \rightarrow \sim B$

(5) $\sim(A \rightarrow C) = A$ & $\sim C$ 가정(결론의 부정을 가정)

이 작업은 아주 쉽다. 추론에 쓸 수 있는 정보가 두 개(즉 A와 $\sim$C)나 추가된 셈이기 때문이다.

(6) B   1,5의 왼쪽 연언성원 조건언 제거

(7) $\sim$B   4,5의 오른쪽 연언성원 조건언 제거

이처럼 B와 $\sim$B가 모두 도출되므로, 전제와 결론의 부정으로 이루어진 명제 집합은 실제로 모순을 함축하는 비일관적 집합임이 드러났고, 이에 따라 ①은 옳은 추론임을 알 수 있다. 달리 말해, 원래의 네 개 전제를 모두 받아들이면서 ①을 부정하게 되면 모순에 처하게 된다는 점을 확인할 수 있으므로, 원래의 네 개 전제를 모두 받아들인다면, ①도 받아들여야 한다는 것을 알 수 있다.

　　전제와 결론의 부정으로 이루어진 집합이 과연 모순을 함축하는지를 확인하
는 이 방법은, 지금 본 예처럼 결론이 조건언 A → B 형태일 경우 특히 효과적
이다. 조건언의 부정은 A & ~B인데, 이는 연언이므로 아주 강력한 정보이기
때문이다. 이 방법은 결론이 선언이거나 부정 형태일 때도 쓸 수 있다. 결론이
A ∨ B 형태의 선언이라면 우리는 이를 부정한 ~A & ~B를 전제에 추가해
모순이 야기되는지를 보면 된다. 결론이 ~A와 같은 부정 형태라면 A를 전제
에 추가해 모순이 야기되는지를 보면 된다. 물론 우리는 이 방안을 결론이 A와
같은 긍정 형태일 때에도 확장해서 쓸 수 있다. 그때는 ~A를 전제에 추가해 모
순이 야기되는지를 보면 되기 때문이다. (다만 결론이 연언 형태라면 드모르간
법칙에 따를 때 이를 부정할 경우 선언이 되므로, 이때는 좀 더 번거로운 작업
이 될 수도 있다.)

　　전제와 결론의 부정이 모순을 함축하는지를 확인해 보는 이 방법은 어떤 것
이 부당한 추론이라면 그때는 그 집합이 **모순을 함축하지 않는다**는 것을 의미
한다. 이를 앞서의 예, ② "A가 참석하면, D도 참석한다"에 적용해 보자.

　　　(1) A → B
　　　(2) (A → E) & (C → E)
　　　(3) D → B
　　　(4) ~C → ~B
　　　(5) A & ~D　　　　　　　　　　가정(결론의 부정을 가정)

이때는 A와 ~D를 전제에 추가하더라도 모순을 얻을 수 있는 것은 아니다. 우
리가 얻는 것은 {B, C, E}로 이는 모순을 함축하지 않는다. 이는 전제가 모두
참이지만 결론은 거짓이 되는 경우가 있을 수 있다는 의미로, 그것이 부당한 추
론임을 말해 준다.[19]

19　어떤 사람은 ②가 옳은 추론이 아님을 어떻게 확신할 수 있는지를 궁금해할 것이다. 즉 주
어진 정보에 A & ~D를 추가할 경우 모순을 **도출할 수 없다**는 사실을 확신할 수 있는 방안이
있는지 물을 것이다. 혹시 우리가 제대로 추론을 하지 않아 미처 그 점을 확인하지 못했을 가능

지문형 연역 추론

앞서 본 예들은 추론에 사용될 정보를 깔끔하게 정리해서 제시한 것들이다. 하지만 항상 이런 것은 아니다. 때로 우리가 쓸 수 있는 정보가 정확히 어떤 것인지를 파악하는 작업이 중요한 경우도 있다. 이런 경우 추론 과정뿐만 아니라 **정보의 추출 및 기호화** 작업에도 적절히 주의를 기울여야 한다. 다음 예를 보자.

---

4. 다음 글의 내용이 참이라고 할 때 〈보기〉에서 반드시 참인 것을 모두 고르면?

> 진화 심리학의 가르침과 유전자 결정론이 둘 다 옳다면, 인간에게 자유의지가 있다는 주장은 더 이상 근거가 없어 보인다. 그러나 인간에게 자유의지가 없다는 말이 과연 성립할 수 있을까? 인간에게 자유의지가 없다면, 우리는 양심과 도덕의 문제에 관심을 가질 필요가 없다. 인간의 행위는 모두 마지못해 한 행위에 불과할 것이기 때문이다. 하지만 우리는 양심과 도덕의 문제에 관심을 가질 필요가 있을 뿐만 아니라 그런 문제에 관심을 갖지 않을 수 없다. 나아가 만일 유전자 결정론이 옳지 않다면, 우리는 이에 근거하고 있는 현대 생물학의 몇몇 이론을 포기해야 한다. 그런데 우리는 분명히 그럴 수 없다. 그것은 마침내 과학 전반을 불신하는 결과를 낳을 것이기 때문이다.

성을 걱정하는 것이다. 이 예의 경우에는 모순이 도출되지 않는다는 점이 비교적 분명하다. 하지만 주어진 정보가 많을 경우 이런 의문은 당연하다. 자연연역의 방법에서는 어떤 것이 도출되지 않는다는 점을 증명할 수는 없다. 우리가 할 수 있는 것이라고는 전제가 모두 참이지만 결론은 거짓이 되는 상황이 가능한지를 생각해 보고, 그에 맞는 사례(즉 논증의 반례)를 제시하는 수밖에 없다.

─── 〈보 기〉 ───

ㄱ. 인간에게 자유의지가 있다.

ㄴ. 유전자 결정론은 옳지 않다.

ㄷ. 진화 심리학의 가르침은 옳지 않다.

ㄹ. 현대 생물학은 인간의 자유의지를 설명할 수 없다.

① ㄱ, ㄴ   ② ㄱ, ㄷ   ③ ㄴ, ㄹ   ④ ㄱ, ㄷ, ㄹ   ⑤ ㄴ, ㄷ, ㄹ

[PSAT, 2009. 2]

어떤 정보를 단순명제로 잡아 기호화할지의 단서는 대개 〈보기〉나 〈답지〉에 암시되어 있고 맥락에 크게 의존한다. 이때 우리는 구체적인 표현 자체보다는 의미에 치중해서 기호화를 해야 한다. 〈보기〉에 나오는 주장들을 참조하여 제시문에 나온 정보를 기호화하면 다음과 같다.

(1) 진화 심리학의 가르침과 유전자 결정론이 둘 다 옳다면, 인간에게 자유의지가 있다는 주장은 더 이상 근거가 없어 보인다: (A & B) → ∼C

(2) 그러나 인간에게 자유의지가 없다는 말이 과연 성립할 수 있을까? 인간에게 자유의지가 없다면, 우리는 양심과 도덕의 문제에 관심을 가질 필요가 없다. 인간의 행위는 모두 마지못해 한 행위에 불과할 것이기 때문이다: ∼C → D

(3) 하지만 우리는 양심과 도덕의 문제에 관심을 가질 필요가 있을 뿐만 아니라 그런 문제에 관심을 갖지 않을 수 없다: ∼D

(4) 나아가 만일 유전자 결정론이 옳지 않다면, 우리는 이에 근거하고 있는 현대 생물학의 몇몇 이론을 포기해야 한다: ∼B → E

(5) 그런데 우리는 분명히 그럴 수 없다. 그것은 마침내 과학 전반을 불신하는 결과를 낳을 것이기 때문이다: ∼E

여기서 어떤 문장을 어떻게 기호화했는지는 분명할 것이므로 따로 언급하지 않겠다. 기호화를 한 다음의 추론 과정은 비교적 간단하다.

(6) C	2,3 후건 부정식
(7) ~(A & B)	1,6 후건 부정식
(8) B	4,5 후건 부정식
(9) ~A	7,8 ~(A & B), B ⊨ ~A

이처럼 ~A, 즉 '진화 심리학의 가르침은 옳지 않다'와 C, 즉 '인간에게 자유 의지가 있다'를 도출할 수 있으므로, 정답은 ②이다.

미확정 유형

추론의 최종 결과 제시된 정보에 나오는 모든 단순명제의 진릿값을 언제나 확정할 수 있는 것은 아니다. 아래 예가 그런 경우이다.

---

5. 환경부의 인사실무 담당자는 환경정책과 관련된 특별위원회를 구성하면서 외부 환경 전문가를 위촉하려 한다. 현재 거론되고 있는 외부 전문가는 A, B, C, D, E, F이다. 이 여섯 명의 외부 인사에 대해서 담당자는 다음의 조건을 충족시키는 선택을 해야 한다. 만약 B가 위촉되지 않는다면, 몇 명이 위촉되는가?

- 만약 A가 위촉되면, B와 C도 위촉되어야 한다.
- 만약 A가 위촉되지 않는다면, D가 위촉되어야 한다.
- 만약 B가 위촉되지 않는다면, C나 E가 위촉되어야 한다.
- 만약 C와 E가 위촉되면, D는 위촉되어서는 안 된다.
- 만약 D나 E가 위촉되면, F도 위촉되어야 한다.

① 1명 ② 2명 ③ 3명 ④ 4명 ⑤ 5명

[PSAT, 2009. 2]

우선 제시된 정보를 기호화하면 다음과 같다.

(1) A → (B & C)

(2) ~A → D

(3) ~B → (C ∨ E)

(4) (C & E) → ~D

(5) (D ∨ E) → F

(6) ~B

이들 정보로부터 추론을 하면 다음과 같다.

(7) ~(B & C)	6 ~B ⊨ ~(B & C)
(8) ~A	1,7 후건 부정식
(9) D	2,8 조건언 제거
(10) F	5,9 조건언 제거 + 선언 도입 D ⊨ D ∨ E
(11) ~(C & E)	4,9 후건 부정식
(12) C ∨ E	3,6 조건언 제거

(13) ~A, ~B, D, F, ~(C & E), (C ∨ E)

(14) 따라서 3명, 즉 D, F, 그리고 C나 E 가운데 1명.

이때 우리는 A, B, D, F의 진릿값은 확정할 수 있지만, C와 E의 진릿값은 확정할 수 없다. 이처럼 관련 단순명제의 진릿값을 언제나 모두 확정할 수 있는 것은 아니다. 그렇다 하더라도 이 문제의 경우 '인원'은 확정할 수 있다. 즉 정확히 누가 위촉되는지는 몰라도 몇 명이 위촉되는지는 알 수 있다. 이때 핵심은 (C ∨ E)와 ~(C & E)은 C나 E 가운데 정확히 1명이 위촉된다는 의미라는 점을 파악하는 것이다. 전자는 둘 가운데 적어도 하나가 위촉된다는 것을 의미하고, 후자는 둘 다 위촉되는 것은 아니라는 의미인데, 이 둘이 동시에 성립해야 하므로 C나 E 가운데 누가 위촉되는지는 모르지만 정확히 1명이 위촉된다는 것은 분명하기 때문이다.

숨은 전제 찾기

지금까지 본 것은 정보를 모두 주고 이로부터 어떤 결론을 이끌어 낼 수 있는 지를 묻는 것이었다. 때로는 최종 결론을 미리 주고 이 결론을 도출하기 위해서 는 어떤 정보가 추가로 필요한지를 묻기도 한다. 다음 예를 보자.

---

6. 다음 논증에서 결론을 도출하기 위하여 추가해야 할 것은?

> 공리주의가 정당화될 수 있는 도덕이론이라면 어떤 선험적 원리로 부터 도출되거나 도덕적 직관에 어긋나지 않아야 한다. 공리주의가 선 험적 원리로부터 도출된다면 공리주의는 경험적 주장이 아니어야 한 다. 또한 도덕적 직관에 어긋나지 않는다면 정의감에 반하면서 최선의 결과를 낳는 행위가 없어야 한다. 하지만 정의감에 반하면서 최선의 결과를 낳는 행위들이 있다. 그러므로 공리주의는 도덕이론으로 정당 화될 수 없다.

① 도덕적 직관에 어긋나면서 최선의 결과를 낳는 행위들이 있다.
② 정당화될 수 있는 도덕이론은 선험적 원리로부터 도출된다.
③ 공리주의는 선험적 원리로부터 도출된다.
④ 공리주의는 도덕적 직관에 어긋난다.
⑤ 공리주의는 경험적 주장이다.

[LEET, 2010학년도]

여기 나오는 단순명제를 다음과 같이 기호화하기로 하자.

A: 공리주의는 정당화될 수 있는 도덕이론이다.

B: 공리주의는 선험적 원리로부터 도출된다.

C: 공리주의는 도덕적 직관에 어긋나지 않는다.

D: 공리주의는 경험적 주장이다.

E: 정의감에 반하면서 최선의 결과를 낳는 행위는 없다.

본문에 제시된 추론을 기호화하면 다음과 같다.

(1) A → (B ∨ C)

(2) B → ~D

(3) C → E

(4) ~E

(5) 따라서 ~A

최종 결론은 (5) ~A이다. 전제에서는 (1) A → (B ∨ C)의 전건에만 유일하게 A가 나온다. 만약 후건 (B ∨ C)의 전체 부정, 즉 ~(B ∨ C)를 얻을 수 있다면, 후건 부정식에 의해 ~A를 얻을 수 있을 것이다. 선언 B ∨ C이 거짓임을 확보하려면 선언성원 B와 C가 모두 거짓임을 확보해야 한다. 그런데 (3)과 (4)에 후건 부정식을 적용하면 ~C는 바로 얻을 수 있다. 따라서 ~B를 추가로 얻으면 될 것이다. 그런데 B는 (2) B → ~D의 전건으로 나오고 있으므로, 앞서와 같은 이치에서 후건 ~D의 부정, 즉 ~~D가 있다면 후건 부정식에 의해 ~B를 얻을 수 있을 것이다. ~~D는 D와 동치이므로 결국 D를 추가하면 원하는 최종 결론 (5) ~A를 얻을 수 있을 것이다. 따라서 정답은 ⑤이다.

연 습 문 제

1. 다음 설명에 따를 때, 옳지 않은 것은?

> 진술 A가 진술 B를 논리적으로 함축한다는 것은 A가 참인 경우에 B도 반드시 참이라는 뜻이다. 그리고 A가 B를 논리적으로 함축하지만 그 역은 성립하지 않을 경우, A는 B보다 더 강한 진술이라고 하고, B는 A보다 더 약한 진술이라고 한다. A가 B를 논리적으로 함축하며 그 역도 성립할 경우, A와 B는 논리적으로 동등한 진술이다. A가 B나 B의 부정을 논리적으로 함축하지 않고 B 또한 A나 A의 부정을 논리적으로 함축하지 않을 경우, A와 B는 논리적으로 무관한 진술이다.

① "부동산 가격이 오르지 않는다"라는 진술은 "부동산 가격도 오르고 주가도 오른다는 것은 사실이 아니다"라는 진술보다 강한 진술이다.

② "이자율과 물가가 내린다면 소비가 증가한다"라는 진술은 "물가가 내릴 경우, 이자율이 내린다면 소비가 증가한다"라는 진술과 논리적으로 동등하다.

③ "원유 가격과 원자재 가격이 오르면, 물가에 악영향을 준다"라는 진술은 "원유 가격이나 원자재 가격이 오르면, 물가에 악영향을 준다"라는 진술보다 약한 진술이다.

④ "이자율이 오르면 부동산 경기나 주식시장이 침체된다"라는 진술은 "부동산 경기나 주식시장이 침체된다면, 이자율이 오른다"라는 진술과 논리적으로 무관한 진술이다.

⑤ "부동산 경기가 침체될 경우 이자율이나 물가가 오른다"라는 진술은 "주식시장이나 부동산 경기가 침체될 경우 이자율이 오른다"라는 진술과 논리적으로 무관한 진술이다.

[PSAT, 2008. 2]

2. 다음 글의 ㉠ ~ ㉤의 관계에 대한 평가로 옳은 것을 〈보기〉에서 모두 고르면?

의사소통의 장애가 시민들의 낮은 정보해석능력 때문에 발생하고 그 결과 시민들의 정치참여가 저조하다고 생각할 수 있다. 즉 ㉠정보해석능력이 향상되지 않으면 시민들의 정치참여가 증가하지 않는다는 것이다. 다른 한편으로 ㉡정보해석능력이 향상되면 시민들의 정치참여가 증가한다는 사실에는 의심의 여지가 없다. 그렇다면 정보해석능력과 시민들의 정치참여는 양의 상관관계를 갖게 될 것이다. 그러나 지금까지의 연구에 따르면 ㉢정보해석능력과 정치참여가 그런 상관관계를 갖고 있다는 증거를 발견하기 힘들다. 그 이유를 살펴보자. 먼저 ㉣교육 수준이 높을수록 시민들의 정보해석능력이 향상된다. 예를 들어 대학교육에서는 다양한 전문적 정보와 지식을 이해하고 구사하는 훈련을 시켜주기 때문에 대학교육의 확대가 시민들의 정보해석능력의 향상을 가져다준다. 그런데 선거에 관한 국내외 연구를 보면, ㉤시민들의 교육 수준이 높아지지만 정치참여는 증가하지 않는다는 것을 보여 주는 경우들이 있다. 미국의 경우 2차 대전 이후 교육 수준이 지속적으로 향상되어 왔지만 투표율은 거의 높아지지 않았다. 우리나라에서도 지난 30여 년 동안 국민들의 평균 교육 수준은 매우 빠르게 향상되어 왔지만 투표율이 높아지지는 않았으며, 평균 교육 수준이 도시보다 낮은 농촌지역의 투표율이 오히려 높았다.

───────────── 〈 보   기 〉 ─────────────

ㄱ. ㉠과 ㉡이 참이면, 정보해석능력의 향상은 정치참여 증가의 필요충분조건이다.

ㄴ. ㉣과 ㉤이 참이더라도, ㉢이 거짓일 수 있다.

ㄷ. "정보해석능력이 향상되면, 시민들의 교육 수준이 높아진다."가 참이고 ㉤과 모순인 문장이 참이라면, ㉡은 반드시 참이다.

① ㄱ   ② ㄱ, ㄴ   ③ ㄱ, ㄷ   ④ ㄴ, ㄷ   ⑤ ㄱ, ㄴ, ㄷ

[PSAT, 2011. 2]

3. 다음 글의 내용이 참일 때, 반드시 참인 것만을 〈보기〉에서 모두 고르면?

전통문화 활성화 정책의 일환으로 일부 도시를 선정하여 문화관광특구로 지정할 예정이다. 특구 지정 신청을 받아본 결과, A, B, C, D 네 개의 도시가 신청하였다. 선정과 관련하여 다음 사실이 밝혀졌다.

- A가 선정되면 B도 선정된다.
- B와 C가 모두 선정되는 것은 아니다.
- B와 D 중 적어도 한 도시는 선정된다.
- C가 선정되지 않으면 B도 선정되지 않는다.

──────── 〈 보   기 〉 ────────

ㄱ. A와 B 가운데 적어도 한 도시는 선정되지 않는다.

ㄴ. B도 선정되지 않고 C도 선정되지 않는다.

ㄷ. D는 선정된다.

---

① ㄱ   ② ㄴ   ③ ㄱ, ㄷ   ④ ㄴ, ㄷ   ⑤ ㄱ, ㄴ, ㄷ

[PSAT, 2017. 8]

4. 다음 세 진술이 모두 거짓일 때, 유물 A ~ D 중에서 전시되는 유물의 총 개수는?

> - A와 B 가운데 어느 하나만 전시되거나, 둘 중 어느 것도 전시되지 않는다.
> - B와 C 중 적어도 하나가 전시되면, D도 전시된다.
> - C와 D 어느 것도 전시되지 않는다.

① 0개 ② 1개 ③ 2개 ④ 3개 ⑤ 4개

[PSAT, 2017. 8]

5. 다음을 참이라고 가정할 때, 회의를 반드시 개최해야 하는 날의 수는?

> - 회의는 다음 주에 개최한다.
> - 월요일에는 회의를 개최하지 않는다.
> - 화요일과 목요일에 회의를 개최하거나 월요일에 회의를 개최한다.
> - 금요일에 회의를 개최하지 않으면, 화요일에도 회의를 개최하지 않고 수요일에도 개최하지 않는다.

① 0 ② 1 ③ 2 ④ 3 ⑤ 4

[PSAT, 2016. 7]

6. A, B, C, D, E, F 여섯 사람으로 구성된 부서에서 주말 당직을 정하는데 다음의 조건을 모두 지켜야 한다. 당직을 맡을 수 있는 사람을 바르게 짝지은 것은?

> - A와 B가 당직을 하면 C도 당직을 한다.
> - C와 D 중 한 명이라도 당직을 하면 E도 당직을 한다.
> - E가 당직을 하면 A와 F도 당직을 한다.
> - F가 당직을 하면 E는 당직을 하지 않는다.
> - A가 당직을 하면 E도 당직을 한다.

① A, B   ② A, E   ③ B, F   ④ C, E   ⑤ D, F

[PSAT, 2010. 2]

7. 다음 글의 내용이 참일 때, 반드시 참인 것만을 〈보기〉에서 모두 고르면?

2016년 1월 출범한 특별업무지원팀 〈미래〉가 업무적격성 재평가 대상에서 제외된 것은 다행한 일이다. 꼬박 일 년의 토론과 준비 끝에 출범한 〈미래〉의 업무가 재평가로 인해 불필요하게 흔들리는 것은 바람직하지 않다는 인식이 부처 내에 널리 퍼진 덕분이다. 물론 가용이나 나윤 둘 중 한 사람이라도 개인 평가에서 부적격 판정을 받을 경우, 〈미래〉도 업무적격성 재평가를 피할 수 없는 상황이었다. 만일 〈미래〉가 첫 과제로 수행한 드론 법규 정비 작업이 성공적이지 않았다면, 나윤과 다석 둘 중 적어도 한 사람은 개인 평가에서 부적격 판정을 받았을 것이다. 아울러 〈미래〉의 또 다른 과제였던 나노 기술 지원 사업이 성공적이지 않았다면, 라율과 가용 두 사람 중 누구도 개인 평가에서 부적격 판정을 피할 수 없었을 것이다.

─────────── 〈보 기〉 ───────────

ㄱ. 〈미래〉의 또 다른 과제였던 나노 기술 지원 사업이 성공적이었다.

ㄴ. 다석이 개인 평가에서 부적격 판정을 받지 않았다면, 그것은 첫 과제로 수행한 〈미래〉의 드론 법규 정비 작업이 성공적이었음을 의미한다.

ㄷ. 〈미래〉가 첫 과제로 수행한 드론 법규 정비 작업이 성공적이지 않았다면, 라율은 개인 평가에서 부적격 판정을 받았다.

① ㄱ   ② ㄷ   ③ ㄱ, ㄴ   ④ ㄴ, ㄷ   ⑤ ㄱ, ㄴ, ㄷ

[PSAT, 2019. 3]

8. 다음 글의 내용이 참일 때, 반드시 참인 것은?

전 세계적 금융위기로 인해 그 위기의 근원지였던 미국의 경제가 상당한 피해를 입었다. 미국에서는 경제 회복을 위해 통화량을 확대하는 양적완화 정책을 실시할 것인지를 두고 논란이 있었다. 미국의 양적완화는 미국 경제회복에 효과가 있겠지만, 국제 경제에 적지 않은 영향을 줄 수 있기 때문이다.

미국이 양적완화를 실시하면, 달러화의 가치가 하락하고 우리나라의 달러 환율도 하락한다. 우리나라의 달러 환율이 하락하면 우리나라의 수출이 감소한다. 우리나라 경제는 대외 의존도가 높기 때문에 경제의 주요지표들이 개선되기 위해서는 수출이 감소하면 안 된다.

또 미국이 양적완화를 중단하면 미국 금리가 상승한다. 미국 금리가 상승하면 우리나라 금리가 상승하고, 우리나라 금리가 상승하면 우리나라에 대한 외국인 투자가 증가한다. 또한 우리나라 금리가 상승하면 우리나라의 가계부채 문제가 심화된다. 가계부채 문제가 심화되는 나라의 국내소비는 감소한다. 국내소비가 감소하면, 경제의 전망이 어두워진다.

① 우리나라의 수출이 증가했다면 달러화 가치가 하락했을 것이다.
② 우리나라의 가계부채 문제가 심화되었다면 미국이 양적완화를 중단했을 것이다.
③ 우리나라에 대한 외국인 투자가 감소하면 우리나라 경제의 전망이 어두워질 것이다.
④ 우리나라 경제의 주요지표들이 개선되었다면 우리나라의 달러 환율이 하락하지 않았을 것이다.
⑤ 우리나라의 국내소비가 감소하지 않았다면 우리나라에 대한 외국인 투자가 감소하지 않았을 것이다.

[PSAT, 2017. 2]

9. 신입 직원 갑, 을, 병, 정, 무가 기획과, 인력과, 총무과 가운데 어느 한 부서에 배치될 예정이다. 다음 진술들이 참일 때, 반드시 참인 것은?

- 갑이 총무과에 배치되면, 을은 기획과에 배치된다.
- 을이 기획과에 배치되면, 정은 인력과에 배치되지 않는다.
- 병이 총무과에 배치되면, 무는 기획과에 배치되지 않는다.
- 병이 총무과에 배치되지 않으면, 정은 인력과에 배치된다.
- 정이 인력과에 배치되지 않으면, 무는 기획과에 배치된다.

---

① 갑은 총무과에 배치되지 않는다.
② 을은 총무과에 배치된다.
③ 병은 기획과에 배치된다.
④ 정은 인력과에 배치되지 않는다.
⑤ 무는 총무과에 배치된다.

[PSAT, 2013. 4]

10. 어느 과학자는 자신이 세운 가설을 입증하기 위해서 다음과 같은 논리적 관계가 성립하는 여섯 명제 A, B, C, D, E, F의 진위를 확인해야 한다는 것을 발견하였다. 그러나 그는 이들 중 F가 거짓이라는 것과 다른 한 명제가 참이라는 것을 이미 알고 있었기 때문에, 나머지 명제의 진위를 확인할 필요가 없었다. 이 과학자가 이미 알고 있었던 참인 명제는?

- B가 거짓이거나 C가 참이면, A는 거짓이다.
- C가 참이거나 D가 참이면, B가 거짓이고 F는 참이다.
- C가 참이거나 E가 거짓이면, B가 거짓이거나 F가 참이다.

---

① A   ② B   ③ C   ④ D   ⑤ E

[LEET, 2009학년도]

11. '결정적 정보'에 해당하는 것은?

　A ～ E의 증언에 대해서 다음과 같은 〈관계〉가 성립한다는 것이 알려졌다.

〈관계〉

- A, B, C 가운데 적어도 한 사람의 증언은 참이다.
- D와 E 가운데 적어도 한 사람의 증언은 참이다.
- A의 증언이 참이면, C의 증언도 참이고 D의 증언도 참이다.
- B의 증언이 참이면, E의 증언은 참이 아니다.

　〈관계〉만으로는 5명의 증언이 각각 참인지 아닌지가 결정되지 않지만, 어떤 정보가 추가된다면 이들의 증언이 각각 참인지 아닌지가 완전히 결정될 수 있다. 5명의 증언이 각각 참인지 아닌지를 완전히 결정하게 만드는 추가 정보를 '결정적 정보'라고 하자.

---

① A의 증언은 참이다.

② B의 증언은 참이다.

③ C의 증언은 참이다.

④ D의 증언은 참이 아니다.

⑤ E의 증언은 참이 아니다.

[LEET, 2014학년도]

12. 다음 추론이 타당하기 위해서 추가로 필요한 진술은?

　사고 자동차가 1번 도로를 지나왔다면, 이 자동차는 A마을에서 왔거나 B마을에서 왔을 것이다. 자동차가 A마을에서 왔다면, 자동차 밑바닥에 흙탕물이 튀었을 것이고, 자동차 모습을 담은 폐쇄회로 카메라가 적어도 하

나 있을 것이다. 자동차가 B마을에서 왔다면, 도로 정체를 만났을 것이고, 적어도 검문소 한 곳을 통과했을 것이다. 자동차가 도로 정체를 만났다면 자동차 모습을 담은 폐쇄회로 카메라가 적어도 하나 있을 것이다. 자동차가 적어도 검문소 한 곳을 통과했다면 자동차 밑바닥에 흙탕물이 튀었을 것이다. 따라서 자동차는 1번 도로를 지나오지 않았다.

① 자동차 밑바닥에 흙탕물이 튀었을 것이다.
② 자동차는 도로 정체를 만나지 않았을 것이다.
③ 자동차가 적어도 검문소 한 곳을 통과했을 것이다.
④ 자동차는 검문소를 한 곳도 통과하지 않았을 것이다.
⑤ 자동차 모습을 담은 폐쇄회로 카메라는 하나도 없을 것이다.

[LEET, 2011학년도]

13. 다음으로부터 추론한 것으로 옳은 것만을 〈보기〉에서 있는 대로 고른 것은?

수리 센터에서 A, B, C, D, E 5가지 부품의 불량에 대해 조사한 결과 다음 사실이 밝혀졌다.

- A가 불량인 제품은 B, D, E도 불량이다.
- C와 D가 함께 불량인 제품은 하나도 없다.
- E가 불량이 아닌 제품은 B나 D도 불량이 아니다.

〈보기〉

ㄱ. E가 불량인 제품은 C도 불량이다.
ㄴ. C가 불량인 제품 중에 A도 불량인 제품은 없다.
ㄷ. D는 불량이 아니면서 B가 불량인 제품은, C도 불량이다.

① ㄱ   ② ㄴ   ③ ㄱ, ㄷ   ④ ㄴ, ㄷ   ⑤ ㄱ, ㄴ, ㄷ

[LEET, 2015학년도]

14. 다음에서 추론한 것으로 옳은 것만을 〈보기〉에서 있는 대로 고른 것은?

3개의 상자 A, B, C가 다음 조건을 만족한다.

- A, B, C 중 적어도 하나에는 상품이 들어 있다.
- A에 상품이 들어 있고 B가 비었다면 C에도 상품이 들어 있다.
- C에 상품이 들어 있다면 상품이 들어 있는 상자는 2개 이상이다.
- A와 C 중 적어도 하나는 빈 상자이다.

〈 보 기 〉

ㄱ. A에 상품이 들어 있다면 B에도 상품이 들어 있다.

ㄴ. B에 상품이 들어 있다면 A와 C 중 적어도 하나에는 상품이 들어 있다.

ㄷ. C에 상품이 들어 있다면 B에도 상품이 들어 있다

---

① ㄱ   ② ㄴ   ③ ㄱ, ㄷ   ④ ㄴ, ㄷ   ⑤ ㄱ, ㄴ, ㄷ

[LEET, 2016학년도]

15. 다음으로부터 추론한 것으로 옳은 것만을 〈보기〉에서 있는 대로 고른 것은?

다음과 같은 10개의 숫자가 사각형 안에 적혀 있다.

1	2	3
4	5	6
7	8	9
	0	

숫자가 적혀 있는 두 사각형이 한 변을 서로 공유할 때 두 숫자가 '인접'한 다고 하자. 서로 다른 6개의 숫자를 한 번씩만 사용하여 만든 암호에 대하여 다음 정보가 알려져 있다.

- 4와 인접한 숫자 중 두 개가 사용되었다.
- 6이 사용되었다면 9도 사용되었다.
- 8과 인접한 숫자 중 한 개만 사용되었다.

───────── 〈보　기〉 ─────────

ㄱ. 8이 사용되었다.

ㄴ. 2와 3은 모두 사용되었다.

ㄷ. 5, 6, 7 중에 사용된 숫자는 한 개다.

① ㄱ　② ㄴ　③ ㄱ, ㄷ　④ ㄴ, ㄷ　⑤ ㄱ, ㄴ, ㄷ

[LEET, 2019학년도]

4장

삼단논법의 논리
'전부와 일부'에 담긴 논리

4.1 삼단논법이란?

다음이 삼단논법(syllogism)의 예이다.

> 글을 잘 쓰는 사람은 모두 소설을 즐겨 읽는 사람이며, 소설을 즐겨 읽는 사람은 모두 상상력이 풍부한 사람이다. 따라서 글을 잘 쓰는 사람은 모두 상상력이 풍부한 사람이다.

> 좋은 성적을 받는 사람은 모두 수업을 열심히 듣는 사람이다. 수업을 열심히 듣는 사람은 모두 지각을 자주 하는 사람이 아니다. 따라서 좋은 성적을 받는 사람은 모두 지각을 자주 하는 사람이 아니다.

> 담배를 많이 피우는 사람은 모두 폐암에 걸릴 확률이 높은 사람이고, 우리 반의 일부 학생은 담배를 많이 피우는 사람이다. 따라서 우리 반의 일부 학생은 폐암에 걸릴 확률이 높은 사람이다.

아리스토텔레스(384–322 BC)는 BC 4세기에 이런 삼단논법의 논리(syllogistic

logic)를 체계화했다.

4.1.1 어떤 주장들이 나오는가? 네 가지 정언명제

네 가지 종류의 정언명제

삼단논법에 나오는 주장은 특정 부류의 모든 대상이나 일부 대상이 일정한 성질을 갖거나 갖지 않는다는 것을 단정적으로 말하고 있다. 이런 주장을 전통 논리학에서는 '정언명제'(categorical proposition)라고 불렀다. 정언명제에는 네 가지가 있다.

전칭 긍정명제: 특정 부류의 대상 **모두**가 일정한 성질을 **갖는다**는 주장

전칭 부정명제: 특정 부류의 대상 **모두**가 일정한 성질을 **갖지 않는다**는 주장

특칭 긍정명제: 특정 부류의 대상 가운데 **일부**가 일정한 성질을 **갖는다**는 주장

특칭 부정명제: 특정 부류의 대상 가운데 **일부**가 일정한 성질을 **갖지 않는다**는 주장

이들 네 가지 정언명제를 전통적으로 각각 A, E, I, O 명제라고 불러 왔다. 우리도 이런 관례를 따르기로 한다. 이런 주장의 구체적 예를 들면 다음과 같다.

정언명제 종류	일상적 예
A 전칭 긍정명제	우리 반 학생은 모두 3학년이다.
E 전칭 부정명제	우리 반 학생은 모두 3학년이 아니다.
I 특칭 긍정명제	우리 반 학생 가운데 일부는 3학년이다.
O 특칭 부정명제	우리 반 학생 가운데 일부는 3학년이 아니다.

논증의 타당성은 형식의 문제이므로 네 가지 정언명제의 일반 형태를 드러내기 위해 문자를 사용하기로 하자. 특정 부류의 대상을 가리키는 표현으로 주어 자리에 오는 것을 주어명사(subject term)라 부르는데, 이를 S로 적기로 하자. 일정한 성질을 나타내는 표현으로 술어 자리에 오는 것은 술어명사(predicate term)라 부르는데, 이를 P로 적기로 하자.[1] 그러면 전칭 긍정명제는 가령 'S는

모두 P이다' 라는 식으로 표현할 수 있을 것이다. 우리는 같은 주장을 여러 가지 방식으로 표현할 수 있다. 다음은 모두 같은 주장을 나타낸다고 할 수 있다.

고래는 모두 포유동물이다.

모든 고래는 포유동물이다.

고래는 어느 것이나 다 포유동물이다.

고래는 다 포유동물이다.

고래는 포유동물이다.

앞으로의 논의를 위해, 대표적인 표현 방식을 하나로 고정시켜 두는 것이 좋다. 대표적인 표현 방식은 익숙하면서도 애매하지 않아야 할 것이다. 우리는 다음 네 가지[2]를 각각의 정언명제를 나타내는 대표적 표현 방식으로 삼겠다.[3]

---

1   여기서 말하는 명사(term)는 사물들의 부류나 성질을 가리키는 이름을 뜻하지, 문법에서 말하는 명사(noun)를 뜻하는 것이 아니다.

2   사실 혼동의 여지 없는 가장 좋은 방안은 다음이 아닐까 한다.

S는 모두 P이다.
S는 모두 P가 아니다.
일부 S는 P이다.
일부 S는 P가 아니다.

중요한 점은 각각의 정언명제가 의미하는 바가 정확히 이런 것이라는 사실이다.

3   이렇게 정한 데는 대략 다음과 같은 이유가 있다.

첫째, 전칭 부정명제의 경우

우선 떠오르는 생각은 "모든 S는 P가 아니다"일 것이다. 그런데 이는 애매하다. 가령 "모든 고래는 어류가 아니다"와 "모든 사람은 소설가가 아니다"를 생각해 보라. 앞의 것은 전칭 부정으로 쉽게 읽히지만, 뒤의 것은 마치 "모든 사람이 소설가인 것은 아니다"처럼 읽힐 우려가 있다. 우리가 의도하는 것은 전체 부정인데, 부분 부정으로 읽힐 수 있다는 것이다. 그런 오해를 피하기 위해 "어느 S도 P가 아니다"로 잡았다. 물론 '어느' 대신 '어떤'을 써도 된다. 하지만 이 경우 전칭 부정을 나타내는 "어떤 S도 P가 아니다"와 특칭 부정을 나타내는 "어떤 S는 P가 아니다"가 주격 조사에서만 차이가 나게 되어, 또 다시 불필요한 혼동을 불러올 수 있다. 그래서 '어느'를 썼다.

둘째, '어떤'과 관련해

특칭명제를 나타내는 데 사용한 '어떤'도 간혹 혼동을 불러온다. 우리말에서 '어떤'은 양을 나타내는 데도 사용되지만 때로 특정 대상을 가리키는 데도 사용되기 때문이다. 다음 둘을 비교해 보라.

정언명제 종류	표준 형식	영어의 표준 형식
A 명제	모든 S는 P이다.	All S is P.
E 명제	어느 S도 P가 아니다.	No S is P.
I 명제	어떤 S는 P이다.	Some S is P.
O 명제	어떤 S는 P가 아니다.	Some S is not P.

4.1.2 언제 참이 되는가?

정언명제의 분류와 관련해 주의할 점

① 앞에서 특칭명제란 "우리 반 학생들 가운데 일부는 3학년이다"라는 주장처럼 특정 부류의 대상 가운데 '일부'가 일정한 성질을 갖는다(혹은 갖지 않는다)는 것을 말하는 명제라고 했다. 여기서 '일부'란 어느 정도를 말할까? 올바른 답은 **적어도 하나**라는 것이다. 따라서 특칭명제 내에서도 상당한 정도 차이가 있게 된다. 예를 들어 "우리 반 학생은 대부분 3학년이다"라는 명제나 "우리 반 학생 가운데 극히 일부는 3학년이다"라는 명제는 모두 특칭명제로 분류된다. 이는 전칭과 특칭 두 가지로만 정언명제를 분류하기 때문에 생기는 결과이다.

② 앞의 논의에 따를 때, "우리 반 학생들 가운데 일부는 3학년이다"라는 주장은 우리 반 학생 가운데 3학년이 한 명 있어도 참이고, 두 명 있어도 참이고, 가령 30명이 있어도 참이다. 주의할 점은, 우리 반 학생 모두가 3학년일 경우에도 그 주장은 참이 된다는 사실이다. 그러므로 그 주장을 "우리 반 학생 가운데 일부**만** 3학년이다"라는 것으로 이해해서는 안 된다.[4] "어떤 S는 P이다"라는 특

우리 반의 어떤 학생은 3학년이다.

아까 어떤 애가 너를 찾아왔더라.

앞의 문장에서 '어떤'은 양을 나타낸다고 할 수 있다(물론 이 경우도 맥락에 따라 '특정 대상'을 가리킬 수 있다. 말하는 사람이 실제로는 앞자리에 앉은 3학년 학생 강희를 염두에 두고 그렇게 말할 경우가 그렇다). 반면 뒤의 문장의 '어떤'은 특정 대상을 나타낸다고 할 수 있다. 이때는 단순히 찾아온 사람이 적어도 하나 있다는 의미를 넘어서, 분명히 특정 대상을 염두에 두고 있다고 볼 수 있기 때문이다. 다만 그 대상을 잘 모르거나 아니면 정확히 기술할 필요가 없어서 '어떤'이라고 말하는 것이다. 여기서 특칭명제의 표준형을 적을 때 우리가 의도하는 '어떤'의 용법은 양을 나타내는 의미의 '어떤'이다.

4 한편 '일부'라는 표현 자체가 '전부'와 대비되므로 '만'을 강조해서 읽지 않더라도 오해의

칭 긍정명제는 S이면서 P인 대상이 하나라도 있기만 하면 참이 되고, S인 대상이 모두 P인 경우에도 참이 된다. 같은 이야기를 특칭 부정명제를 두고서도 할 수 있다. "우리 반 학생 가운데 일부는 3학년이 아니다"라는 주장은 가령 3학년이 아닌 우리 반 학생이 한 명이라도 있으면 참이고, 그런 학생이 열 명 있어도 참이며, 극단적으로 우리 반 학생은 모두 3학년이 아니어서 우리 반에 3학년은 아무도 없을 경우에도 참이 된다. 그러므로 "어떤 S는 P가 아니다"라는 특칭 부정명제는 S이면서 P가 아닌 대상이 하나라도 있으면 참이 되고, S인 대상이 모두 P가 아닌 경우에도 참이 된다는 것을 알 수 있다.

③ 두 번째 사항과 연관해 주의할 것이 또 있다. 일상어에서 가령 "어떤 학생은 장학생이다"라고 말할 때, 이 주장은 장학생인 학생이 적어도 하나 있다는 의미뿐만 아니라 장학생이 **아닌** 학생도 있음을 함축한다. 일반화해서 말한다면, "어떤 S는 P이다"라는 주장은 일상어에서 S이면서 P인 대상이 적어도 하나 있음을 주장할 뿐만 아니라 S이면서 P가 아닌 대상도 적어도 하나 있음을 함축한다고 이해된다. 하지만 앞서 보았듯이, S가 실제로는 모두 P일 경우에도 그 주장은 참이라고 했으므로 이런 함축을 갖지 않는다. I 명제는 S이면서 P인 대상이 적어도 하나 있으면 참이 되고, S가 모두 P이어도 참이 되며, S이면서 P가 아닌 대상이 있어야 참이 되는 것은 아니다.

4.1.3 삼단논법의 여러 형태
다음과 같은 간단한 논증을 보자.

모든 강원도민은 한국인이다.

모든 춘천 시민은 강원도민이다.

따라서 모든 춘천 시민은 한국인이다.

소지가 있다고 할 수 있다. 이를 피하기 위해 원래의 주장을 "우리 반에는 3학년 학생도 있다"로 나타내는 방안을 생각해 볼 수 있을 텐데, 이것은 3학년도 있고 또 다른 학년의 학생도 있다는 의미로 이해될 소지가 있다. 이를 피하려면 "우리 반에는 3학년 학생이 있다"로 표현하면 될 텐데, 이런 식의 표현을 쓰기는 하지만(가령 "우리 반에는 중국에서 유학 온 학생이 있다"는 자연스러워 보인다) 이것이 자연스러운지는 의문이다.

이것도 삼단논법의 논증이다. 삼단논법에서는 두 개의 전제가 나오므로 이들을 가리키는 각각의 이름이 필요하다.

대명사, 소명사, 그리고 중명사

결론부터 보자. 삼단논법에서는 결론의 주어명사를 소명사(minor term)라 하고, 결론의 술어명사를 대명사(major term)라 한다. 우리 예에서 소명사는 '춘천 시민'이고, 대명사는 '한국인'이다. 이들 명사를 각각 S, P로 나타내기로 하자. 소명사와 대명사는 전제에도 한 차례씩 나온다. 두 전제 가운데 소명사가 나오는 전제를 소전제(minor premise)라 부르고, 대명사가 나오는 전제를 대전제(major premise)라 부른다. 이처럼 결론을 기준점으로 잡고, 이를 바탕으로 전제를 구분하고 있다는 점을 주목해야 한다. 끝으로 결론에는 나오지 않고 전제에만 두 차례 등장하는 명사가 있다. 이 명사를 중명사(middle term)라 한다. 우리 예에서 중명사는 '강원도민'이다. 중명사를 나타내기 위해 문자 M을 사용하기로 하자. 이처럼 삼단논법에는 세 개의 명사가 각각 두 차례씩 나온다. 앞으로의 논의를 위해 삼단논법을 적을 때 언제나 대전제, 소전제, 결론의 순서로 적기로 하겠다.

삼단논법의 여러 형태 1: 식의 구분

앞서 본 삼단논법은 다음 형태를 띤 것이다.

모든 M은 P이다.
모든 S는 M이다.
따라서 모든 S는 P이다.

이 논증 형식은 대전제가 A명제, 소전제도 A명제, 결론도 A명제로 이루어진 것이다. 위와 같은 형태의 삼단논법을 AAA식(mood)이라고 부른다.

그렇다면 가능한 삼단논법의 식은 모두 몇 가지가 될까? 정언명제에는 모두 4가지 종류가 있으므로 4 × 4 × 4 = 64, 즉 가능한 삼단논법의 식의 개수는 모두 64가지가 된다. 그런데 원래 예(왼쪽)와 다음 오른쪽 예를 비교해 보자.

모든 강원도민은 한국인이다.　　　모든 한국인은 강원도민이다.

모든 춘천 시민은 강원도민이다.　　모든 춘천 시민은 강원도민이다.

따라서 모든 춘천 시민은 한국인이다.　따라서 모든 춘천 시민은 한국인이다.

왼쪽에 있는 원래 예는 타당하지만 오른쪽 예는 부당하다.[5] 하지만 이들은 같은 AAA식이다. 따라서 우리는 같은 '식' 가운데서도 논증형식을 좀 더 세분할 필요가 있다.

삼단논법의 여러 형태 2: 격의 구분

전통 논리학에서는 중명사의 위치를 기준으로 네 가지 형태의 격(figure)을 구분했다.[6] 중명사가 대전제에서는 주어명사 자리, 소전제에서는 술어명사 자리에 나오는 형태를 1격이라고 한다. 중명사가 대전제, 소전제 모두 술어명사 자리에 나오는 형태는 2격이라고 하고, 중명사가 모두 주어명사 자리에 나오는 형태는 3격이라고 한다. 끝으로, 중명사가 대전제에서는 술어명사, 소전제에서는 주어명사 자리에 나오는 형태를 4격이라고 한다. 간단히 나타내면 다음과 같다.

삼단논법을 중명사의 위치에 따라 네 가지 유형으로 분류하기

1격	2격	3격	4격
M P	P M	M P	P M
S M	S M	M S	M S
S P	S P	S P	S P

5　이 점을 분명히 하기 위해, 반례를 하나 들어 보라.

6　아리스토텔레스 자신은 세 가지 격만 구분했다. 그는 1격과 4격을 따로 나누지 않았다.

같은 식 가운데서도 이런 격의 차이까지 감안하면 가능한 삼단논법의 가짓수는 모두 64 × 4 = 256가지임을 알 수 있다.

예를 통해서 이미 드러났듯이, 256개 형태의 삼단논법이 다 타당한 것은 아니다. 타당한 삼단논법의 형식은 24가지이다.[7] 우리는 256가지나 되는 삼단논법의 형태들 가운데 타당한 것과 부당한 것을 어떻게 구분할 수 있을까? 여러 가지 방법이 있다.

4.2 어떤 추론이 옳은가? 규칙에 의한 방법

4.2.1 명사의 주연/부주연

첫 번째로 소개할 방법은 규칙에 의한 방법이다. 이를 위해서는 먼저 한 가지 개념적 장치를 도입해야 한다. 그것은 주연/부주연(周延/不周延 distribution/undistribution)의 구분이다.[8] '주연/부주연'은 정언명제를 구성하는 주어명사와 술어명사에 적용되는 개념으로, 정언명제의 종류에 따라 정해진다. 이 구분을 납득할 수 있도록 적절히 설명하기란 무척 어렵다.[9]

주연의 정의는 다음과 같다.

---

[7] 24가지는 다음과 같다.

1격	2격	3격	4격
AAA	EAE	IAI	AEE
EAE	AEE	AII	IAI
AII	EIO	OAO	EIO
EIO	AOO	EIO	AEO
AAI	AEO	AAI	EAO
EAO	EAO	EAO	AAI

뒤에서 보겠지만, 이는 정언명제에 대한 특정한 해석을 전제할 때 성립하는 결과이다.

[8] 아리스토텔레스 자신은 주연/부주연 개념을 사용하지 않는다. 이는 나중에 중세 때 개발된 개념이다.

[9] 현대 논리학에서는 이 구분을 설명하려고 하지 않고, 그냥 정의로 받아들인다.

한 명제에서 어떤 명사가 주연되었다.

= 그 명제에서 그 명사가 가리키는 것 전부에 관해 무엇인가가 주장된다.

이 정의에 따를 때, A, E와 같은 전칭명제의 주어명사는 주연되어 있는 반면 I, O와 같은 특칭명제의 주어명사는 부주연되어 있음을 바로 알 수 있다. 왜냐하면 전칭명제는 정의상 주어명사가 가리키는 모든 대상이 일정한 성질을 갖거나 갖지 않는다고 말하는 것이고, 특칭명제는 주어명사가 가리키는 대상 가운데 일부가 일정한 성질을 갖거나 갖지 않는다고 말하는 것이기 때문이다. 문제는 술어명사를 두고서도 주연/부주연 여부를 따진다는 데서 생긴다.[10] A와 I 명제의 술어명사는 부주연되었다고 하는 반면, E와 O 명제의 술어명사는 주연되었다고 말한다.

명제 유형에 따른 명사들의 주연/부주연 여부를 표로 나타내면 다음과 같다.

명제 종류	주어명사	술어명사
A	**주연**	부주연
E	**주연**	**주연**
I	부주연	부주연
O	부주연	**주연**

이 표를 보면, 규칙성을 쉽게 파악할 수 있다. 주어명사의 경우 전칭명제라면 모두 주연되는 반면 특칭명제라면 모두 부주연된다. 한편 술어명사의 경우 부정명제라면 모두 주연되는 반면 긍정명제라면 모두 부주연된다.

4.2.2 네 가지 규칙과 여섯 가지 오류

이제 규칙에 의한 방법을 소개할 준비가 되었다. 아래 나오는 네 가지 규칙

---

10   우리는 가령 "고래는 모두 포유동물이다"라는 명제가 주어명사가 가리키는 '고래'에 관한 주장이라는 점에는 쉽게 동의할 수 있다. 하지만 그것이 술어명사가 가리키는 '포유동물'에 관한 주장이기도 하다는 것은 이해하기 어렵다. 술어명사에 대해 주연/부주연을 따지는 것을 납득할 만하게 설명하기 어려운 이유는 바로 여기에 있다.

가운데 어느 규칙도 위반하지 않아야 최종적으로 타당한 삼단논법으로 판정되며, 이 가운데 하나라도 위반하면 부당한 것이 된다. 일정한 규칙을 위반할 때, 그에 상응하는 오류 이름이 붙어 있다. 하나의 삼단논법이 여러 규칙을 동시에 위반할 수도 있다. 이는 마치 우리의 어떤 행동이 여러 가지 법규를 동시에 위반할 수 있는 이치와 같다.

(1) 전제가 모두 부정명제이면 결론을 이끌어 낼 수 없다. ☞ **양부정 전제의 오류**

(2) 전제 가운데 하나가 부정명제이면 결론도 부정명제이어야 하고, 결론이 부정명제이면 전제 가운데 하나도 부정명제이어야 한다.

☞ **부당 긍정의 오류** 또는 **부당 부정의 오류**

(3) 중명사는 적어도 한 번은 주연되어야 한다. ☞ **중명사 부주연의 오류**

(4) 전제에서 부주연된 명사가 결론에서 주연되어서는 안 된다.

☞ **대명사 부당주연의 오류** 또는 **소명사 부당주연의 오류**

처음 두 규칙은 우리가 삼단논법에 나오는 세 명제가 A, E, I, O 가운데 어느 유형인지를 파악할 수 있다면 쉽게 적용할 수 있는 것인 반면, 끝의 두 규칙을 적용하려면 거기에 나오는 명사들의 주연 여부를 알아야 한다. 네 가지 규칙이 정확히 무엇을 의미하는지를 차례대로 살펴보자.

(1) 전제가 모두 부정명제이면 결론을 이끌어 낼 수 없다.

첫 번째 규칙은 다음을 말한다. 256가지의 삼단논법 가운데는 두 전제에 나오는 명제가 다음과 같이 둘 다 부정명제인 경우가 있을 텐데, 이때에는 결론에 어떤 명제가 오더라도 모두 부당한 삼단논법이 된다는 것이다.(여기서는 잠깐 대전제, 소전제의 순서는 무시한다.)

E	E	O
E	O	O

A̶ E̶ I̶ O̶   A̶ E̶ I̶ O̶   A̶ E̶ I̶ O̶

(2) 전제 가운데 하나가 부정명제이면 결론도 부정명제이어야 하고, 결론이 부정명제이면 전제 가운데 하나도 부정명제이어야 한다.

두 번째 규칙의 전반부가 말하는 것은 전제 가운데 하나가 부정명제일 경우 이는 타당할 수 있는데, 이때도 결론에 올 수 있는 것은 A나 I와 같은 긍정명제는 아니고 E나 O와 같은 부정명제이어야 한다는 것이다.

```
   E            E            O            O
   A            I            A            I
 ───────      ───────      ───────      ───────
 A̸ E X̸ O      A̸ E X̸ O      A̸ E X̸ O      A̸ E X̸ O
```

두 번째 규칙의 후반부는 전반부 규칙의 역도 성립한다는 것을 말하는 것으로, 결론이 부정명제라면 전제 가운데 하나도 부정명제이어야 한다는 것이다. 이를 대우를 써서 달리 표현하면, 전제가 모두 긍정명제라면 결론도 긍정명제이어야 한다는 것이다.

```
   A            A            I
   A            I            I
 ───────      ───────      ───────
 A E̸ I O̸      A E̸ I O̸      A E̸ I O̸
```

(3) 중명사는 적어도 한 번은 주연되어야 한다.

세 번째 규칙은 중명사와 관련한 것이다. 중명사는 결론에는 나오지 않고 전제에만 두 차례 등장하는 명사인데, 두 차례 나오는 동안 적어도 한 번은 주연되어야 한다는 규정이다. 따라서 두 차례 모두 주연되거나 아니면 소전제나 대전제에서 한 차례 주연되어야 하지, 두 차례 모두 부주연된다면 부당한 추론이 된다는 의미이다.

(4) 전제에서 부주연된 명사가 결론에서 주연되어서는 안 된다.

네 번째 규칙은 소명사와 대명사에 관한 규정으로, 이 규칙은 결론에 나오는 명사가 주연되었다면 그것은 전제에서도 주연되었어야 한다는 것을 말한다.[11] 그러므로 결론에서 두 명사 모두 부주연되고 있다면 아무 문제가 없고, 하나라도 주연되고 있다면 그것은 전제에서도 주연되고 있는지를 확인해야 한다. 이에 따라 결론이 I 명제라면 네 번째 규칙은 따져 보지 않아도 된다. I 명제의 두 명사는 모두 부주연되어 있으므로, 어느 경우에도 이 규칙을 위반할 수 없기 때문이다. 반면에 결론이 E 명제라면 소명사와 내명사 모두 선제에서 주연되고 있는지를 확인해야 할 것이다. 결론이 A나 O 명제라면 각각 소명사나 대명사가 전제에서 주연되고 있는지를 확인해야 할 것이다.

네 가지 규칙의 적용

규칙의 방법이 어떻게 적용되는지를 설명하기 위해 실제 예를 하나 보자. 다음 논증이 타당한지 가려본다고 하자.

수업을 열심히 듣는 사람은 모두 학교에서 좋은 성적을 받는 사람이다. 그런데 지각을 자주 하는 사람은 누구든 수업을 열심히 듣는 사람이 아니다. 따라서 학교에서 좋은 성적을 받는 사람은 모두 지각을 자주 하는 사람이 아니다.

논의를 명확히 하기 위해 이 논증에 나오는 명제들을 정언명제의 표준형식으로 바꾸고 대전제, 소전제, 결론 순으로 배열한다면 다음과 같다.

어느 (지각을 자주 하는 사람)도 (수업을 열심히 듣는 사람)이 아니다.
모든 (수업을 열심히 듣는 사람)은 (학교에서 좋은 성적을 받는 사람)이다.

---

11 이 규칙의 정당성은 주연/부주연 개념의 정의로부터 나온다고 할 수 있다. 어떤 명사가 전제에서 부주연되었다는 말은 그 전제가 그 명사가 적용되는 대상 일부에 관한 주장이라는 의미이다. 그런데 만약 그 명사가 결론에서는 주연되었다고 한다면, 이는 결론이 그 명사가 적용되는 대상 전부에 관한 주장이라는 의미이다. 이 경우 우리는 전제에서는 특정 대상 **일부**에 관해 주장해 놓고 결론에 와서는 그 대상 **전부**에 관해 어떤 주장을 하는 꼴이 된다. 이런 비약을 감행할 경우 전제가 옳다고 하더라도 결론이 옳다는 것을 담보할 수 없게 될 것이다. 네 번째 규칙은 이런 상황을 배제하기 위한 것이다.

따라서 어느 (학교에서 좋은 성적을 받는 사람)도 (지각을 자주 하는 사람)이 아니다.

이제 네 가지 규칙 가운데 위반하는 것이 없는지 확인해 보자. 어떠한 규칙도 위반하지 않아야 타당한 삼단논법이 된다. 규칙을 따져 보는 순서는 상관없다. 적용하기 쉬운 규칙부터 따져 보자. 이 논증은 양부정 전제의 오류를 범하고 있는가? 그렇지 않다. 대전제는 부정명제이지만 소전제는 긍정명제이다. 다음으로 부당긍정의 오류나 부당부정의 오류를 범하고 있는가? 이번에도 그렇지 않다는 것을 알 수 있다. 전제 가운데 하나인 대전제가 부정명제인데 결론도 부정명제로 이루어져 있기 때문이다.

이제 주연/부주연 개념을 이용하는 두 규칙을 검토해 보자. 중명사 부주연의 오류를 범하고 있는지 생각해 보자. 이 논증에서 중명사는 '수업을 열심히 듣는 사람' 인데, 이 명사는 전칭명제인 소전제의 주어명사 자리에 나오고 있다. 그러므로 그것은 주연되어 있다. 중명사 부주연의 오류를 범하는 것도 아니라는 말이다. 끝으로 대명사나 소명사 부당주연의 오류를 범하는지 확인해 보자. 결론은 전칭 부정명제이므로 소명사와 대명사가 모두 주연되어 있다. 오류를 범하지 않으려면, 이들 명사는 전제에서도 모두 주연되어야 한다. '지각을 자주 하는 사람' 이라는 대명사는 대전제에서 전칭명제의 주어명사 자리에 나오고 있기 때문에 주연된 것으로 문제가 없다. 하지만 소전제의 술어명사 자리에 나오는 소명사 '학교에서 좋은 성적을 받는 사람' 은 전칭 긍정명제의 술어명사이기 때문에 부주연되어 있다. 결국 소명사가 전제에서 부주연되었는데 결론에서는 주연되고 있는 것이고, 이는 네 번째 규칙을 위반하는 것이다. 따라서 이 삼단논법은 부당하며, 구체적으로 소명사 부당주연의 오류를 범하고 있다고 말하게 된다.

이번에는 다음 삼단논법이 타당한지 여부를 규칙에 의해 판가름해 본다고 하자.

모든 강원도민은 한국인이다.
모든 춘천 시민은 강원도민이다.

따라서 모든 춘천 시민은 한국인이다.

규칙을 바로 적용해 보자. 이것은 양부정 전제의 오류를 범하는가? 그렇지 않
다. 부당긍정의 오류나 부당부정의 오류를 범하고 있는가? 전제가 모두 긍정명
제인데 결론도 부정명제가 아닌 긍정명제로 이루어져 있기 때문에 그렇지 않음
을 알 수 있다. 중명사는 적어도 한 번 주연되고 있는가? 이 삼단논법의 중명사
인 '강원도민'은 대전제에서 주연되고 있다. 중명사 부주연의 오류를 범하고
있지도 않다. 마지막으로 전제에서 부주연된 명사가 결론에서 주연되고 있는
것은 아닌지 살펴보자. 결론은 전칭 긍정명제이므로 주어명사인 '춘천 시민'은
주연되어 있는 반면, 술어명사인 '한국인'은 부주연되어 있다. 우리는 주연된
'춘천 시민'이 전제에서도 주연되었는지 여부만 확인하면 된다. 소전제에 나오
는 '춘천 시민'은 전칭 긍정명제의 주어명사이므로 주연되었음을 알 수 있다.
결국 이 삼단논법은 어떤 규칙도 위반하고 있지 않음을 확인할 수 있고, 이에
따라 이 삼단논법은 타당하다고 판정하게 된다.

4.3 어떤 추론이 옳은가? 아리스토텔레스의 방법

규칙을 이용해 삼단논법의 타당성을 판별하는 방안은 아주 인위적인 것으로 보
인다. 일상에서 접하는 논증의 타당성을 따질 때 어느 누가 이런 방식을 채택할
지도 의문이다. 규칙에 의한 방법은 중세 이래 대학에서 논리학을 가르치는 과
정에서 정형화되어 전해 온 것이다. 게다가 삼단논법의 논리를 처음 개발한 아
리스토텔레스가 위에 나온 방법대로 타당성을 확인한 것도 아니다. 아리스토텔
레스는 『분석론 전서』에서 훨씬 우아한 방법을 사용했다. 그는 어떤 삼단논법
이 **부당하다**는 것을 보이는 데는 반례에 의한 방법을 썼고, 어떤 삼단논법이 **타
당하다**는 것을 보이는 데는 '환원의 방법'을 썼다.

　이들 방법을 구체적으로 설명하기 전에 아리스토텔레스는 삼단논법의 유형
이나 타당한 삼단논법의 개수와 관련해 우리와는 약간 다른 시각을 가졌다는

점을 주목하자. 아리스토텔레스는 1격과 4격을 구분하지 않았다. 1격과 4격은 중명사가 한번은 주어명사 자리에 나오고 다른 한번은 술어명사 자리에 나온다는 점이 공통점이다. 그는 이 경우 중명사가 대전제의 주어명사 자리(1격)에 나오느냐 소전제의 주어명사 자리(4격)에 나오느냐를 따로 떼어 보지 않은 것이다. 또한 아리스토텔레스는 다음 14가지를 타당한 삼단논법이라고 생각하였다.[12]

1격	2격	3격
AAA	EAE	IAI
EAE	AEE	AII
AII	EIO	OAO
EIO	AOO	EIO
		AAI
		EAO

반례에 의한 방법

반례에 의한 방법은 2장에서 보았듯이 어떤 논증이 부당함을 입증하는 일반적인 방법이다. 따라서 삼단논법 형태의 논증에도 이 방법을 당연히 적용할 수 있다. 반례의 방법을 처음 사용한 사람이 바로 아리스토텔레스이다. 반례에 의해 삼단논법의 부당성을 입증하는 일은 다음과 같이 진행된다. 먼저 주어진 논증의 논증 형식을 추출한다. 그런 다음 주어진 논증과 동일한 논증 형식의 사례로, 전제는 모두 참이지만 결론은 뻔히 거짓인 예를 하나 구성한다. 그러면 이 예는 주어진 논증 형식이 부당하다는 점을 보여 주는 반례가 되며, 결국 원래의 삼단논법은 타당한 논증이 아님이 밝혀지게 된다.

다음과 같은 논증이 있다고 하자.

---

12 규칙에 의해 타당성이 드러나는 24가지와 비교해 보면 10개의 식이 빠져 있다. 우선 6개는 4격의 타당한 삼단논법으로, 이는 아리스토텔레스가 4격을 따로 설정하지 않았기 때문이다. 나머지 4개는 1격의 AAI, EAO식, 2격의 AEO, EAO식이다. 이들은 나중에 타당한 삼단논법 목록에 추가된 것이다.

토론 프로그램을 좋아하는 사람은 모두 논리적 사고력이 뛰어난 사람인 반면, 쇼 프로그램을 자주 보는 사람은 어느 누구도 토론 프로그램을 좋아하지 않는다. 따라서 쇼 프로그램을 자주 보는 사람은 모두 논리적 사고력이 뛰어난 사람이 아님이 분명하다.

이 논증을 표준형식에 맞추어 대전제, 소전제, 결론 순으로 표현하면 다음과 같다.

모든 (토론 프로그램을 좋아하는 사람)은 (논리적 사고력이 뛰어난 사람)이다.
어느 (쇼 프로그램을 자주 보는 사람)도 (토론 프로그램을 좋아하는 사람)이 아니다.
따라서 어느 (쇼 프로그램을 자주 보는 사람)도 (논리적 사고력이 뛰어난 사람)이 아니다.

이 논증은 다음 형태를 띠고 있다.

모든 M은 P이다.
어느 S도 M이 아니다.
따라서 어느 S도 P가 아니다. 1격 AEE식

이제 S, P, M 자리에 일정한 명사를 대입해 전제들은 모두 참이지만 결론은 거짓인 반례를 구성하면 된다. 다음 예는 그런 반례로 손색이 없다.

모든 개는 포유류이다. (참)
어느 고래도 개가 아니다. (참)
따라서 어느 고래도 포유류가 아니다. (거짓)

위의 예처럼 반례가 있으므로, 반례와 같은 형태를 띤 원래의 논증은 타당하지 않음이 드러났다. 물론 반례에 의한 방법은 논증이 실제로 부당할 경우에만 적용되는 제한적 방법이다.

반례를 고안하는 방안

반례를 제시하는 일은 창의적인 작업이며, 때로 시간이 많이 걸리기도 한다. 이때 다음과 같은 절차를 따른다면 도움이 된다. 반례를 들려면 전제가 모두 참이면서 결론은 거짓이 되는 상황이 어떤 것일지를 먼저 알아야 한다. 앞의 논증을 예로 들어 이를 설명해 보자. 앞의 논증 형식은 다음과 같다.

모든 M은 P이다.

어느 S도 M이 아니다.

따라서 어느 S도 P가 아니다. 1격 AEE식

이 논증의 반례가 되려면 전제는 모두 참이지만 결론은 거짓이어야 한다. 전제의 경우 참인 상황을 고려하므로, 어떤 상황이 되어야 두 전제가 모두 참이 되는지는 쉽게 알 수 있다. 문제는 결론이 **거짓**이 되는 경우가 어떤 상황인지를 아는 것이다. 이때 1장에서 살펴본 주장들 사이의 논리적 관계를 활용하면 도움이 된다. 아리스토텔레스는 네 가지 정언명제 사이에 다음과 같은 네 가지 대당관계가 성립한다는 사실을 알고 있었다.[13]

---

13 네 가지 대당관계의 특성을 간단히 정리하면 다음과 같다.

대당관계의 종류	중요 특성	
모순 대당관계	**동시에 참일 수 없다**	**동시에 거짓일 수 없다**
반대 대당관계	**동시에 참일 수 없다**	동시에 거짓일 수 있다
소반대 대당관계	동시에 참일 수 있다	**동시에 거짓일 수 없다**
대소 대당관계	전칭이 참이면, 특칭도 참	특칭이 거짓이면, 전칭도 거짓

네 가지 대당관계를 모두 원초적 관계로 삼을 필요는 없다. 모순 대당관계와 다른 대당관계 하나만 있으면 나머지 대당관계를 설명할 수 있다. 이미 1장에서 우리는 모순 대당관계와 반대 대당관계만을 가지고 소반대 대당관계와 대소 대당관계를 설명한 적이 있다.

대당의 사각형

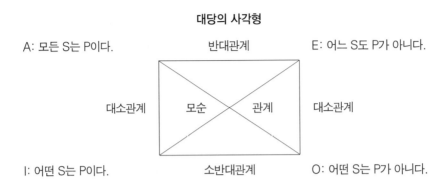

A: 모든 S는 P이다.　　　　　　반대관계　　　　　　E: 어느 S도 P가 아니다.

대소관계　　　모순　✕　관계　　　대소관계

I: 어떤 S는 P이다.　　　　　　소반대관계　　　　　　O: 어떤 S는 P가 아니다.

이들 대당관계 가운데 반례를 고안할 때 우리에게 필요한 것은 동시에 참일 수 없는 특성을 지니는 모순과 반대 대당관계이다.

　원래의 예로 돌아가 보자. 결론은 E 명제이므로, 대당관계에 따를 때 이와 모순인 I 명제나 또는 이와 반대인 A 명제가 참이면 E는 거짓일 수밖에 없다. 모순이나 반대관계에 있는 두 명제는 동시에 참일 수 없기 때문이다. 따라서 우리는 다음이 모두 **참**이 되는 상황을 하나 생각해 내면 된다.

　　{모든 M은 P이다. 어느 S도 M이 아니다. 어떤 S는 P이다.}

　　{모든 M은 P이다. 어느 S도 M이 아니다. 모든 S는 P이다.}

여기서는 후자를 고려하기로 하자. 남은 일은 위의 주장들 {모든 M은 P이다. 어느 S도 M이 아니다. 모든 S는 P이다.}이 모두 참이 되도록 S, P, M을 적절히 잡는 일이다. 이를 위해 먼저 S, P, M의 크기를 대략 파악하는 것이 좋다. 첫 번째와 세 번째 명제에 따라 M과 S는 모두 P에 포함되어야 하고, 두 번째 명제에 따라 S와 M은 겹치는 부분이 없어야 한다는 것을 알 수 있다. 다시 말해 M과 S는 모두 P 안에 있어야 하고, M과 S는 서로 떨어져 있어야 한다. 마지막 작업은 이런 크기 관계를 갖는 S, P, M을 적절히 잡는 일이다. 앞의 반례에서 S와 M은 각각 '고래'와 '개'이고 P는 '포유류'임을 알 수 있다.

　우리가 살펴본 사례는 결론이 E 명제인 경우였다. 만약 결론이 A 명제인데

이것이 거짓이 되는 상황을 찾아야 한다면 어떻게 해야 할까? 이때는 대당관계
에 의해 참인 O 명제나 참인 E 명제를 하나 생각하면 된다. 한편 결론이 I 명제
라면 이때는 참인 E 명제를 하나 생각해 내면 되고, O 명제라면 참인 A 명제를
하나 들면 된다. 그러므로 결론이 전칭명제일 경우 그것이 거짓임을 보이는 데
는 두 가지 방안(모순과 반대관계)이 있지만, 결론이 특칭명제일 경우에는 한
가지 방안(모순관계)만 있음을 알 수 있다.

4.3.1 직접 환원의 방법

어떤 삼단논법이 타당하다는 것을 보이기 위해 아리스토텔레스가 사용한 방
법은 '환원의 방법'이다. 그는 1격의 타당한 삼단논법이 모두 완전하다('완벽
하다', perfect, complete)고 생각했으며,[14] 다른 타당한 삼단논법은 이것들로
환원될 수 있음을 보였다. 이때 '환원'이란 대략 말해 2, 3격의 삼단논법의 타
당성을 완전한 1격의 삼단논법의 타당성에 의지해 보인다는 의미이다. 이 작업
의 성격을 이해하려면, 우리가 앞서 살펴본 타당성 관계가 지닌 성질을 되돌아
보는 것이 좋다(2장). 그때 우리는 어떤 논증이 타당하다면, 그 논증의 결론을
약화하거나 전제를 강화한 논증도 여전히 타당하다는 것을 보았다. 삼단논법은
두 개의 전제와 하나의 결론으로 이루어져 있으므로, 이는 다음이 일반적으로
성립한다는 사실을 말해 준다.

---

14 아리스토텔레스는 이 가운데 다음 두 삼단논법의 타당성이 자명하다고 생각하였다.

모든 S는 M이다. 모든 M은 P이다. 따라서 모든 S는 P이다. 1격 AAA식
모든 S는 M이다. 어느 M도 P가 아니다. 따라서 어느 S도 P가 아니다. 1격 EAE식

이 두 식을 다음과 같이 적는다면 이들의 타당성은 분명해 보인다.

A는 모두 B이다.
B는 모두 C이다.
따라서 A는 모두 C이다.

A는 모두 B이다.
B는 모두 C가 아니다.
따라서 A는 모두 C가 아니다.

이는 왜 아리스토텔레스가 1격과 4격을 구분하지 않았는지를 짐작하게 해 준다.

결론을 약화

A_1, A_2 ⊨ C이고 C ⊨ D이면, A_1, A_2 ⊨ D

전제를 강화

A_1, A_2 ⊨ C이고 B ⊨ A_1이면, B, A_2 ⊨ C[15]

이 도식에서 A_1, A_2 ⊨ C는 아리스토텔레스가 완전하다고 한 1격의 삼단논법에 해당하고, A_1, A_2 ⊨ D나 B, A_2 ⊨ C는 2격이나 3격의 삼단논법에 해당한다. 이렇게 볼 경우, 아리스토텔레스의 환원의 방법이란 2, 3격의 타당한 삼단논법은 1격의 타당한 삼단논법의 결론을 약화한 것이거나 전제를 강화한 것임을 보이는 절차라고 할 수 있다. 위의 도식에서 우리가 아직 설명하지 않은 항목이 하나 있다. 그것은 결론을 약화하는 C ⊨ D에 해당하는 절차와 전제를 강화하는 B ⊨ A_1에 해당하는 절차이다. 이는 '환위법'(conversion, 換位法)이라는 추론 방식이다. 이를 잠깐 설명하기로 하자.

환위법

명칭에서 드러나듯, 환위법이란 정언명제의 주어명사와 술어명사의 위치를 바꾸어 추리하는 방법을 말한다. 다음은 환위법의 예이다.

어떤 소설가는 여자이다.
⇒ 어떤 여자는 소설가이다.

이처럼 원래 명제에 나오는 주어명사와 술어명사의 위치를 맞바꾸어 새로운 결론을 이끌어 낼 수 있다. 아리스토텔레스는 다음 형태의 추리가 타당하다고 보았다.

---

15 물론 삼단논법에는 두 개의 전제가 있으므로, 다음도 똑같이 성립한다.
A_1, A_2 ⊨ C이고 B ⊨ A_2이면, B, A_1 ⊨ C

I 명제의 환위

> 어떤 S는 P이다.
>
> 따라서 어떤 P는 S이다.

E 명제의 환위

> 어느 S도 P가 아니다.
>
> 따라서 어느 P도 S가 아니다.

위의 추리가 모두 타당하다는 것은 분명하다.[16] 이들은 우리가 일상적으로 같은 주장이라고 생각하는 쌍이다. 나아가 아리스토텔레스는 다음 추리도 타당하다고 보았다.

A 명제의 제한 환위[17]

> 모든 S는 P이다.
>
> 따라서 어떤 P는 S이다.

현대 논리학의 관점에서 보면 이 추리는 부당하지만 아리스토텔레스의 관점에

---

16   어떤 사람은 O 명제에 대해서도 마찬가지 추리가 가능하다고 생각할지 모르겠다.

> O: 어떤 S는 P가 아니다.
>> ⇒ 어떤 P는 S가 아니다.

이 추리는 타당할까? 언뜻 보아 문제가 없을 것 같다.

> 어떤 여자는 소설가가 아니다.
>> ⇒ 어떤 소설가는 여자가 아니다.

이는 전제도 참이고 결론도 참인 사례이다. 하지만 다음에서 보듯이 반례가 있으므로 이는 부당한 추리이고, O 명제의 경우 환위법을 적용할 수 없음을 알 수 있다.

> 어떤 사람은 소설가가 아니다.
>> ⇒ 어떤 소설가는 사람이 아니다.

17   주어명사와 술어명사의 순서만을 바꾼 형태의 환위법을 '단순 환위'라고 한다. 한편 A 명제에서처럼 명사들의 위치를 바꾸고 나아가 명제의 양도 제한한 환위법을 '제한 환위'라 한다.

서 보면 타당하다. 이에 관해서는 뒤에서 다루기로 하고, 여기서는 일단 이를 타당한 추리로 받아들이기로 하자.

우리는 아리스토텔레스가 채택한 환원을 다음의 과정으로 도식화할 수 있다.

증명해야 할 2/3격의 삼단논법	전제 1
	전제 2
	결론 3
1격의 완벽한 삼단논법 4가지	전제 (가)
	전제 (나)
	결론 (다)

절차: (i) 전제 1이나 2를 전제 (가)나 (나)의 형태가 되도록 환위하거나,

(ii) 결론 (다)를 결론 3의 형태가 되도록 환위한다.

여기서 전제는 1, 2로부터 (가), (나)로 변형되는 반면, 결론은 (다)로부터 3으로 변형된다는 점을 주목해야 한다. 즉 무엇이 어떤 것으로 환원되는지와 관련해, 전제와 결론의 방향이 다르다. 전제는 강화하고 결론은 약화해야 논증의 타당성이 유지되기 때문이다.

이제 아리스토텔레스가 구체적으로 어떻게 다른 타당한 삼단논법을 1격의 삼단논법으로 환원하는지 보기로 하자.[18]

---

18 아리스토텔레스가 **결론**에 환위를 적용하는 것은 2격의 AEE식과 3격의 IAI식 두 차례로, 모두 동치인 변형에 해당한다. 한편 **전제**에 환위를 적용하는 경우는 2격에서는 EAE식, AEE식, EIO식의 셋이고, 3격에서는 AAI식, EAO식, IAI식, AII식, EIO식의 다섯이다. 이 가운데 동치가 아닌 제한 환위를 적용하는 것은 두 차례로 3격의 AAI식, EAO식을 환원할 때이다.

아리스토텔레스가 타당한 삼단논법의 **전제를 강화**한 형태의 두 쌍(즉 3격의 AII식과 EIO식이 타당하므로 3격의 AAI식과 EAO식도 타당하다)은 모두 거론하면서도 타당한 삼단논법의 **결론을 약화**한 형태의 네 쌍 가운데서는 강한 형태의 결론을 지닌 것만 거론하고 약화한 형태는 거론하지 않는다(가령 2격의 EAE식은 거론하면서 EAO식은 거론하지 않는다)는 점은 아주 흥미롭다. 이는 아리스토텔레스가 다른 관점을 가졌음을 시사해 주는 것 같다.

2격 EAE식을 1격 EAE식으로 환원

(1) 어느 P도 M이 아니다.
(2) 모든 S는 M이다.
(3) 따라서 어느 S도 P가 아니다.

우선 다음은 1격의 EAE식으로 완전한 삼단논법이라는 점을 주목하자.

(가) 어느 M도 P가 아니다.
(나) 모든 S는 M이다.
(다) 따라서 어느 S도 P가 아니다.

그런데 2격 EAE식의 대전제는 E 명제이므로 환위할 수 있다. 다시 말해 (1)은 다음을 함축한다.

(가) 어느 M도 P가 아니다.

따라서 원래의 2격 EAE식도 타당하다는 것을 알 수 있다. 이는 타당한 삼단논법인 1격 EAE식의 대전제를 강화한 형태로, 더 강한 전제가 주어진 것이기 때문이다.

이번에는 3격의 예를 하나 보기로 하자.

3격 AAI를 1격 AII식으로 환원

(1) 모든 M은 P이다.
(2) 모든 M은 S이다.
(3) 따라서 어떤 S는 P이다.

우선 다음은 1격의 AII식으로 완전한 삼단논법이라는 점을 주목하자.

　(가) 모든 M은 P이다.
　(나) 어떤 S는 M이다.
　(다) 따라서 어떤 S는 P이다.

그런데 3격 AAI식의 소전제는 A 명제이므로 제한 환위할 수 있다. 다시 말해 (2)는 다음을 함축한다.

　(나) 어떤 S는 M이다.

따라서 원래의 3격 AAI식도 타당하다는 것을 알 수 있다. 이는 타당한 삼단논법 1격 AII식의 소전제를 강화한 형태로, 더 강한 전제가 주어진 것이기 때문이다.
　이번에는 두 단계의 환원을 거치는 사례로, 결론에 환위를 적용하는 예를 하나 살펴보자.

2격 AEE식을 1격 EAE식으로 환원

　(1) 모든 P는 M이다.
　(2) 어느 S도 M이 아니다.
　(3) 따라서 어느 S도 P가 아니다.

우선 다음은 1격의 EAE식으로 완전한 삼단논법이라는 점을 주목하자.

　(가) 어느 M도 P가 아니다.
　(나) 모든 S는 M이다.
　(다) 따라서 어느 S도 P가 아니다.

그런데 2격 AEE식의 소전제는 E 명제이므로 환위할 수 있다. 다시 말해 (2)는 다음을 함축한다.

(라) 어느 M도 S가 아니다.

그런데 다음은 완전한 1격의 삼단논법이다.

(라) 어느 M도 S가 아니다.
(마) 모든 P는 M이다.
(바) 따라서 어느 P도 S가 아니다.

지금까지 우리가 확인한 사항은 완전한 1격의 삼단논법 EAE식이 타당하므로, 이 논증의 전제를 강화한 다음도 타당하다는 것이다.

(1) 모든 P는 M이다.
(2) 어느 S도 M이 아니다.
(바) 따라서 어느 P도 S가 아니다.

그런데 이 결론은 우리가 원래 증명하고자 한 2격의 AEE식의 결론 (3) "어느 S도 P가 아니다"와는 다르다. 같은 결론을 얻으려면 우리는 타당한 논증의 결론을 약화하더라도 여전히 타당한 논증이 된다는 사실을 이용해야 한다. 앞의 결론 (바)는 E명제이므로 환위할 수 있다. 다시 말해 (바)는 다음을 함축한다.

(3) 어느 S도 P가 아니다.

따라서 애초의 2격 AEE식도 타당하다는 것을 알 수 있다. 그것은 완전한 1격의 삼단논법의 결론을 약화한 형태로, 더 약한 결론을 이끌어 내는 것이기 때문이다.

자연연역으로 보는 방안

앞의 설명은 아리스토텔레스가 말한 '환원'의 의미를 잘 보여 준다는 장점이 있는 것 같다. 하지만 환원의 방법을 약간 달리 설명할 수도 있다. 이는 환원의 절차를 자연연역의 증명 방법에 해당하는 것으로 이해하는 방안으로,[19] 자연연역에 익숙한 사람이라면 이렇게 이해하는 것이 더 쉬울 것이다. 이때 2격과 3격의 타당한 삼단논법을 1격의 완벽한 삼단논법으로 환원한다는 말은 2, 3격의 타당성을 1격의 타당성에 의지해 보인다는 의미가 된다. 더 구체적으로 말한다면, 완벽하다는 1격의 삼단논법이 자연연역의 추리규칙에 해당하는 것이 되고, 또한 세 가지 환위법도 추리규칙이 되는 셈이다. 결국 7개의 추리규칙(1격의 삼단논법 네 가지 + 환위법 세 가지)을 써서 2격과 3격의 타당한 삼단논법을 증명하는 방식이 곧 환원 절차가 되는 셈이다. 아리스토텔레스가 구체적으로 어떻게 다른 타당한 삼단논법을 1격의 삼단논법으로 환원하는지 보기로 하자.

2격 EAE식을 1격 EAE식으로 환원

어느 P도 M이 아니다.

모든 S는 M이다.

따라서 어느 S도 P가 아니다.

아리스토텔레스를 따라, 위의 두 전제로부터 마지막 결론이 따라나온다는 것을 다음과 같이 증명할 수 있다.[20]

---

19 이는 코코란과 스마일리가 제안한 방안으로, 지금은 아리스토텔레스의 논리학을 이해하는 표준적인 견해로 자리 잡았다.

20 스미스(R. Smith)는 직접 환원의 방법이 다음과 같은 형태를 갖고 있다고 본다. Aristotle, *Prior Analytics*, trans. R. Smith, Hackett Publishing Co., p. xx.

전제 1
전제 2
단계 1
  ⋮
단계 n-1

(1) 어느 P도 M이 아니다.   전제

(2) 모든 S는 M이다.   전제

(3) 어느 M도 P가 아니다.   1, E 명제의 환위

(4) 어느 S도 P가 아니다.   3,2 1격 EAE식

우리는 4, 즉 원하던 결론을 얻은 것이다.

이번에는 3격의 예를 하나 보기로 하자.

3격 AAI를 1격 AII식으로 환원

(1) 모든 M은 P이다.   전제

(2) 모든 M은 S이다.   전제

(3) 어떤 S는 M이다.   2, A 명제의 제한 환위

(4) 어떤 S는 P이다.   1,3 1격 AII식

이번에는 결론에 환위를 적용하는 예를 하나 살펴보자.

2격 AEE식을 1격 EAE식으로 환원

(1) 모든 P는 M이다.   전제

(2) 어느 S도 M이 아니다.   전제

(3) 어느 M도 S가 아니다.   2, E 명제의 환위

(4) 어느 P도 S가 아니다.   3,1 1격 EAE식

(5) 어느 S도 P가 아니다.   4, E 명제의 환위

이들 예를 보면 1격의 식으로 '환원'한다는 것은 증명을 할 때 그 식을 추리규

단계 n = 결론

칙으로 쓴다는 의미이고, 이는 곧 증명하고자 하는 '불완전한' 삼단논법의 타
당성을 이미 타당성이 분명한 1격의 완전한 삼단논법에 의지해 보이는 것이라
고 할 수 있다.

4.3.2 간접 환원의 방법

식섭 환원의 방법으로 타당성을 승명할 수 없는 것이 있다. 2격의 AOO식과
3격의 OAO식이 그렇다. 2격의 AOO식을 살펴보기로 하자.

모든 P는 M이다.
어떤 S는 M이 아니다.
따라서 어떤 S는 P가 아니다.

이 경우 우리는 소전제를 환위할 수 없다. 그것은 O 명제이기 때문이다. O 명
제에 환위를 적용하면 그것은 부당한 추리가 되고 만다. 우리가 할 수 있는 것
은 대전제 A를 환위하여 I 명제를 얻는 것일 텐데, 이런 형태로 된 타당한 1격
의 삼단논법도 없다. 아리스토텔레스는 이 경우 '불가능에로의 환원'을 사용한
다. 이는 귀류법을 이용한 증명방식이다.[21]

아리스토텔레스가 2격 AOO식의 타당성을 증명하는 방식을 자연연역에 맞
추어 적어 보면 다음과 같다.

(1) 모든 P는 M이다.   전제

---

21 스미스는 간접 환원의 방법이 다음과 같은 형태라고 본다. Aristotle, *Prior Analytics*,
trans. R. Smith, Hackett Publishing Co., p. xxi.

전제 1
전제 2
결론의 모순명제
단계 1
  ⋮
단계 n = 전제 1의 모순명제 또는 전제 2의 모순명제

(2) 어떤 S는 M이 아니다.   전제

(3) 모든 S는 P이다.   귀류법 전략으로 원래 결론의 부정

(4) 모든 S는 M이다.   1,3 1격 AAA식

(5) 어떤 S는 P가 아니다.   2와 4가 모순되고, 이는 가정 3 때문이므로

'불가능에로의 환원' 이라는 이 절차는 앞서 우리가 설명한 방식대로 한다면 원래의 7개 추리규칙에 귀류법이라는 추리규칙이 하나 더 추가된다는 의미를 갖는다. 그러므로 아리스토텔레스의 환원의 방법은 모두 8개의 추리규칙을 사용하는 논리 체계라고 할 수 있다.

아리스토텔레스는 좀 더 나아간다. 그는 완벽하다는 1격의 식 가운데 AII식과 EIO식도 불가능에로의 환원의 방법을 써서 증명할 수 있다는 것을 보인다. 이는 '완전한' 삼단논법 4개를 모두 '기본규칙' 으로 삼을 필요도 없다는 점을 보여 주는 셈이다. 결국 우리는 1격의 AAA식과 EAE식 두 개와 세 가지의 환위법, 그리고 귀류법만 있으면 다른 타당한 삼단논법을 모두 증명할 수 있게 된다. 그가 1격의 두 식을 어떻게 증명하는지 한번 따라가 보자.

모든 M은 P이다. 어떤 S는 M이다. 따라서 어떤 S는 P이다. 1격 AII식

이 삼단논법이 부당하다면, 전제는 모두 참인데 결론은 거짓인 경우가 있을 것이다. 그런 경우가 있다고 해보자. 이 삼단논법의 결론 I가 거짓이라는 것은 이와 모순관계에 있는 다음의 E가 참이라는 의미이다.

어느 S도 P가 아니다.

이는 E 명제이므로, 이를 환위할 수 있다. 그러면 다음을 얻는다.

어느 P도 S가 아니다.

여기에 첫 번째 전제를 그대로 추가하면 다음을 얻는다.

어느 P도 S가 아니다.
모든 M은 P이다.

1격 EAE식이 타당하므로, 우리는 이 두 선제로부터 다음 결론을 얻는다.

어느 M도 S가 아니다.

이는 E 명제이므로 이를 환위하면 우리는 다음을 얻게 된다.

어느 S도 M이 아니다.

그런데 이는 애초의 두 번째 전제인 다음과 서로 모순된다.

어떤 S는 M이다.

이는 전제는 모두 참이지만 결론은 거짓인 경우가 있다는 가정은 모순을 낳는다는 의미이다. 따라서 애초의 삼단논법은 타당하다.

같은 방식으로 우리는 아래 나오는 또 다른 1격 삼단논법의 타당성도 증명할 수 있다.

어느 M도 P가 아니다. 어떤 S는 M이다. 따라서 어떤 S는 P가 아니다. 1격 EIO식

우선 결론을 부정하면, "모든 S는 P이다"를 얻는다. 첫 번째 전제 "어느 M도 P가 아니다"를 환위하면, "어느 P도 M이 아니다"를 얻는데, 이것과 위의 "모든 S는 P이다"로부터 1격 EAE식의 타당성에 의해 "어느 S도 M이 아니다"를 얻을 수 있다. 그런데 이는 두 번째 전제, "어떤 S는 M이다"와 모순된다. 따라서 애

초의 삼단논법은 타당하다.

부록: 아리스토텔레스의 증명[22]

1격

$Aab, Abc \vDash Aac$ Barbara Perfect

$Eab, Abc \vDash Eac$ Celarent Perfect

$Aab, Ibc \vDash Iac$ Darii Perfect; also by impossibility, from Camestres

$Eab, Ibc \vDash Oac$ Ferio Perfect; also by impossibility, from Cesare

2격

$Eab, Aac \vDash Ebc$ Cesare $(Eab, Aac) \rightarrow (Eba, Aac) \vDash_{Cel} Ebc$

$Aab, Eac \vDash Ebc$ Camestres $(Aab, Eac) \rightarrow (Aab, Eca) = (Eca, Aab) \vDash$

$_{Cel} Ecb \rightarrow Ebc$

$Eab, Iac \vDash Obc$ Festino $(Eab, Iac) \rightarrow (Eba, Iac) \vDash_{Fer} Obc$

$Aab, Oac \vDash Obc$ Baroco $(Aab, Oac, +Abc) \vDash_{Bar} (Aac, Oac) \vDash_{Imp} Obc$

3격

$Aac, Abc \vDash Iab$ Darapti $(Aac, Abc) \rightarrow (Aac, Icb) \vDash_{Dar} Iab$

$Eac, Abc \vDash Oab$ Felapton $(Eac, Abc) \rightarrow (Eac, Icb) \vDash_{Fer} Oab$

$Iac, Abc \vDash Iab$ Disamis $(Iac, Abc) \rightarrow (Ica, Abc) = (Abc, Ica) \vDash_{Dar} Iba \rightarrow Iab$

$Aac, Ibc \vDash Iab$ Datisi $(Aac, Ibc) \rightarrow (Aac, Icb) \vDash_{Dar} Iab$

$Oac, Abc \vDash Oab$ Bocardo $(Oac, +Aab, Abc) \vDash_{Bar} (Aac, Oac) \vDash_{Imp} Oab$

$Eac, Ibc \vDash Oab$ Ferison $(Eac, Ibc) \rightarrow (Eac, Icb) \vDash_{Fer} Oab$

(Stanford Encyclopedia of Philosophy, Aristotle's Logic, by R. Smith)

22　여기서 가령 Aab는 "모든 b는 a이다"를 의미한다. 즉 소문자의 경우 앞에 나오는 것이 술어명사이고 뒤에 나오는 것이 주어명사이다.

4.4 어떻게 적용할 수 있는가?

4.4.1 일상 문장을 정언명제 형태로 바꾸기

우리가 일상적으로 사용하는 문장이 모두 정언명제 형태로 된 것은 아니다. 삼단논법의 논리를 일상 논증에 적용하기 위해서는 일상 문장을 정언명제의 표준형식에 맞게 표현할 수 있어야 한다. 이를 위해 먼저 할 것은 주어신 문상이 어떤 주장을 나타내는지를 확정하는 일이다.

양을 나타내는 표현이 명확히 주어지지 않은 경우: 의도에 맞게 해석

일상어에서는 양의 정도를 명시하는 표현을 쓰지 않고도 일반적인 주장을 하는 경우가 허다하다. 이런 경우 우리가 맥락에 따라 적절히 해석해야 한다.

고래는 포유류이다.
  ⇒ 모든 (고래)는 (포유류)이다.

성질 급한 택시 운전사는 과속을 밥 먹듯 한다.
  ⇒ 모든 (성질 급한 택시 운전사)는 (과속을 밥 먹듯 하는 사람)이다.

문장만 보아서는 주어명사와 술어명사를 어떻게 잡아야 할지 난감한 경우도 많다. 이런 때에는 그 문장이 어떤 부류의 대상들에 관한 주장인지, 즉 어떤 집합들 사이의 관계를 표현한다고 보는 것이 자연스러운지를 생각해 적절히 정식화하면 된다.

강희가 가 본 나라는 연수도 다 가 봤다.
  ⇒ 모든 (강희가 가 본 나라)는 (연수가 가 본 나라)이다.

지하철로 갈 수 있는 데를 나는 승용차로 가지는 않는다.
  ⇒ 모든 (내가 승용차로 가는 곳)은 (내가 지하철로 갈 수 없는 곳)이다.

진영이는 엄마가 시키는 일만 한다.

　⇒ 모든 (진영이가 하는 일)은 (엄마가 시킨 일)이다.

어느 누구도 필기구를 가져오지 않았다.

　⇒ 어느 (사람)도 (필기구를 가져온 사람)이 아니다.

검찰의 판단이 언제나 옳은 것은 아니다.

　⇒ 어떤 (검찰의 판단)은 (옳은 판단)이 아니다.

혼동하기 쉬운 경우

우리가 자주 쓰지만 기호화 과정에서 혼동하는 사례도 있다. 이런 예를 정언명제로 옮길 때는 특별히 주의가 필요하다. 우리는 다음 두 주장이 다르다는 것을 잘 안다.

남학생들은 다 과제물을 제출했다.

남학생들만 과제물을 제출했다.

위의 문장 가운데 첫 번째 문장은 다음과 같이 정식화될 것이다.

남학생들은 다 과제물을 제출했다.

　⇒ 모든 (남학생)은 (과제물을 제출한 사람)이다.

한편 두 번째 문장은 다음과 같은 의미여서 아래와 같이 다양하게 정식화될 것이다.

남학생들만 과제물을 제출했다.

　= 남학생이 아닌 사람들은 다 과제물을 제출하지 않았다.

　⇒ 어느 (남학생이 아닌 사람)도 (과제물을 제출한 사람)이 아니다.

⇒ 모든 (과제물을 제출한 사람)은 (남학생)이다.

⇒ 어느 (과제물을 제출한 사람)도 (여학생)이 아니다.

⇒ 어느 (여학생)도 (과제물을 제출한 사람)이 아니다.

특히 첫 번째 문장과 두 번째 문장의 차이를 우리는 다음과 같이 대비할 수 있다.

남학생들은 다 과제물을 제출했다.

⇒ 모든 (남학생)은 (과제물을 제출한 사람)이다.

남학생들만 과제물을 제출했다.

⇒ 모든 (과제물을 제출한 사람)은 (남학생)이다.

겉보기와 달리 정언명제의 표준형식에 맞게 표현하면 두 번째 문장의 경우 주어명사와 술어명사의 위치가 뒤바뀌게 된다는 점을 알 수 있다.

여러 가지로 잡을 수 있는 경우(동치인 경우)

명사들을 달리 잡거나 아니면 긍정으로 표현할지 부정으로 표현할지에 따라 같은 의미를 지니지만 서로 다르게 정식화되는 경우도 많다. 그 경우 그것들은 모두 똑같이 온당한 정식화이다.

노력한다고 모두가 자신의 뜻을 이루는 것은 아니다.

⇒ O: 어떤 (노력하는 사람)은 (자신의 뜻을 이루는 사람)이 아니다.

⇒ I: 어떤 (노력하는 사람)은 (자신의 뜻을 못 이루는 사람)이다.

지각을 자주 하는 사람들만 D 학점을 받았다.

⇒ E: 어느 (지각을 자주 하지 않는 사람들)도 (D 학점을 받은 사람)이 아니다.

⇒ A: 모든 (D 학점을 받은 사람)은 (지각을 자주 하는 사람)이다.

온라인 게임만 유료이다.

    ⇒ E: 어느 (온라인 게임이 아닌 것)도 (유료 게임)이 아니다.

    ⇒ A: 모든 (유료 게임)은 (온라인 게임)이다.

    ⇒ A: 모든 (온라인 게임이 아닌 것)은 (무료 게임)이다.

고속버스로 갈 수 없는 도시는 모두 KTX로도 갈 수 없는 도시이다.

    ⇒ A: 모든 (고속버스로 갈 수 없는 도시)는 (KTX로 갈 수 없는 도시)이다.

    ⇒ A: 모든 (KTX로 갈 수 있는 도시)는 (고속버스로 갈 수 있는 도시)이다.

    ⇒ E: 어느 (고속버스로 갈 수 없는 도시)도 (KTX로 갈 수 있는 도시)가 아니다.

고속버스로 갈 수 있는 도시 가운데는 KTX로 갈 수 없는 도시도 있다.

    ⇒ I: 어떤 (고속버스로 갈 수 있는 도시)는 (KTX로 갈 수 없는 도시)이다.

    ⇒ O: 어떤 (고속버스로 갈 수 있는 도시)는 (KTX로 갈 수 있는 도시)가 아니다.

논리학 수업은 들을 게 못된다.

    ⇒ E: 어느 (논리학 수업)도 (들을 만한 수업)이 아니다.

    ⇒ A: 모든 (논리학 수업)은 (들을 게 못되는 수업)이다.

이들은 하나의 문장에 대한 서로 다른 정식화이지만 서로 동치인 사례에 해당한다고 할 수 있다. 다만 곧 설명하겠지만, 때로는 하나의 논증 안에서는 명사들을 통일해야 하기 때문에 선택의 폭이 넓지 않을 수 있다.

불분명해서 서로 다른 주장으로 잡을 수 있는 경우(동치가 아닌 경우)

문장의 의미가 불분명해서 **서로 다른 명제**로 정식화할 수 있는 경우도 간혹 있다. 이때 이들은 서로 동치가 아님을 주의해야 한다. 가령 다음이 그런 예라고 할 수 있다.

억대 연봉을 받는 프로 선수들은 거의 없다.

⇒ O: 어떤 (프로 선수)는 (억대 연봉을 받는 선수)가 아니다.

⇒ I: 어떤 (프로 선수)는 (억대 연봉을 받는 선수)이다.

과속으로 적발된 사람 가운데 일부만 과태료를 냈다.

⇒ O: 어떤 (과속으로 적발된 사람)은 (과태료를 낸 사람)이 아니다.

⇒ I: 어떤 (과속으로 적발된 사람)은 (과태료를 낸 사람)이다.

이들 사례는 주어진 문장의 핵심 요지를 서로 다르게 파악하는 것이고, 원래의 문장이 애매해서 생기는 결과라고 할 수 있다.

4.4.2 일상 논증을 삼단논법 형태로 바꾸기

우리는 앞서 일상 문장을 정언명제로 어떻게 정식화하는지를 설명했다. 애초에 표현하고자 하는 문장의 의미를 고려해서 명사들을 적절히 잡으면 된다. 더 덧붙일 게 있다면, 삼단논법의 경우 같은 명사가 두 차례 나와야 하므로 그렇게 되도록 명사를 적절히 통일시켜야 한다는 점이다. 이때 앞서 본, 같은 의미를 갖는 여러 가지 방식의 정식화가 도움이 될 것이다. 그런 예부터 하나 보기로 하자.

고속버스로 갈 수 없는 도시는 모두 KTX로도 갈 수 없는 도시이다. 그런데 KTX로 갈 수 있는 도시는 모두 새마을호로도 갈 수 있는 도시이다. 따라서 새마을호로 갈 수 있는 도시는 모두 고속버스로도 갈 수 있는 도시이다.

첫 번째 문장은 여러 가지 방식으로 정식화할 수 있다.

고속버스로 갈 수 없는 도시는 모두 KTX로도 갈 수 없는 도시이다.

⇒ A: 모든 (고속버스로 갈 수 없는 도시)는 (KTX로 갈 수 없는 도시)이다.

⇒ A: 모든 (KTX로 갈 수 있는 도시)는 (고속버스로 갈 수 있는 도시)이다.

⇒ E: 어느 (고속버스로 갈 수 없는 도시)도 (KTX로 갈 수 있는 도시)가 아니다.

하지만 다른 문장에 나오는 명사와의 통일성을 고려할 때 두 번째 방안이 적절하다. 이를 잡아 원래 논증을 표준형식에 맞추어 다시 적으면 다음과 같다.

모든 (KTX로 갈 수 있는 도시)는 (고속버스로 갈 수 있는 도시)이다.
모든 (KTX로 갈 수 있는 도시)는 (새마을호로 갈 수 있는 도시)이다.
따라서 모든 (새마을호로 갈 수 있는 도시)는 (고속버스로 갈 수 있는 도시)이다.

이렇게 정식화된 이 삼단논법의 타당성 여부는 쉽게 알 수 있을 것이다. 이는 부당하다.

연 습 문 제

1. 다음에 답하라. 우선
1) 다음 삼단논법의 논증 형식을 추출(표준형식에 맞도록 대전제, 소전제, 결론 순으로 배열할 것)하고,
2) 네 가지 규칙에 의거해 그것이 타당한지 여부를 말하라. 만약 부당하다면
3) 어떤 오류를 범하고 있는지 오류명을 말하고,
4) 반례를 들어 그 삼단논법이 부당함을 구체적으로 입증해 보라.

① 사랑에 빠진 사람들은 모두 눈 오는 날을 좋아하는데, 택시 운전사는 어느 누구도 눈 오는 날을 좋아하지 않는다. 따라서 택시 운전사는 모두 사랑에 빠진 사람들이 아니다.
② 소설을 즐겨 읽는 사람은 모두 상상력이 풍부한 사람인데, 영화관을 자주 찾는 사람은 모두 소설을 즐겨 읽는 사람이 결코 아니다. 그러므로 영화관을 자주 찾는 사람은 상상력이 풍부한 사람일 리가 없다.
③ 만화를 즐겨 보는 사람은 모두 코미디 프로그램을 좋아하는데, 강희가 속한 동아리의 회원들 가운데는 만화를 즐겨 보지 않는 사람도 있다. 따라서 강

회가 속한 동아리의 회원들 가운데는 코미디 프로그램을 좋아하지 않는 사람도 있게 마련이다.

④ 독창성이 뛰어난 사람은 모두 상상력이 풍부한 사람이고, 상상력이 풍부한 사람은 모두 기계적인 일을 좋아하는 사람이 아니다. 따라서 기계적인 일을 좋아하는 사람은 모두 독창성이 뛰어난 사람이 아니다.

⑤ 어떤 학생은 토익 성적이 탁월하고, 어떤 학생은 토플 성적이 탁월하다. 따라서 토익 성적이 탁월한 학생 가운데는 토플 성적이 탁월한 학생도 있다.

⑥ 우리 반 학생은 모두 3학년이고, 우리 반 학생 중에는 이과 출신도 있다. 따라서 3학년 중에는 이과 출신도 있다.

⑦ 수업을 열심히 듣는 사람만 학교에서 좋은 성적을 받는다. 그런데 수업을 열심히 듣는 사람은 결석을 하지 않는다. 따라서 학교에서 좋은 성적을 받는 사람은 모두 결석을 하는 사람이 아니다.

⑧ 지각을 자주 하는 사람들만 D 학점을 받았고, 수학 교육과 학생들은 모두 지각을 자주 한다. 따라서 수학 교육과 학생들만 D 학점을 받았음이 분명하다.

⑨ 고속버스로 갈 수 있는 도시는 모두 승용차로도 갈 수 있는 도시이지만, 고속버스로 갈 수 있는 도시 가운데는 KTX로 갈 수 없는 도시도 있다. 따라서 승용차로 갈 수 있는 도시 가운데는 KTX로 갈 수 없는 도시도 있다.

⑩ 명숙이가 찾아본 자료는 모두 종철이도 이미 본 자료이지만, 민수가 본 자료 가운데는 종철이가 보지 못한 자료도 있다. 따라서 명숙이가 본 자료 가운데는 민수가 보지 못한 자료도 반드시 있게 마련이다.

2. 다음에 답하라. 우선

1) 다음 삼단논법의 논증 형식을 추출(표준형식에 맞도록 대전제, 소전제, 결론 순으로 배열할 것)하고,

2) 네 가지 규칙에 의거해 그것이 타당한지 여부를 말하라. 만약 부당하다면

3) 어떤 오류를 범하고 있는지 오류명을 말하고,

4) 반례를 들어 그 삼단논법이 부당함을 구체적으로 입증해 보라.

① 수업에 열심히 나오는 사람들 중에도 낮은 성적을 받는 사람이 있다는 것은 사실이 아니다. 그런데 낮은 성적을 받는 사람 중에는 취직을 못하는 사람도 있다는 것은 사실이다. 따라서 수업에 열심히 나오는 사람들 중에는 취직을 못하는 사람도 있게 마련이다.

② 영래가 본 영화 중에 강희가 안 본 영화는 하나도 없다는 것은 맞지만, 연수가 본 영화 중에는 강희가 안 본 영화도 있다는 것은 맞지 않는 얘기다. 따라서 우리는 연수가 본 영화는 모두 영래도 본 영화라고 결론 내릴 수 있다.

③ 2학년은 모두 경제학을 듣는다는 주장은 사실이 아니지만, 정치학과 경제학을 둘 다 듣는 사람이 있다는 주장은 사실이다. 이로부터 우리는 정치학을 듣는 사람이 모두 2학년인 것은 아님을 추리할 수 있다.

④ 영어성적이 높은 사람만 취업을 한 것은 아니며, 중문과 학생들은 모두 영어성적이 높았던 것도 아니다. 따라서 중문과 학생들 가운데는 취업을 하지 못한 학생도 분명히 있을 것이다.

⑤ 다음 두 주장은 거짓임이 밝혀졌다.
- 취업박람회에 참가한 사람들 중에는 인턴 경력이 없는 학생도 있었다.
- 인턴 경력이 있는 학생 가운데는 졸업평점이 3.5 이상이 아닌 학생도 있었다.

이로부터 우리는 "졸업평점이 3.5 이상인 학생 가운데는 취업박람회에 참가하지 않은 사람도 있었다"라고 결론 내릴 수 있다.

3. 다음 삼단논법 형식이 타당하다는 점을 아리스토텔레스가 사용한 환원의 방법을 써서 증명해 보라.

① 2격 EIO식

어느 P도 M이 아니다.

어떤 S는 M이다.

따라서 어떤 S는 P가 아니다.

② 3격 EAO식

어느 M도 P가 아니다.

모든 M은 S이다.

따라서 어떤 S는 P가 아니다.

③ 3격 IAI식

어떤 M은 P이다.

모든 M은 S이다.

따라서 어떤 S는 P이다.

④ 3격 AII식

모든 M은 P이다.

어떤 M은 S이다.

따라서 어떤 S는 P이다.

⑤ 3격 EIO식

어느 M도 P가 아니다.

어떤 M은 S이다.

따라서 어떤 S는 P가 아니다.

⑥ 3격 OAO식

어떤 M은 P가 아니다.

모든 M은 S이다.

따라서 어떤 S는 P가 아니다.

4. 다음과 같은 규칙을 위반한 삼단논법의 형식을 하나 들고, 이들이 부당한 추론임을 보여 줄 반례를 들어라.

　① 양부정 전제의 오류

　② 부당 긍정의 오류

　③ 부당 부정의 오류

　④ 중명사 부주연의 오류

　⑤ 소명사 부당주연의 오류

　⑥ 대명사 부당주연의 오류

5. 256가지의 삼단논법의 형식 가운데 가장 많은 오류를 범하는 것은 어떤 것
   이고, 몇 개의 오류를 범하는지를 말해 보라.

6. 다음 글로부터 올바른 추론을 하고 있는 사람을 〈보기〉에서 모두 고르면?

아리스토텔레스가 얼마나 위대한지는 삼단논법의 타당성을 증명한 그의
방식만 보아도 알 수 있다. 가령 다음과 같은 삼단논법을 생각해 보자.

(가)여학생은 모두 화장을 한다.
(나)우리 반 학생 가운데 일부는 화장을 하지 않는다.
따라서 (다)우리 반 학생 가운데 일부는 여학생이 아니다.

그는 이 삼단논법의 전제가 모두 참이라면 결론도 참일 수밖에 없음을 다음
과 같이 증명한다. 우선 논의를 위해 이 논증의 전제는 모두 참인데 결론은
거짓이라고 가정해 보자. 결론 (다)가 거짓이라면, (다)와 모순인 (라)
가 참임을 추리해 낼 수 있다. 또한 (라)와 (가)로부터 우리는 (마)
참이라는 것도 알아낼 수 있다. 그런데 (마)는 (나)와 모순이므로, 결국 이
는 (나)가 참이라는 애초 가정과 모순된다. 또 다른 예로 다음 삼단논법의
타당성을 증명해 보자.

(바)화장을 하는 학생 가운데 일부는 여학생이 아니다.
(사)화장을 하는 학생은 모두 우리 반 학생이다.
따라서 (아)우리 반 학생 가운데 일부는 여학생이 아니다.

앞서처럼 이 논증의 전제는 모두 참인데 결론은 거짓이라고 가정해 보
자. 결론 (아)가 거짓이라면, (아)와 모순인 (자) 가 참임을 알 수 있
다. 그리고 (사)와 (자)가 참이라는 것으로부터 (차) 가 참이라는 사실
도 알아낼 수 있다. 그런데 (차)는 (바)와 모순이므로, 결국 이는 (바)가 참
이라는 우리의 애초 가정과 모순된다.

―――――――――― 〈 보   기 〉 ――――――――――

지훈: (라)와 (자)에는 같은 명제가 들어가는군.

연길: (마)와 (차)에 들어갈 각 명제가 참이라면 (라)에 들어갈 명제도
참일 수밖에 없겠군.

혁진: (라)와 (마)에 들어갈 각 명제가 참이라면 (차)에 들어갈 명제도
참일 수밖에 없겠군.

① 연길   ② 혁진   ③ 지훈, 연길   ④ 지훈, 혁진   ⑤ 지훈, 연길, 혁진

[PSAT, 2011. 2]

7. 다음 석이의 논증에 대해서 가장 올바르게 평가한 사람은?

〈석이의 논증〉

수학에 천재적인 능력을 보인 사람들 중 어떤 사람은 기이한 습관이 있
어. 물리학자 중에는 수학에 천재적인 능력을 보인 사람이 있지. 그러니까
물리학자 중에는 기이한 습관이 있는 사람이 있지.

순진: 석이의 주장은 기이한 습관을 가진 물리학자가 적어도 한 사람 이상이
있다는 것인데, 이 세상에는 그런 사람이 있을 수 있고 실제로도 그런
사례를 들 수 있기 때문에 석이가 제시한 논증은 받아들일 만하다.

보람: 나는 수학에 천재적이지만 기이한 습관이 없는, 아주 평범한 습관만
있는 사람을 알고 있다. 그러니까 석이 논증의 전제는 거짓이고, 따
라서 석이 논증은 받아들일 수 없다.

명석: 어떤 정수는 음수이고, 양수인 정수도 있으니까 양수인 음수가 있다
는 논증을 받아들일 수는 없을 것이다. 그러니까 석이의 논증도 받
아들일 수 없는 논증이다.

현명: 아인슈타인은 수학에 천재적이고 기이한 습관이 있는 사람이었고 그는 또한 물리학자였다. 그러니까 석이 논증의 두 전제와 결론은 모두 참이므로 그의 논증은 받아들일 만하다.

희망: 석이의 논증에 사용된 전제의 참이 그 논증의 결론의 참을 보장하기 때문에 받아들일 만한 논증이다.

① 순진　② 보람　③ 명석　④ 현명　⑤ 희망

[PSAT, 2005. 8]

8. 다음 정보로부터 올바른 추론을 하고 있는 사람을 〈보기〉에서 모두 고른 것은?

지난 달 출고된 소프트웨어 패키지 〈빨간 꾸러미〉에는 작년 소프트웨어 시장에서 높은 인기를 누렸던 〈패키지 블루〉의 프로그램들과 유사한 용도의 소프트웨어 프로그램이 여러 개 포함되어 있다. 공부나 문서 작업을 하다가 잠시 머리를 식히는 데 그만인 두더지 잡기 게임이 그 한 예라고 할 수 있다. 〈패키지 블루〉는 2003년에 출시되었던 〈유니버스 2004〉를 확장한 것으로, 〈유니버스 2004〉의 프로그램들에다가 사용자들이 아쉬움을 호소했던 몇 가지 기능을 보완하는 부수적 프로그램을 추가하여 만든 것이다. 〈유니버스〉 시리즈와 〈패키지 블루〉를 연달아 출시하고 있는 Z사가 어떤 개발·판매 전략을 가지고 있는지를 짐작할 수 있게 하는 장면이라고 하겠다.

〈빨간 꾸러미〉를 사용하는 사람은 2년 전 출시된 〈패키지 오렌지〉에 포함되었던 기능을 하나도 아쉬워 할 필요가 없을 것이다. 게다가 〈빨간 꾸러미〉는 소프트웨어 시장의 일반적인 추세와는 달리 용량을 줄여 한 장의 CD에 모두 들어가도록 제작되었다. 이는 〈패키지 오렌지〉, 〈패키지 블루〉와의 큰 차이점이다. 〈패키지 오렌지〉와 〈패키지 블루〉는 각각 CD 두 장과

석 장으로 구성되어 있을 뿐만 아니라 설치했을 때 차지하는 하드디스크의 양 또한 〈빨간 꾸러미〉보다 훨씬 크고, 작동 시 필요로 하는 메인 메모리의 크기도 더 크다. 〈패키지 오렌지〉와 〈패키지 블루〉가 거의 동일한 목적과 유사한 기술적 기반 위에서 만들어졌음에도 불구하고 단 한 개의 프로그램도 공통된 것이 없다는 점은 아주 흥미롭다. 이것은 아마 이 두 제품을 개발한 양쪽 개발팀을 이끌어 온 두 팀장 간의 유명한 경쟁의식이 낳은 결과가 아닌가 싶다.

〈 보 기 〉

수진: 〈유니버스 2004〉와 〈패키지 오렌지〉 사이엔 공통된 프로그램이 하나도 없네요.

우보: 〈빨간 꾸러미〉와 〈패키지 블루〉는 모두 Z사의 제품이란 말이죠.

미경: 두더지 잡기 게임은 〈유니버스 2004〉에도 들어 있네요.

---

① 수진   ② 우보   ③ 미경   ④ 수진, 우보   ⑤ 우보, 미경

[PSAT, 2007. 2]

9. 다음 논증에 대한 평가로 적절한 것만을 〈보기〉에서 모두 고르면?

합리적 판단과 윤리적 판단의 관계는 무엇일까? 나는 합리적 판단만이 윤리적 판단이라고 생각한다. 즉, 어떤 판단이 합리적인 것이 아닐 경우 그 판단은 윤리적인 것도 아니라는 것이다. 그 이유는 다음과 같다. 일단 ㉠보편적으로 수용될 수 있는 판단만이 윤리적 판단이다. 즉 개인이나 사회의 특성에 따라 수용 여부에서 차이가 나는 판단은 윤리적 판단이 아니라는 것이다. 그리고 ㉡모든 이성적 판단은 보편적으로 수용될 수 있는 판단이다. 예를 들어, "모든 사람은 죽는다."와 "소크라테스는 사람이다."라는 전

제들로부터 "소크라테스는 죽는다."라는 결론으로 나아가는 이성적인 판단은 보편적으로 수용될 수 있는 것이다. 이러한 판단이 나에게는 타당하면서, 너에게 타당하지 않을 수는 없다. 이것은 이성적 판단이 갖는 일반적 특징이다. 따라서 ⓒ보편적으로 수용될 수 있는 판단만이 합리적 판단이다. ⓓ모든 합리적 판단은 이성적 판단이다라는 것은 부정할 수 없기 때문이다. 결국 우리는 ⓔ합리적 판단만이 윤리적 판단이다라는 결론에 도달할 수 있다.

〈 보   기 〉

ㄱ. ⓐ은 받아들일 수 없는 것이다. '1 + 1 = 2'와 같은 수학적 판단은 보편적으로 수용될 수 있는 것이지만, 수학적 판단이 윤리적 판단은 아니기 때문이다.

ㄴ. ⓑ과 ⓓ이 참일 경우 ⓒ은 반드시 참이 된다.

ㄷ. ⓐ과 ⓒ이 참이라고 할지라도 ⓔ이 반드시 참이 되는 것은 아니다.

---

① ㄱ   ② ㄴ   ③ ㄱ, ㄷ   ④ ㄴ, ㄷ   ⑤ ㄱ, ㄴ, ㄷ

[PSAT, 2016. 7]

10. 다음 글의 내용이 참일 때, 반드시 참인 것만을 〈보기〉에서 모두 고르면?

지혜로운 사람은 정열을 갖지 않는다. 정열을 가진 사람은 고통을 피할 수 없다. 정열은 고통을 수반하기 때문이다. 그런데 사랑을 원하는 사람은 정열을 가진 사람이다. 정열을 가진 사람은 행복하지 않다. 지혜롭지 않은 사람은 사랑을 원하면서 동시에 고통을 피하고자 한다. 그러나 지혜로운 사람만이 고통을 피할 수 있다.

─────── 〈 보   기 〉 ───────

ㄱ. 지혜로운 사람은 행복하다.

ㄴ. 사랑을 원하는 사람은 행복하지 않다.

ㄷ. 지혜로운 사람은 사랑을 원하지 않는다.

① ㄱ   ② ㄴ   ③ ㄱ, ㄷ   ④ ㄴ, ㄷ   ⑤ ㄱ, ㄴ, ㄷ

[PSAT, 2015. 8]

5.1 벤 다이어그램이란?

다음이 벤 다이어그램(Venn diagram)의 예이다.

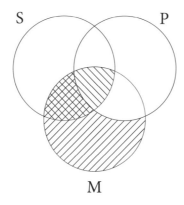

이것은 벤(John Venn 1834~1923)이라는 영국 수학자가 19세기에 개발한 것으로, 이를 이용해 삼단논법의 타당성을 판별할 수 있다. 이 방법은 어떤 삼단논법이 **부당하다는** 것, 즉 전제로부터 결론이 도출되지 않는다는 것도 입증해 줄수 있는 편리한 방법이다. 이 방법을 확장하면 삼단논법을 넘어 좀 더 복잡한추론의 타당성도 쉽게 판별할 수 있으므로, 이를 살펴보기로 한다.

벤 다이어그램에서 가장 중요한 착상은 정언명제에 나오는 주어명사와 술어명사를 하나의 집합을 가리키는 표현으로 보는 데 있다. 이렇게 하면 각각의 정언명제는 두 집합 사이에 일정한 관계가 있다는 것을 주장하는 것으로 해석할 수 있게 된다. 벤 다이어그램은 그보다 앞서 나온 오일러 다이어그램을 개선하기 위해 나온 것이므로, 오일러 다이어그램에서 논의를 시작하기로 하자.

오일러 다이어그램

정언명제에 나오는 주어명사와 술어명사가 각각 하나의 집합을 의미하고, 이 집합을 원으로 나타낸다고 해보자. 이때 S는 모두 P임을 주장하는 A명제는 어떤 상황을 말한다고 할 수 있을까? 우리는 이를 S인 것들은 모두 P 안에 포함되어 있는 아래의 왼쪽 그림으로 나타내고자 할 것이다. 한편 S는 모두 P가 아님을 주장하는 E명제는 S인 것들과 P인 것이 겹치는 부분이 전혀 없다는 것을 말해 주는 아래의 오른쪽 그림으로 나타내고자 할 것이다.

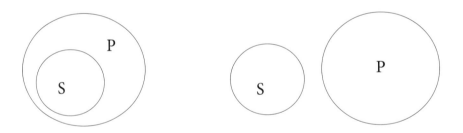

이것이 A와 E 명제의 오일러 다이어그램이다.

이번에는 특칭명제인 I 명제를 나타낸다고 해보자. I 명제는 S이면서 P인 대상이 있다는 주장이므로, S와 P가 일부 겹치는 부분이 있도록 다음과 같이 그리는 방안을 생각할 수 있을 것이다.

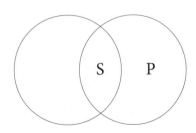

마지막 O 명제는 어떻게 나타낼까? O는 I와는 다른 명제이므로, 다른 방식
으로 나타내야 할 것이다. 오일러 다이어그램에서는 다음과 같이 '문자' S를 적
는 위치를 달리해서 O 명제를 나타낸다.

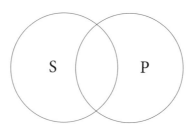

이 지점에서 우리는 오일러 다이어그램의 한계를 알 수 있다. 전칭명제의 경우
'원'의 위치와 크기를 달리 함으로써 두 명제의 차이를 잘 드러낸다고 할 수 있
지만, 특칭명제의 경우에는 그렇지 않기 때문이다. 이런 단점 때문에 벤은 네
가지 정언명제 사이의 대비를 선명하게 해 줄 새로운 방안을 제안하게 된다.

벤은 집합을 나타내는 원의 위치나 크기를 달리 하지 않고 똑같은 '바탕그
림'(primary diagram)을 그리는 데서 출발한다. 두 개의 집합이 있을 경우 바
탕그림은 다음과 같다.

두 개의 집합이 등장할 때의 바탕그림

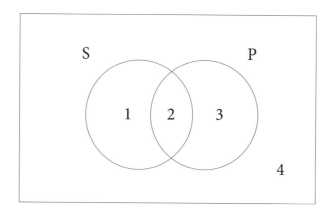

이 바탕그림에서 숫자로 표시한 네 개 영역이 각각 어떤 집합을 가리키는지는

분명할 것이다. 가령 1번 영역은 S인데 P는 아닌 대상들이 속하는 집합을 나타내고, 2는 S이고 P인 대상들이 속하는 집합, 3은 S는 아니지만 P인 대상들이 속하는 집합, 마지막 4는 S도 아니고 P도 아닌 대상들이 속하는 집합을 나타낸다. 논의를 간단히 하기 위해 앞으로 4는 생략하기로 한다. 다만 바탕그림은 언제나 모든 가능한 집합을 망라해서 나타내도록 그려야 한다는 점을 명심해야 한다.

네 가지 정언명제를 벤 다이어그램으로 나타내기

벤 다이어그램에서는 동일한 바탕그림의 일정 부분에 특정한 표시를 해서 각각의 정언명제를 나타낸다. 우선 A, E, I, O는 각각 다음과 같은 집합 대수의 의미를 지닌다고 간주된다.

$$A: S \cap P^c = \varnothing$$
$$E: S \cap P = \varnothing$$
$$I: S \cap P \neq \varnothing$$
$$O: S \cap P^c \neq \varnothing$$

바탕그림의 네 개 영역과 관련해서 본다면 각각의 정언명제는 다음을 주장하는 것이 된다.

A: 1번 영역이 공집합이다.
E: 2번 영역이 공집합이다.
I: 2번 영역이 공집합이 아니다.
O: 1번 영역이 공집합이 아니다.

결국 네 개의 정언명제는 각각 다음을 의미하는 것으로 새롭게 해석되는 셈이다.

A: S이면서 P가 아닌 것은 없다.

E: S이면서 P인 것은 없다.

I: S이면서 P인 것이 적어도 하나 있다.

O: S이면서 P가 아닌 것이 적어도 하나 있다.

　벤 다이어그램의 방법에서는 해당 집합이 공집합(空集合)임을 나타내기 위해 그 부분에 빗금을 치고, 해당 집합이 공집합이 아님을 나타내기 위해서는 '×' 표시를 한다.[1] 이런 방안에 따라 네 가지 정언명제를 벤 다이어그램으로 나타내면 다음과 같다.

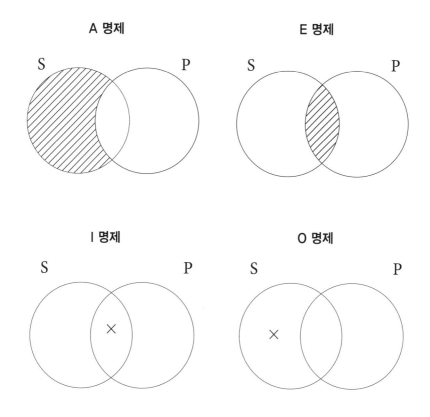

　A 명제　　　　　　　　　　　E 명제

　I 명제　　　　　　　　　　　O 명제

1　현재 두루 쓰이는 이 방법은 벤의 방법과 퍼스(C. S. Peirce)의 방법을 결합한 것이다. 벤은 특칭명제를 나타내는 데 '×' 표시를 쓰지 않았고, 그 방법은 퍼스가 처음 도입했다. 대신 공집합을 표시하는 데 퍼스는 빗금이 아니라 'o' 표시를 썼다.

벤 다이어그램에서 주목할 점 두 가지

벤 다이어그램은 네 가지 정언명제를 그림으로 나타내는 방법이다. 이때 우리가 이 그림을 통해 정확히 무엇을 말하고자 하는지를 분명히 할 필요가 있다.

(1) 벤 다이어그램으로 네 가지 정언명제를 나타낸 최종 결과는 모두 어느 하나의 영역에 한 가지 표시만 되어 있다. A 명제의 경우, 1번 영역에만 빗금이 표시되어 있고, 2번과 3번 영역에는 아무런 표시가 되어 있지 않다. O 명세는 1번 영역에만 'ⅹ'가 표시되어 있고, 2번과 3번 영역에는 아무런 표시가 되어 있지 않다. E와 I 명제의 경우에도 마찬가지로 2번 영역에만 빗금 또는 'ⅹ'가 표시되어 있을 뿐 다른 두 영역에는 아무런 표시가 되어 있지 않다.[2] 벤 다이어그램에서 아무런 표시도 되어 있지 않은 영역은 무엇을 의미할까? 그것은 해당 집합이 공집합인지 여부에 대해 그 명제가 아무런 명시적 정보도 제공하지 않는다는 의미이다. 벤 다이어그램의 경우 해당 집합이 공집합이면 공집합이란 표시(빗금)가 되어 있고, 공집합이 아니면 공집합이 아니라는 표시('ⅹ' 표)가 되어 있다. 그렇기 때문에 아무 표시도 되어 있지 않은 영역을 거기에 빗금 표시가 되어 있지 않다는 이유로 그 영역에 속하는 대상이 있다고 해석해서는 안 되고, 거기에 'ⅹ' 표시가 되어 있지 않다는 이유로 그 영역에 속하는 대상이 없다고 해석해서도 안 된다. 해당 영역에 빗금 표시가 있을 경우에만 우리는 그 영역이 공집합임을 확신할 수 있고, 해당 영역에 'ⅹ' 표시가 있을 경우에만 우리는 그 영역이 공집합이 아님을 확신할 수 있다.

I 명제의 예로 다음 주장을 생각해 보자.

> I: 어떤 학생은 학교 앞에서 하숙을 한다.

일상적으로 이 주장은 학교 앞에서 하숙을 하는 학생이 적어도 한 사람 있을 뿐

---

2 하나의 영역에 한 가지 표시만 되어 있다는 점과 관련해, 또 한 가지 흥미로운 사실이 있다. 그것은 어느 벤 다이어그램이든 3번 영역에는 아무런 표시도 되어 있지 않다는 점이다. 이는 네 가지 정언명제는 모두 3번 영역이 공집합인지 여부에 대해서 명시적으로 아무런 주장도 하지 않는다고 본다는 것을 의미한다.

만 아니라 학교 앞에서 하숙을 하지 않는 학생도 있다는 의미로 이해된다. 하지만 후자는 I 명제의 내용에 포함되지 않는다. 우리가 방금 그린 I 명제의 벤 다이어그램에 이 점이 잘 반영되어 있다. I 명제의 벤 다이어그램은 왼쪽이지 오른쪽이 아니다.

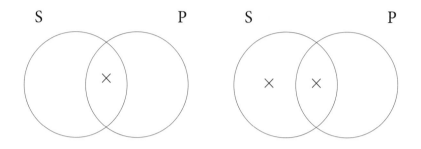

오른쪽은 S이면서 P인 것이 공집합이 아니라는 것뿐만 아니라 S이면서 P가 아닌 것도 공집합이 아님을 말해 준다. 물론 오른쪽이 성립하면 왼쪽도 성립한다.

　(2) 벤 다이어그램에서 어떤 영역에 일정한 표시를 한다는 것은 그것이 그 정언명제가 참이 되는 조건임을 의미한다. 가령 A 명제의 경우 1번 영역에만 빗금 표시가 되어 있는데, 이는 1번 영역이 공집합이라는 조건만 만족되면 A 명제는 참이 된다는 것을 나타낸다. 달리 말해, 2번이나 3번 영역에 추가로 어떠한 표시가 되어 있든, 1번 영역이 공집합임이 담보되기만 하면 A 명제는 참이 된다는 것이다. 그러므로 S가 그 자체로 공집합일 경우 A 명제는 참이 된다. 같은 이치로 1번과 2번 영역에 모두 '×' 표시가 되어 있을 경우 I 명제는 참이 된다. 왜냐하면 2번 영역이 공집합이 아니라는 점이 담보되었기 때문이다. 결국 벤 다이어그램은 정언명제가 참이 되는 조건, 즉 정언명제의 진리조건을 시각적으로 표현한 것임을 알 수 있다.

5.2 어떤 추론이 옳은가? 벤 다이어그램의 방법

벤 다이어그램을 이용해 삼단논법의 타당성을 가리는 방법을 설명하기로 하자. 삼단논법의 경우 소, 중, 대명사라는 3개의 명사가 등장한다. 모든 가능한 영역을 망라해서 나타내야 하므로, 8개의 영역이 생기도록 다음과 같은 형태의 바탕그림을 그리는 데서 출발해야 한다.

세 개의 집합이 등장할 때의 바탕그림

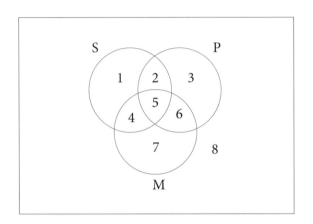

벤 다이어그램으로 삼단논법의 타당성을 가리는 절차는 다음과 같다.

첫째, 바탕그림에 전제들을 표시한다. 전제가 둘 다 전칭명제이거나 둘 다 특칭명제일 경우 표시하는 순서는 상관없다. 하지만 전칭명제와 특칭명제가 같이 나올경우에는 전칭명제를 먼저 표시한다. 각 명제를 표시하는 기본적인 방식은 앞에서 벤 다이어그램을 소개할 때 설명했던 방식과 같다.

둘째, 전제들을 표시해 넣은 바탕그림이 결론이 말하는 바를 미리 표시해 주고 있다면, 그 삼단논법은 타당하다고 판정하고, 그렇지 않다면 부당하다고 판정한다. (또는 표시해 넣은 그림에 따를 때 결론이 언제나 참이 된다면 타당하다고 판정하고, 그렇지 않다면 부당하다고 판정한다.)

이 방법이 어떻게 적용되는지 예를 들어 설명하기로 하자.

만화를 즐겨 보는 사람은 모두 코미디 프로그램을 좋아하는데, 지원이가 속한 동아리의 회원들은 모두 만화를 즐겨 보는 사람들이다. 따라서 지원이가 속한 동아리의 회원들은 모두 코미디 프로그램을 즐겨 보는 사람들이라고 할 수 있다.

이 논증의 형식을 추출하면 다음과 같다.

모든 M은 P이다.
모든 S는 M이다.
따라서 모든 S는 P이다. 1격 AAA식

이 삼단논법의 전제들을 표시할 바탕그림은 다음과 같다.

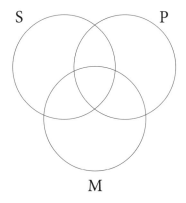

전제가 모두 전칭명제이므로 어느 것을 먼저 표시하든 상관없다. 대전제부터 표시하기로 하자.

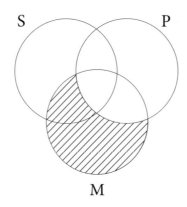

이어 소전제를 표시하기로 하자.

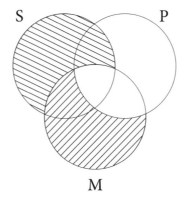

　이것이 전제를 모두 표시한 그림이다. 앞서 말했듯이, 이 그림은 전제들이 모두 참이 되는 상황을 묘사한 것이다. 삼단논법의 타당성 여부를 정하기 위해서는 이 그림이 결론이 말하는 바를 이미 다 표시하고 있는지, 바꾸어 말해 이 조건에서는 결론이 언제나 참이 되는지를 확인하면 된다. 결론을 벤 다이어그램으로 표시한다면 다음과 같다.

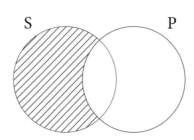

전제를 표시한 그림은 결론에서 빗금으로 표시될 부분을 미리 다 표시하고 있음을 볼 수 있다. 바꾸어 말한다면, 전제들을 표시한 그림에 S이면서 P가 아닌 부분은 모두 빗금이 표시되어 있으므로 우리는 결론이 참일 수밖에 없음을 알 수 있다. 따라서 1격의 AAA식인 이 삼단논법은 타당하다고 결론지을 수 있다.

다른 예로 넘어가기로 하자.

토론 프로그램을 좋아하는 사람은 모두 논리적 사고력이 뛰어난 사람인 반면, 쇼 프로그램을 자주 보는 사람은 어느 누구도 토론 프로그램을 좋아하지 않는다. 따라서 쇼 프로그램을 자주 보는 사람은 모두 논리적 사고력이 뛰어난 사람이 아님이 분명하다.

이 논증을 표준형식에 맞추어 대전제, 소전제, 결론 순으로 표현하면 다음과 같다.

모든 (토론 프로그램을 좋아하는 사람)은 (논리적 사고력이 뛰어난 사람)이다.
어느 (쇼 프로그램을 자주 보는 사람)도 (토론 프로그램을 좋아하는 사람)이 아니다.
따라서 어느 (쇼 프로그램을 자주 보는 사람)도 (논리적 사고력이 뛰어난 사람)이 아니다.

이 논증은 다음과 같은 형식을 띠고 있다.

모든 M은 P이다.
어느 S도 M이 아니다.
따라서 어느 S도 P가 아니다. 1격 AEE식

앞서와 마찬가지로 전제가 모두 전칭명제이므로 이들을 표시하는 순서는 상관없다. 대전제를 먼저 표시하기로 하자.

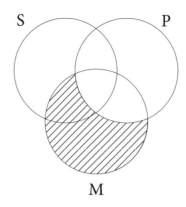

다음으로 소전제를 표시하기로 하자.

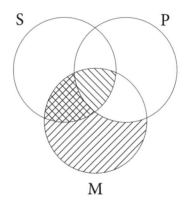

전제를 다 표시한 이 그림은 결론이 말하는 바를 이미 다 나타내 주고 있는가? 전제들이 참이 되는 상황을 표시한 이 그림으로부터 결론이 언제나 참임을 우리는 알 수 있는가? 결론을 벤 다이어그램으로 표시한다면 다음과 같다.

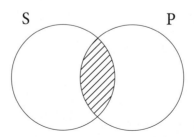

전제를 표시한 앞의 그림은 결론에서 표시된 부분을 다 표시해 주고 있지 못하다. 결론은 '어느 S도 P가 아니다'이므로 S이면서 P인 것은 존재하지 않는다고 주장하나 전제들을 표시한 그림은 S이면서 P인 것이 존재할 가능성(즉 아무런 표시도 되어 있지 않은 부분)을 남겨 두고 있다. 좀 더 정교하게 말한다면, 전제가 참일 경우 S이면서 P이고 M인 대상은 존재하지 않는다는 사실이 담보되나 (이는 두 번째 전제로부터 담보된다), S이면서 P이고 M이 아닌 대상의 존재 가능성을 배제하지 못한다. 만약 그런 대상이 존재한다면 그 대상은 S이면서 P인 대상이므로 결론은 거짓이 된다. 전제들이 참인 상황에서 결론이 반드시 참인 것은 아니므로, 1격의 AEE식은 부당하다고 결론지을 수 있다.

이번에는 전제에 전칭명제와 특칭명제가 모두 나오는 예를 살펴보기로 하자.

담배를 많이 피우는 사람은 모두 폐암에 걸릴 확률이 높은 사람이고, 우리 반의 일부 학생은 담배를 많이 피우는 사람이다. 따라서 우리 반의 일부 학생은 폐암에 걸릴 확률이 높은 사람이다.

이 논증은 다음과 같은 형태를 지니고 있다.

모든 M은 P이다.
어떤 S는 M이다.
따라서 어떤 S는 P이다. 1격 AII식

이번 경우 앞서 설명한 대로 전칭명제를 먼저 표시해야 한다. 대전제를 표시하면 다음과 같다.

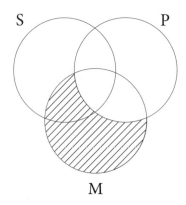

다음으로 특칭명제인 소전제를 표시하기로 하자. 소전제는 S이면서 M인 원소의 존재를 주장하는 명제이다. 그런데 전제를 표시한 그림을 보면 S이면서 M인 집합은 두 부분으로 나누어져 있다. S이면서 M이고 P가 아닌 부분은 이미 빗금이 쳐져 있는 반면, S이면서 M이고 P인 부분은 아무런 표시도 되어 있지 않다. 우리는 소전제가 말하는 내용을 어디에 표시해야 할까? 이 경우 S이면서 M이고 P인 부분에 '×' 표시를 해야 한다. 이 대목에서 벤 다이어그램이 정언명제들이 참이 되는 상황을 표시하는 장치라는 점이 잘 드러난다. 만약 S이면서 M이고 P가 아닌 부분에 '×' 표시를 한다면, 이때 대전제는 거짓이 되고 말기 때문에 우리는 그 부분에는 '×' 표시를 할 수 없다.

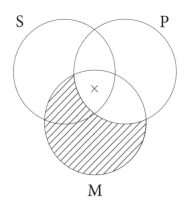

이 삼단논법은 타당한가? 이 그림으로부터 결론이 언제나 참이 됨을 알 수 있는가? 결론은 I 명제, 즉 S이면서 P인 것이 적어도 하나 존재함을 주장하는

것이고, 전제들을 표시한 그림은 S이면서 P이고 M인 것이 적어도 하나 존재함을 말해 주고 있다. 그것은 분명히 S이면서 P인 것일 터이므로 결론은 언제나 참이 되고, 따라서 이 삼단논법은 타당하다고 판정하게 된다.[3]

전제에 전칭명제와 특칭명제가 모두 나오는 또 다른 예로 이번에는 1격의 AOO식을 살펴보기로 하자.

> 순발력이 뛰어난 사람은 모두 운동선수가 될 소질을 타고난 사람인데, 어떤 학생은 순발력이 뛰어난 사람이 아니다. 따라서 어떤 학생은 운동선수가 될 소질을 타고난 사람이 아니다.

이 논증의 형식은 다음과 같다.

> 모든 M은 P이다.
> 어떤 S는 M이 아니다.
> 따라서 어떤 S는 P가 아니다. 1격 AOO식

대전제가 전칭명제이므로 이를 먼저 표시하기로 하자.

---

3 어떤 사람은 전제를 표시한 이 그림은 S이면서 P이고 M인 것들로 이루어진 집합이 공집합이 아님을 말하고 있을 뿐 S이면서 P이고 M은 아닌 것들로 이루어진 집합 부분에는 '×' 표시가 되어 있지 않기 때문에 결론이 말하는 바를 온전히 나타낸 것이 아니며, 따라서 부당하다고 판정해야 한다고 생각할지 모르겠다. 이는 특칭명제의 의미를 오해한 것이다. S이면서 P이고 M인 대상이 존재한다면, S이면서 P인 대상도 당연히 존재한다. 이 점에서 전칭명제의 표시법과 특칭명제의 표시법이 대칭적이지 않음을 알 수 있다. 전칭명제는 문제의 영역 전부에 빗금 표시가 되어 있어야 하는 반면, 특칭명제는 문제의 영역 일부에라도 '×' 표시가 되어 있으면 된다.

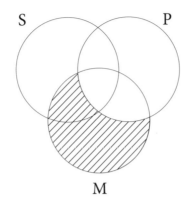

다음으로 특칭명제인 소전제를 표시하기로 하자. 소전제는 '어떤 S는 M이 아니다' 로, S이면서 M이 아닌 대상의 존재를 주장하는 명제이다. 이 전제의 내용을 어떻게 표시할 수 있을까? 위의 그림을 보면 S이지만 M은 아닌 영역은 다시 두 부분, 즉 S이면서 M이 아니고 P도 아닌 부분과 S이면서 M이 아니고 P인 부분으로 나누어져 있다. 이때 소전제를 어디에 표시해야 할까? 우리가 나타내야 할 것은 소전제가 참이 되는 상황이므로, 경우의 수는 다음 세 가지이다. 첫째, 두 부분에 모두 해당 집합이 공집합이 아님을 표시하는 방법, 둘째, S이면서 M이 아니고 P도 아닌 부분에만 공집합이 아님을 표시하는 방법, 셋째, S이면서 M이 아니고 P인 부분에만 공집합이 아님을 표시하는 방법이다. 이들을 각각 그림으로 나타내면 다음과 같다.

　(가) 전제들이 모두 참이 되는 첫째 상황,

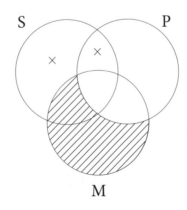

(나) 전제들이 모두 참이 되는 둘째 상황,

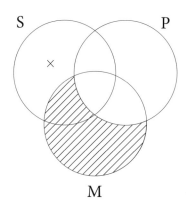

(다) 전제들이 모두 참이 되는 셋째 상황,

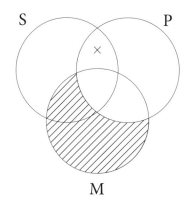

이들 세 그림은 모두 대전제가 참이고 소전제도 참이 되는 상황을 나타낸다. 이 삼단논법의 결론을 벤 다이어그램으로 나타낸다면 다음과 같다.

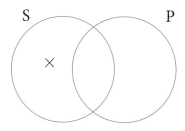

그러면 전제를 표시한 그림은 결론이 말하는 바를 다 표시한다고 할 수 있을 까? 첫 번째 그림과 두 번째 그림은 결론이 나타내야 할 바를 미리 다 나타내고

있다고 할 수 있다. 바꾸어 말해 첫 번째 그림과 두 번째 그림으로부터 우리는 결론이 언제나 참이 됨을 확신할 수 있다. 하지만 세 번째 그림으로부터는 그럴 수 없다. 그런데 세 번째 그림도 전제들이 모두 참이 되는 상황을 표시한 것이다. 결국 전제들이 참이 되는 모든 상황에서 결론이 언제나 참인 것은 아님을 알 수 있다. 이런 이유에서 이 삼단논법은 부당하다고 결론지을 수 있다.[4]

이것으로 왜 이 삼단논법이 부당한지는 분명히 드러났을 것이다. 벤 다이어 그램의 방법에서는 이때 세 가지 경우를 나타내는 벤 다이어그램을 각각 그리기보다 두 번째 전제를 다음과 같이 표시한다.

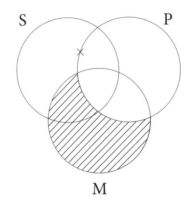

소전제는 S인데 M은 아닌 것의 존재를 주장할 뿐 그것이 P이기도 한지 여부에 대해 어떤 명시적 정보도 제공하지 않는다는 이유에서 P의 경계선 위에 × 표시를 하는 것이다.[5] 경계선 위에 나오는 '×' 표시는 원한다면 왼쪽이나 오른쪽으로(즉 P의 안쪽이나 바깥쪽으로) 옮겨갈 수 있다는 것으로 읽어야 한다. 우리 예의 경우 결론은 '×' 표시가 경계선 왼쪽에 있어야 할 것을 요구한다. 하지만 전제를 표시한 그림에서 그 표시는 오른쪽으로 옮겨갈 수도 있는 것이므로, 우리는 그 삼단논법이 부당하다고 판정한다.

마지막으로 한 가지 예만 더 보기로 하자.

---

4   이 논증이 부당함을 입증해 줄 반례를 하나 들어 보라.
5   퍼스는 두 쪽에 모두 '×' 표시를 하고 이를 선으로 연결하는 방법을 썼다. 그런 다음 선으로 연결된 것은 '또는'을 나타낸다고 이해했다.

모든 M은 P이다.

모든 S는 M이다.

따라서 어떤 S는 P이다. 1격 AAI식

이 삼단논법의 전제들을 표시하면 다음과 같다.

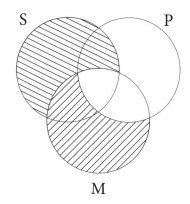

이것이 전제가 말하는 바를 다 표시한 그림이다. 이 그림은 결론이 말하는 바를 이미 표시해 주고 있는가? 이 그림으로부터 우리는 결론이 언제나 참이 됨을 확신할 수 있는가? 결론은 I 명제이므로, 벤 다이어그램으로 나타낼 경우 다음과 같다.[6]

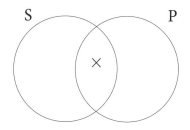

---

6 영민한 사람이라면, 이 삼단논법의 경우 굳이 벤 다이어그램을 그려보지 않고도 부당하다는 점을 바로 파악할 수 있다. 이 삼단논법에 나오는 명제의 형태를 주목하라. 전제는 모두 전칭명제인 반면 결론은 특칭명제이다. 전제를 바탕그림에 표시한다면 일정 영역에 빗금을 치게 될 것이다. 한편 결론은 특칭명제이므로 일정 영역에 'X' 표시가 나타나야 할 것이다. 그런데 빗금을 아무리 치더라도 그것이 'X' 표시로 바뀌지는 않을 것이므로, 우리는 이 삼단논법이 부당하다는 것을 바로 알 수 있다.

분명히 전제들을 표시한 그림 어디에도 '×' 표시가 나와 있지 않으므로, 우리는 1격의 AAI식인 이 삼단논법은 부당하다고 판정할 수 있다.

그런데 여기서 잠깐! 우리가 앞서 도입한 네 가지 규칙에 의해 이 삼단논법이 타당한지를 판정해 보자. 이것은 1격의 AAI식이므로 양부정 전제의 오류나 부당 긍정의 오류 또는 부당 부정의 오류를 범하고 있지 않다. 나아가 이 식은 중명사 부주연의 오류도 범하고 있지 않다. 대전제에서 중명사가 주연되고 있기 때문이다. 이 식은 소명사 부당주연의 오류나 대명사 부당주연의 오류도 범하고 있지 않다. 결론이 I 명제이어서 주어명사와 술어명사가 모두 부주연되어 있기 때문이다. 우리는 이 삼단논법이 어떤 규칙도 위반하고 있지 않음을 알 수 있다. 이에 따라 우리는 이 삼단논법이 타당하다고 판정해야 한다. 그러면 무슨 일이 일어난 것인가? 이 삼단논법은 타당하기도 하고 부당하기도 한 것인가? 대답은 '그렇다' 는 것이다. 동일한 삼단논법을 두고서 한편에서는 그것을 타당한 것으로, 다른 편에서는 부당한 것으로 평가하는 결과가 생겨난다. 이런 차이는 여기 나오는 명제를 서로 다르게 해석하는 데서 생긴다. 어떤 차이가 있는지 살펴보자.

5.3 존재함축의 문제

5.3.1 두 가지 해석: 아리스토텔레스의 해석과 불의 해석

정언명제의 의미와 관련해 서로 다른 두 가지 해석이 있다. 하나는 아리스토텔레스의 해석이고 다른 하나는 불(G. Boole)의 해석이다.[7] 두 해석은 **전칭명제**가 이른바 '존재함축' (the existential import)을 갖는지를 두고 차이를 보인다. 전칭명제를 주장할 때 이는 언제나 그 명제의 주어명사가 가리키는 대상이 존재한다는 것을 함축하느냐를 두고 의견이 나뉘는 것이다. 주어명사가 가리키는

---

7 엄밀하게 한다면, 존재함축을 갖는 것은 긍정명제뿐이라고 주장하는 제삼의 견해도 있다. 이에 따르면 E 명제는 존재함축을 갖지 않으며, 나아가 O 명제 또한 존재주장으로 간주되지 않는다.

대상이 언제나 존재한다고 보는 입장을 '아리스토텔레스의 해석' (또는 '존재적 관점')이라고 하고, 그런 대상의 존재를 꼭 전제하는 것은 아니라는 입장을 '불의 해석' (또는 '가정적 관점')이라고 한다. 도식적으로 말하면 다음과 같다.

> 모든 S는 P이다.
>> = S가 존재하고, S인 것들은 모두 P이다: **아리스토텔레스의 해석**
>> = 어느 것이든 만약 그것이 S라면, 그것은 P이다: **불의 해석**

벤 다이어그램을 통해 본 두 해석의 차이

앞서 우리가 표시한 벤 다이어그램은 불의 해석을 채택한 것이다. 아리스토텔레스의 해석을 받아들여 정언명제를 벤 다이어그램으로 나타낸다면, 이는 불의 해석에 기반을 둔 벤 다이어그램과는 다른 모습을 보이게 된다.

아리스토텔레스의 해석을 따를 경우 전칭명제의 벤 다이어그램

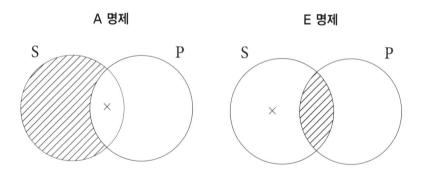

두 해석의 차이는 S가 공집합을 가리킬 때 확연하다. 어떻게 달라지는지 벤 다이어그램을 활용해 설명해 보자. 우선 S가 공집합인 상황을 벤 다이어그램으로 나타내면 다음과 같다.

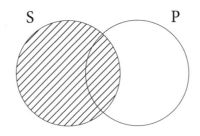

다음이 A 명제에 대한 두 가지 서로 다른 해석을 벤 다이어그램으로 나타낸 것이다.

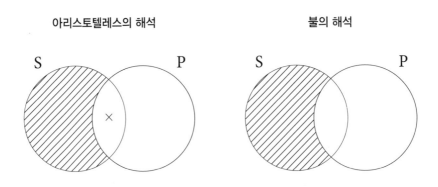

그림에서 분명하듯이,[8] 아리스토텔레스의 해석을 따른다면 이때 A 명제는 거짓

---

8   이를 통해 왜 아리스토텔레스는 제한 환위("모든 S는 P이다"로부터 "어떤 P는 S이다"를 이끌어 내는 추론)가 타당하다고 보았는지도 쉽게 이해할 수 있다. 아래에서 왼쪽 그림이 성립하면 오른쪽 그림은 언제나 성립하기 때문이다.

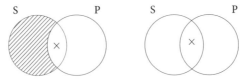

대신 불의 해석을 채택하는 현대 논리학의 관점에서 본다면 제한 환위는 부당한 추론이다. 아래에서 왼쪽 그림이 성립한다고 해서 오른쪽 그림이 언제나 성립하는 것은 아니기 때문이다.

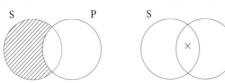

이다. 왜냐하면 2번 영역이 공집합이 아니어야 A 명제는 참이 되는데, 그 조건을 충족하지 못하기 때문이다. 한편 불의 해석에서는 A 명제는 참이 된다. 왜냐하면 앞의 그림은 이미 1번 영역이 공집합임을 잘 보여 주고 있기 때문이다. 이처럼 S가 공집합을 나타낼 경우, A 명제는 아리스토텔레스의 해석을 따르면 거짓이지만 불의 해석을 따르면 참이 된다.

비슷한 이야기를 E 명제를 두고서도 할 수 있다. 다음이 E 명제에 대한 두 가지 서로 다른 해석을 벤 다이어그램으로 나타낸 것이다.

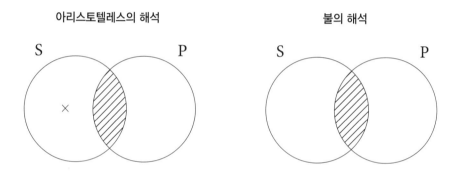

애초의 그림에서처럼 S가 공집합이어서 모두 빗금이 쳐있는 상황이라면, 아리스토텔레스의 해석을 따르는 E 명제는 거짓이다. S인 것이 존재해야 한다는 요구를 충족하지 못하기 때문이다. 반면 불의 해석을 따르는 E 명제는 참이다. S 전체에 이미 빗금이 쳐있기 때문이다. 따라서 우리는 주어명사가 공집합을 나타낼 때 아리스토텔레스의 해석을 따를 경우 A와 E 명제는 모두 거짓인 반면, 불의 해석을 따를 경우 그 두 명제는 모두 참이 된다는 사실을 알 수 있다.

어떤 해석이 더 설득력이 있는가?

불의 해석을 뒷받침하는 예로 "이 지역에 무단으로 침입하는 자는 누구나 처벌을 받는다"(All persons found trespassing on this ground will be prosecuted)[9]와 같은 문장을 들곤 한다. 이는 명백히 A 명제를 표현한다고 볼

9　또는 "화성에 있는 생명체는 모두 질소 호흡을 한다"를 예로 들 수 있다.

수 있지만, 이때 우리가 이 지역에 무단으로 침입하는 사람이 있다는 것을 늘 전제하는 것은 아닌 것 같다. 이런 점에서 보면 불의 해석이 융통성 있는 해석 이라고도 할 수 있다. 한편 전칭명제를 주장할 때 우리는 전칭명제의 주어명사 가 가리키는 대상이 존재함을 전제한다고 하는 입장은 우리의 일상적 직관과 잘 맞는 것 같다. 왜냐하면 그런 대상이 존재하지 않는다면, 그 주장은 도대체 무엇에 관한 주장이라고 할 수 있을지 의문이기 때문이다.

제삼의 견해: 스트로슨

전칭명제의 의미를 어떻게 해석해야 할지를 두고 스트로슨(P. F. Strawson) 이 제시한 제삼의 견해도 있다. 앞서 보았듯이, 주어명사가 공집합을 나타낼 경 우 아리스토텔레스의 해석에 따르면 A와 E 명제는 모두 거짓인 반면, 불의 해 석에 따르면 그 두 명제는 모두 참이다. 스트로슨은 이 두 견해는 주어명사가 가 리키는 대상이 존재하지 않는다는 것이 해당 명제가 참이거나 거짓이기 위한 충 분조건이라고 본다는 점에서는 같다는 사실에 주목한다.

그런데 "존의 아이들은 모두 잠들었다"라는 주장을 누가 했다고 하고, 실제로 는 존이 자식이 없다고 해보자. 스트로슨은 이때 존이 자식이 없다는 이유로 그 주장이 참이라거나 거짓이라고 말한다면 이는 일상인의 직관과 맞지 않는다고 생각한다. 도리어 존이 자식이 있을 때에만 그 주장이 참이거나 거짓이라고 할 수 있다는 견해가 더 설득력이 있다는 것이다. 스트로슨의 이런 견해는 아리스 토텔레스나 불의 견해와는 다음과 같이 대비된다.

- 아리스토텔레스와 불의 견해: 주어명사가 가리키는 대상이 **존재하지 않는다** 는 사실이 그 주장이 참이거나 거짓이기 위한 **충분조건**이다.

- 스트로슨의 견해: 주어명사가 가리키는 대상이 **존재한다**는 사실이 그 주장이 참이거나 거짓이기 위한 **필요조건**이다.

여기서의 대비는 두 가지임을 주목하라. 하나는 대상이 존재한다는 것과 대상 이 존재하지 않는다는 것의 대비이고, 다른 하나는 필요조건과 충분조건의 대 비이다.

스트로슨은 주어명사가 가리키는 대상의 존재가 해당 명제가 참이나 거짓이기 위한 필요조건이라는 사실을 나타내는 방안으로 '전제한다'(presuppose)라는 표현을 쓴다. 그래서 그는 "존의 아이들은 모두 잠들었다"라는 주장은 존이 자식이 있음을 '전제한다'라고 말한다. 이 입장은 "존의 아이들은 모두 잠들었고, 존은 아이들이 있다"라는 식으로 존재주장을 명시적으로 덧붙이는 것과도 다른 입장이다.

스트로슨의 견해에 따를 경우, 주어명사가 공집합을 나타낸다면 그 주장은 참도 아니고 거짓도 아니다. 왜냐하면 참이나 거짓이 되기 위한 필요조건을 충족하지 못한 것이기 때문이다. 이것이 바로 전칭명제의 의미에 관한 제삼의 견해이다. 이제 우리는 세 견해를 다음과 같이 대비할 수 있다.

주어명사가 공집합을 나타낼 경우 전칭명제의 진릿값

	아리스토텔레스의 해석	불의 해석	스트로슨의 해석
A 명제	거짓	참	참도 거짓도 아님
E 명제	거짓	참	참도 거짓도 아님

5.3.2 삼단논법에 미치는 영향

우리는 앞에서 타당한 삼단논법의 형태가 모두 24가지라고 했다. 그것은 아리스토텔레스의 해석을 전제할 때에 그렇다는 이야기이다. 불의 해석을 받아들인다면, 24가지 가운데 아래 표에서 '☜'로 표시한 9가지가 제외되어 타당한 삼단논법은 15가지로 줄어든다.

불의 해석을 채택할 때 타당한 삼단논법

1격	2격	3격	4격
AAA	EAE	IAI	AEE
EAE	AEE	AII	IAI
AII	EIO	OAO	EIO
EIO	AOO	EIO	AEO ☜
AAI ☜	AEO ☜	AAI ☜	EAO ☜
EAO ☜	EAO ☜	EAO ☜	AAI ☜

우리는 규칙에 의한 방법과 벤 다이어그램에 의한 방법의 결과가 같도록 할 수도 있다. 규칙에 의해 24가지가 아니라 15가지만을 골라내려면, 규칙을 하나 추가하면 된다. 어떤 규칙을 추가하면 될까? 이를 위해 불의 해석을 따를 경우, 제외될 9가지 삼단논법이 지닌 공통점이 무엇인지를 파악해 보라. 그것들은 전제는 모두 전칭명제인데 결론은 특칭명제라는 공통점을 지니고 있다. 우리에게 필요한 규칙은 다음임을 알 수 있다.

5. 전제가 모두 전칭명제이면, 특칭명제인 결론을 이끌어 낼 수 없다.

이 규칙을 추가하면, 문제의 9가지를 제외할 수 있게 되어 최종적으로 15가지의 삼단논법을 타당한 것으로 판정할 수 있게 된다.

한편 불의 해석을 받아들이는 벤 다이어그램 방법을 수정하여 타당한 삼단논법의 개수를 24가지로 확장할 수도 있다. 이를 위해서는 전칭명제를 표시할 때, 빗금 외에 추가로 일정 부분에 '×' 표시를 하면 된다. 다시 말해 애초에 아리스토텔레스의 해석을 염두에 두는 벤 다이어그램의 표시방법을 채택하면, 벤 다이어그램을 이용해서도 24가지를 골라낼 수 있다.[10] 1격의 AAI식을 수정된 벤 다이어그램의 방법, 즉 아리스토텔레스의 해석을 받아들이는 벤 다이어그램의 방법으로 한번 판정해 보자.

---

10   4격의 AEO식은 이런 식으로 해도 타당성이 드러나지 않는다. 이때는 **술어명사**가 공집합이 아니라고 가정해야 한다. 결국 아리스토텔레스가 염두에 둔 타당한 삼단논법은 주어명사가 공집합이 아니라고 가정해야 할 뿐만 아니라 술어명사도 공집합이 아니라고 가정해야 함을 알 수 있다. 다시 말해 아리스토텔레스는 정언명제에 등장하는 명사가 모두 공집합이 아닌 집합을 가리킨다고 가정한 것이다. (※그런데 이 점도 썩 분명하지 않다. 아리스토텔레스는 4격을 따로 인정하지 않았기 때문이다.)

　모든 P는 M이다.
　어느 M도 S가 아니다.
　따라서 어떤 S는 P가 아니다.

여기서 P와 M은 공집합이 아니지만 S는 공집합인 명사의 예를 하나 생각해 보고, 그리고 이번에는 P, M, S가 모두 공집합이 아닌 집합을 나타내는 명사의 예를 하나 생각해 보라!

모든 M은 P이다.

모든 S는 M이다.

따라서 어떤 S는 P이다. 1격 AAI식

아리스토텔레스의 해석을 받아들이는 벤 다이어그램으로 대전제를 표시하면 다음과 같다. M이면서 P가 아닌 집합에 공집합 표시를 해야 할 뿐만 아니라 우리는 추가로 주어명사(즉 M)가 공집합이 아님을 나타내기 위해 '×' 표시도 해야 한다. 다만 존재하는 M이 S이면서 P이기도 한 것인지 아니면 S는 아니고 P이기만 한 것인지는 명시적으로 주어지지 않았으므로 S와 P의 경계선 위에 '×' 표시를 해 두었다.

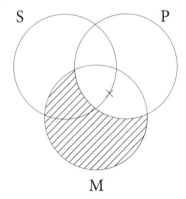

이제 소전제를 표시할 차례이다. S이면서 M이 아닌 부분은 공집합이므로 명시적으로 해당부분에 빗금을 친다. 그런 다음, 아리스토텔레스의 해석에 따라 주어명사인 S가 공집합이 아님을 추가로 표시해 주어야 한다. 그런데 첫 번째 전제가 참이기 위해서는 S이면서 M이면서 P가 아닌 부분이 공집합이어야 하므로, 첫 번째 전제와 두 번째 전제가 동시에 참이 되려면, 주어명사인 S는 M이면서 P인 부분에 존재할 수밖에 없게 된다. 따라서 우리는 S이면서 M이면서 P인 부분에 '×' 표시를 해야 한다. 다음 그림이 아리스토텔레스의 해석을 전제할 때 1격의 AAI식의 전제들이 모두 참이 되는 상황을 표시한 그림이다.

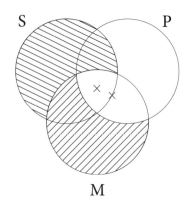

우리는 전제들을 표시한 이 그림으로부터 결론이 언제나 참임을 확신할 수 있다. S이면서 P이고 M인 부분에 '×' 표시가 명시적으로 되어 있기 때문이다. 즉 S이면서 P인 것이 적어도 하나 존재한다는 I 명제는 이 상황에서 언제나 참임이 분명하다. 이처럼 수정된 벤 다이어그램의 방법을 이용하면 우리는 24가지의 삼단논법을 타당한 것으로 판정할 수 있다.

5.4 벤 다이어그램의 방법을 확장하기

5.4.1 정언명제의 기본형태가 아닌 경우
다음 논증이 타당한지를 가려본다고 해보자.

과학자인 동시에 수학자인 사람은 모두 천재이다.
어떤 수학자도 천재가 아니다.
그러므로 수학자인 동시에 과학자인 사람은 아무도 없다.

세 개의 명사가 등장하므로 8개의 부분으로 나누어지는 바탕그림을 그리고, 이 바탕그림에 일정한 표시를 하면 될 것이다. 전제인 두 번째 명제와 결론인 세 번째 명제를 벤 다이어그램으로 표시하는 데는 아무런 어려움이 없다. 문제는 첫 번째 명제이다. 이를 어떻게 표시하면 될까? 첫 번째 전제는 과학자이면서 수학자로 이루어진 집합의 원소들은 모두 천재들의 집합에도 속한다는 것을 말한다. 다시 말해, 과학자이면서 수학자인 대상들로 이루어진 집합의 원소들 가운데는 천재의 집합에 속하지 않는 원소는 없다는 것을 말한다. 앞서 채택한 벤 다이어그램의 방법을 응용한다면, 어떤 부분집합이 공집합이어야 하는지를 알 수 있을 것이다. 그 결과는 다음과 같고, 이때 우리는 결론이 언제나 참이 됨을 확인할 수 있다.

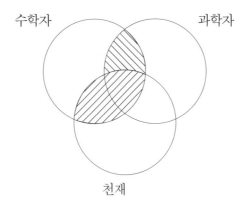

이런 경우 사실 벤 다이어그램의 방법이 오일러 다이어그램에 비해 효과적이다. 원래 벤 다이어그램의 방법은 모든 가능한 경우를 감안해 바탕그림을 그려 놓고, 거기에 주어진 정보를 적절히 표시할 수 있다는 점이 바로 장점이었기 때문이다. 여기에 적용되는 생각을 일반화해 보기로 하자. 앞의 사례는 다음과 같은 형태의 주장이었다.

A이고 B인 것은 모두 C이다. = A인 B는 모두 C이다.

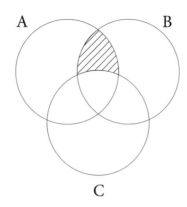

앞의 방식을 원용하면 우리는 다음과 같은 주장도 벤 다이어그램으로 나타낼 수 있다.

A이거나 B는 모두 C이다.

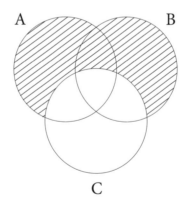

나아가 다음과 같은 주장도 벤 다이어그램으로 적절히 나타낼 수 있다.

A는 모두 B이면서 C이다.

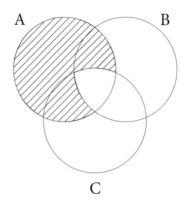

A는 모두 B도 아니고 C도 아니다.

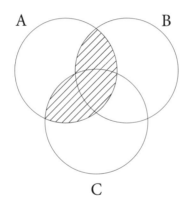

이런 방식으로, 제시된 정보가 정언명제의 기본형태가 아니더라도 벤 다이어그램의 방법을 확장해 적용할 수 있다.

5.4.2 네 개 이상의 집합이 등장하는 경우

지금까지 다룬 논증에는 모두 세 개의 명사가 나왔다. 하지만 우리가 접하는 것 가운데는 이보다 많은 개수의 명사가 나오는 경우도 있다. 가령 다음 논증은 타당한가?

모든 과학자는 신을 믿는다. 신을 믿는 모든 사람은 유물론자가 아니다. 어떤 유물론자는 진화론자이다. 그러므로 어떤 진화론자는 과학자가 아니다.

이를 어떻게 판단할 수 있을까?

두 가지 방안이 있다. 첫째 방안은 지금까지 배운 방법을 반복해서 적용하는 것이다. 이를 구체적으로 보이기 위해 앞의 예를 다시 정리하자.

(1) 모든 과학자는 신을 믿는다.
(2) 신을 믿는 모든 사람은 유물론자가 아니다.
(3) 어떤 유물론자는 진화론자이다.
그러므로 (4) 어떤 진화론자는 과학자가 아니다.

우선 (1)과 (2)로부터 아리스토텔레스가 완벽하다고 한 1격의 EAE식에 의해 다음 결론을 이끌어 낼 수 있다.

(5) 어느 과학자도 유물론자가 아니다.

이제 (5)와 (3)으로부터 우리는 (4)를 이끌어 낼 수 있다.[11] 이는 타당한 4격의 EIO식이다. 결국 원래의 논증은 타당하다는 것을 알 수 있다. 이 방법의 핵심은 삼단논법의 추리를 반복해서 적용한다는 점이다.

둘째 방안은 벤 다이어그램을 그리는 방안이다. 우리가 지금까지 그린 것은 세 개의 집합이 등장하는 것이었다. 우리 예에서는 모두 네 개의 집합이 등장하므로, 필요한 원의 개수는 네 개다. 그리고 가능한 영역을 모두 나타내야 하므로 16개의 영역이 나오도록 그려야 한다.(벤 다이어그램의 경우, 두 개의 집합 사이에 성립하는 관계를 표시하기 위한 바탕그림은 네 개 영역으로, 세 개의 집합 사이에 성립하는 관계를 표시하기 위한 바탕그림은 8개의 영역으로 나뉘어져 있었음을 기억하라!) 이를 그리는 한 가지 방안은 다음이다.[12]

---

11 원하면 벤 다이어그램을 그려보거나 규칙을 적용해 보아도 된다.
12 이밖에도 여러 방안이 있다. 이 방안은 지금까지 우리가 쓴 방법을 확장한 것이어서 쉽게 익힐 수 있다는 장점이 있다.

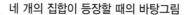

네 개의 집합이 등장할 때의 바탕그림

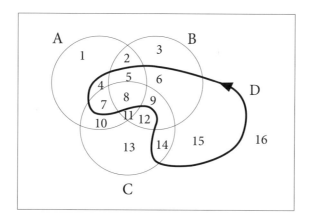

발상은 간단하다. 기존의 8개 영역을 각각 다시 두 영역으로 나누면 된다.[13] 8개를 표시할 때 그랬듯이, 각 영역의 크기가 같을 필요는 없다. 기존의 한 영역을 두 개 영역으로 나누기만 하면 된다.

네 개의 집합이 등장하는 앞의 예에 나오는 정보를 벤 다이어그램의 방법으로 나타내면 다음과 같다.

---

13 그리는 순서를 화살표를 이용해 나타내면 다음과 같다. 진하게 표시된 화살표가 시작 지점이다. 여기서 출발해 8개의 각 영역을 두 부분으로 적절히 나누는 작업을 연속적으로 하면 된다.

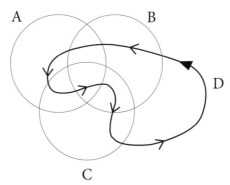

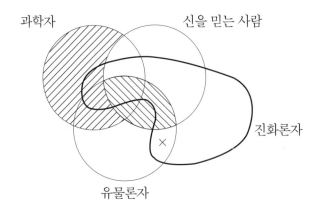

우선 왼쪽 방향의 사선으로 표시된 빗금은 첫 번째 전제가 참임을 나타낸 것이고, 오른쪽 방향의 사선으로 표시된 빗금은 두 번째 전제가 참임을 나타낸 것이다. 이처럼 전칭명제를 먼저 나타냈고, 다음으로 세 번째 전제인 특칭명제를 나타냈다. 유물론자이면서 진화론자인 집합의 영역은 7, 8, 9, 14번 영역인데 다른 두 전제인 전칭명제들을 참으로 만들기 위해서는 7, 8, 9번이 공집합이어야 한다는 점이 이미 밝혀졌으므로 셋째 전제를 참으로 만들 대상의 존재는 14번 영역에 위치할 수밖에 없게 된다. 끝으로, 전제에 나오는 정보를 모두 표시한 이 벤 다이어그램을 통해 우리는 결론이 언제나 참임을 알 수 있다. 그림으로부터 진화론자이지만 과학자가 아닌 대상의 존재를 명확하게 읽어 낼 수 있기 때문이다.

　우리는 이 방법을 확장해 5개의 집합이 나오는 때에도 쓸 수 있다. 기존의 16개의 영역을 다시 각각 둘로 나누면 되기 때문이다. 이처럼 원리상 몇 개의 집합이 등장하든 언제나 바탕그림을 그려 낼 수 있다.[14] 하지만 등장하는 집합의 개수가 많아지면, 벤 다이어그램 방법의 장점은 상당 부분 퇴색된다. 영역이 많아지면 영역을 식별하기조차 어렵기 때문이다.

---

14 이를 위해서는 More, T. 1959, "On the Construction of Venn Diagrams", *Journal of Symbolic Logic* 24 참조.

1. 불의 해석을 받아들이는 벤 다이어그램을 사용하여 판단해 볼 때 다음 삼단 논법 형식 가운데 타당한 것을 모두 고르면?

   ① 모든 P는 M이다. 모든 S는 M이다. 따라서 모든 S는 P이다.

   ② 모든 M은 P이다. 모든 S는 M이다. 따라서 모든 S는 P이다.

   ③ 모든 M은 P이다. 어떤 S는 M이다. 따라서 어떤 S는 P이다.

   ④ 모든 P는 M이다. 어떤 S는 M이다. 따라서 어떤 S는 P이다.

   ⑤ 어떤 M은 P이다. 어떤 S는 M이다. 따라서 어떤 S는 P이다.

   ⑥ 모든 M은 P이다. 모든 M은 S이다. 따라서 어떤 S는 P이다.

   ⑦ 모든 P는 M이다. 모든 M은 S이다. 따라서 어떤 S는 P이다.

   ⑧ 어느 M도 P가 아니다. 어떤 S는 M이다. 따라서 어떤 S는 P이다.

   ⑨ 어느 M도 P가 아니다. 어떤 M은 S이다. 따라서 어떤 S는 P가 아니다.

   ⑩ 어떤 M은 P가 아니다. 모든 S는 M이다. 따라서 어떤 S는 P가 아니다.

   ⑪ 모든 M은 P이다. 어떤 S는 M이 아니다. 따라서 어떤 S는 P가 아니다.

   ⑫ 어느 P도 M이 아니다. 어떤 S는 M이다. 따라서 어떤 S는 P가 아니다.

   ⑬ 어느 P도 M이 아니다. 모든 S는 M이다. 따라서 어떤 S는 P가 아니다.

   ⑭ 모든 M은 P이다. 어느 S도 M이 아니다. 따라서 어느 S도 P가 아니다.

   ⑮ 어느 M도 P가 아니다. 모든 S는 M이다. 따라서 어느 S도 P가 아니다.

2. 다음 글을 토대로 판단할 때, 〈보기〉의 진술 중 반드시 참인 것을 모두 고르면?

> 장애 아동을 위한 특수 교육 학교가 있다. 그 학교에는 키 성장이 멈추거나 더디어서 110cm 미만인 아동이 10명, 심한 약시로 꾸준한 치료와 관리가 필요한 아동이 10명 있다. 키가 110cm 미만인 아동은 모두 특수 스트레칭 교육을 받는다. 그리고 특수 스트레칭 교육을 받는 아동 중에는 약시인 아동은 없다. 어떤 아동이 약시인 경우에만 특수 영상장치가

설치된 학급에서 교육을 받는다. 숙이, 철이, 석이는 모두 이 학교에 다니는 아동이다.

〈 보 기 〉

ㄱ. 특수 스트레칭 교육을 받으면서 특수 영상장치가 설치된 반에서 교육을 받는 아동은 없다.

ㄴ. 숙이가 약시가 아니라면, 그의 키는 110cm 미만이다.

ㄷ. 석이가 특수 영상장치가 설치된 반에서 교육을 받는다면, 그는 키가 110cm 이상이다.

ㄹ. 철이 키가 120cm이고 약시는 아니라면, 그는 특수 스트레칭 교육을 받지 않는다.

① ㄱ, ㄴ   ② ㄱ, ㄷ   ③ ㄴ, ㄷ   ④ ㄴ, ㄹ   ⑤ ㄷ, ㄹ

[PSAT, 2009. 2]

3. 한국대학교 생물학과 학생을 대상으로 교양 과목 수강 내역을 조사하였더니, 심리학을 수강한 학생 중 몇 명은 한국사를 수강하였고, 경제학을 수강한 학생은 모두 정치학을 수강하였다. 그리고 경제학을 수강하지 않은 학생은 아무도 한국사를 수강하지 않은 것으로 나타났다. 이 경우 반드시 참인 것은?

① 경제학을 수강한 모든 학생은 심리학을 수강하였다.

② 한국사를 수강한 모든 학생은 심리학을 수강하였다.

③ 심리학을 수강한 학생 중 몇 명은 정치학을 수강하였다.

④ 한국사를 수강한 학생은 아무도 정치학을 수강하지 않았다.

⑤ 심리학을 수강하지 않은 학생 중 몇 명은 경제학을 수강하였다.

[PSAT, 2006. 8]

4. 다음으로부터 추론한 것으로 옳지 않은 것은?

　　어느 회사가 새로 충원한 경력 사원들에 대해 다음과 같은 정보가 알
려져 있다.

- 변호사나 회계사는 모두 경영학 전공자이다.
- 경영학 전공자 중 남자는 모두 변호사이다.
- 경영학 전공자 중 여자는 아무도 회계사가 아니다.
- 회계사이면서 변호사인 사람이 적어도 한 명 있다.

---

① 여자 회계사는 없다.
② 회계사 중 남자가 있다.
③ 회계사는 모두 변호사이다.
④ 회계사이면서 변호사인 사람은 모두 남자이다.
⑤ 경영학을 전공한 남자는 회계사이면서 변호사이다.

[LEET, 2017학년도]

5. 다음 정보로부터 추론한 것으로 옳은 것을 〈보기〉에서 모두 고르면?

〈정보〉
(1) A는 모두 B이다.
(2) A는 어느 것도 C가 아니다.
(3) B는 모두 A이거나 C이다.
(4) D이고 C인 것은 모두 A이다.
(5) B인데 C는 아닌 것도 있다.

〈보　기〉

(ㄱ) B이면서 C인 것도 있다.

(ㄴ) C는 모두 D가 아니다.

(ㄷ) D이면서 A인 것도 있다.

---

6. 어느 반의 수강생 분포와 관련해 다음과 같은 사실이 알려져 있다고 하자. 이 정보로부터 올바르게 추론한 것을 〈보기〉에서 모두 고르면?

〈정보〉

(1) 논리학을 좋아하거나 고향이 부산인 학생은 모두 3학년이었다.

(2) 수학과 소속의 3학년 학생들은 모두 고향이 부산이었다.

(3) 3학년 학생은 모두 수학과 소속이었다.

〈보　기〉

(ㄱ) 영래가 3학년이면, 그는 부산이 고향이다.

(ㄴ) 지원이가 고향이 부산이라면, 그는 논리학을 좋아한다.

(ㄷ) 정민이가 논리학을 좋아하는 학생이면, 그는 수학과 학생이다.

---

7. 다음은 갑, 을, 병, 정 네 사람의 독서이력에 관한 정보이다. 이 정보로부터 올바르게 추론한 것을 〈보기〉에서 모두 고르면?

〈정보〉

갑이나 을 가운데 한 사람이라도 읽은 소설 가운데는 병이 안 읽은 소설은 하나도 없지만, 병과 정이 둘 다 읽은 소설 가운데는 갑이 읽지 않은 소설도 있다. 한편 병이 읽은 소설은 모두 정도 읽은 소설이다.

───────〈 보　기 〉───────

(ㄱ) 갑이 이문구의 〈관촌수필〉을 읽었다면, 을과 병도 이 소설을 읽었다.

(ㄴ) 을이 한강의 〈소년이 온다〉를 읽었다면, 이 소설을 읽은 사람은 을
　　을 포함해 적어도 세 사람이다.

(ㄷ) 병이 김애란의 〈비행운〉을 읽었다면, 갑은 이 소설을 읽지 않았다.

8. 입사 지원자들에 관해 다음과 같은 정보가 알려졌다고 하자. 이를 바탕으로
　할 때, 지원자 A에 관해 우리가 확실하게 알 수 있는 것을 바르게 짝지은 것
　은?

〈정보〉

(1) 정치학을 전공했거나 해외연수 경험이 있는 지원자는 모두 군 면제
　　자였다.

(2) 군 면제자 가운데 해외연수 경험이 있는 사람은 없었다.

(3) 영어 성적이 좋은 사람은 모두 군을 면제받은 해외연수 경험이 있는
　　사람들이었다.

① 해외연수 경험 유무와 군 면제자 여부

② 영어 성적이 좋은지 여부와 정치학 전공자인지 여부

③ 군 면제자 여부와 정치학 전공자인지 여부

④ 정치학 전공자인지 여부와 해외연수 경험 유무

⑤ 해외연수 경험 유무와 영어 성적이 좋은지 여부

9. 우리 반 학생들의 교과목 수강 내역을 조사한 결과 다음과 같은 정보를 얻었다고 하자. 이 정보로부터 "정치학, 법학, 철학을 모두 듣지 않는 학생도 있다"라는 최종 결론을 이끌어 내기 위해 추가로 필요한 전제로 알맞은 것을 〈보기〉에서 있는 대로 고르면?

〈정보〉

(1) 정치학과 법학을 둘 다 듣는 학생 가운데 경제학을 듣는 학생은 아무도 없었다.

(2) 철학을 듣지 않는 학생은 모두 법학도 듣지 않았다.

(3) 경제학은 듣지만 철학은 듣지 않는 학생도 있었다.

(4) 철학을 듣는 학생은 정치학이나 경제학 가운데 어느 하나는 듣고 있었다.

〈보　기〉

(ㄱ) 정치학을 듣는 학생은 모두 법학도 듣는다.

(ㄴ) 철학을 듣는 학생은 모두 정치학을 듣지 않는다.

(ㄷ) 경제학을 듣는 학생은 모두 정치학을 듣지 않는다.

---

10. 다음 대화 내용이 참일 때, ㉠으로 적절한 것은?

서희: 우리 회사 전 직원을 대상으로 A, B, C 업무 중에서 자신이 선호하는 것을 모두 고르라는 설문 조사를 실시했는데, A와 B를 둘 다 선호한 사람은 없었어.

영민: 나도 그건 알고 있어. 그뿐만 아니라 C를 선호한 사람은 A를 선호하거나 B를 선호한다는 것도 이미 알고 있지.

서희: A는 선호하지 않지만 B는 선호하는 사람이 있다는 것도 이미 확인 된 사실이다.

영민: 그럼, ㉠종범이 말한 것이 참이라면, B만 선호한 사람이 적어도 한 명 있겠군.

① A를 선호하는 사람은 모두 C를 선호한다.

② A를 선호하는 사람은 누구도 C를 선호하지 않는다.

③ B를 선호하는 사람은 모두 C를 선호한다.

④ B를 선호하는 사람은 누구도 C를 선호하지 않는다.

⑤ C를 선호하는 사람은 모두 B를 선호한다.

[PSAT, 2019. 7]

6장
양화논리 추론
'개별 사례와 일반화'에 담긴 논리

6.1 양화논리 추론이란?

다음은 양화논리(quantificational logic) 추론의 예이다.

3학년은 모두 논리학 수업을 듣는다. 강희는 3학년이다. 따라서 강희는 논리학 수업을 듣는다.

담배를 많이 피우는 사람은 모두 폐암에 걸릴 확률이 높은 사람이고, 우리 반의 일부 학생은 담배를 많이 피우는 사람이다. 따라서 우리 반의 일부 학생은 폐암에 걸릴 확률이 높은 사람이다.

논리학자라면 다 존경하는 학생도 있다. 그런데 학생들은 정치인이면 다 존경하지 않는다. 따라서 논리학자는 어느 누구도 정치인이 아니다.

6.1.1 어떤 주장들이 나오는가?

단칭명제와 일반명제

양화논리는 3장에서 다룬 명제논리를 확장한 것이다. 명제논리에서는 명제를 단순명제와 이로부터 구성되는 진리함수적 복합명제로 나누었다. 양화논리에서는 이 구분 이외에 단칭명제(singular proposition)와 일반명제(general proposition)의 구분이 새롭게 **추가**된다. 다음은 단칭명제의 예이다.

① 강희는 3학년이다.
② 강희는 논리학 수업을 듣는다.

한편 다음은 일반명제의 예이다.

③ 우리 반 학생들은 모두 3학년이다.
④ 우리 반 학생 중에는 3학년도 있다.
⑤ 3학년은 모두 논리학 수업을 듣는다.

단순명제와 복합명제가 연관되어 있듯이,[1] 단칭명제와 일반명제도 연관되어 있다. 단칭명제 ①과 일반명제 ③ 및 ④를 예로 들어 이 둘의 관계를 생각해 보자.

① 강희는 3학년이다.
③ 우리 반 학생들은 모두 3학년이다.
④ 우리 반 학생 중에는 3학년도 있다.

---

1 3장에서 설명했듯이, 다음 두 가지 측면에서 단순명제와 복합명제는 서로 연관되어 있다. 첫째, 단순명제로부터 복합명제가 구성되고, 둘째, 복합명제의 참/거짓은 단순명제의 참/거짓에 달려 있다.

①과 같은 단칭명제는 '강희'와 같은 개별 대상에 관한 주장이다. 한편 ③이나 ④와 같은 일반명제는 개별 대상에 관해 직접적으로 무엇인가를 말해 주는 것은 아니다. 그것들은 우리 반 학생인 강희, 연수, 정민 … 등의 개별 사례에 관한 어떤 '일반화'(generalization)를 주장하는 것으로 이해된다. 그렇기 때문에 ③이나 ④의 참/거짓은 ①과 같은 개별 사례에 관한 주장의 참/거짓에 달려 있게 된다. 그러므로 양화논리는 다음 두 원리에 근거해 있다고 할 수 있다.

> 첫째, 단칭명제는 개별 사례에 관한 주장인 반면, 일반명제는 개별 사례에 관한 일반화를 나타낸다.
> 둘째, 일반명제의 참/거짓은 단칭명제의 참/거짓에 의존한다.

두 가지 일반화와 두 가지 일반명제

개별 사례에 관해 일반화를 하는 방식에는 두 가지가 있다. 하나는 '보편일반화'(universal generalization)이다. 우리 반 학생인 강희, 연수, 정민, … 등의 개별 사례에 대해 이들 **모두**가 3학년임을 주장하는 일반화가 있을 수 있다. 이런 일반화가 보편일반화이다. 보편일반화가 성립한다는 것을 말하는 일반명제를 '보편명제'(universal proposition)라고 부른다. 다른 하나는 '존재일반화'(existential generalization)이다. 우리 반 학생인 강희, 연수, 정민, … 등의 개별 사례 가운데 **적어도 하나**는 3학년임을 주장하는 일반화가 있을 수 있다. 이런 일반화가 존재일반화이다. 존재일반화가 성립한다는 것을 말하는 일반명제를 '존재명제'(existential proposition)라고 부른다. 그러므로 앞에 나온 ③은 보편명제이고 ④는 존재명제임을 알 수 있다.

6.1.2 언제 참이 되는가?

이제 현대 논리학에서 채택하는 방법을 사용해 단칭명제와 일반명제 사이의 관계를 좀 더 엄밀하고 체계적으로 설명해 보자. 이를 위해서는 몇 가지 새로운 개념이 필요하다. 쉽고 간단한 예를 가지고 양화논리의 기본 장치들을 소개하고, 이를 바탕으로 단칭명제와 일반명제의 진리조건을 분명히 하기로 하겠다.

논의세계, 단칭명사, 그리고 술어

우리 반에 30명의 수강생이 있다고 하고, 그들의 이름이 각각 강희, 연수, 정민, ... 등이라고 하자. 이때 우리가 염두에 두는 이런 대상들의 집합을 양화논리에서는 '논의세계' (the universe of discourse) 또는 양화의 '도메인' (domain)이라 부른다.

D: {강희, 연수, 정민, ...}

논의세계를 우리 반 학생들로 잡을 수도 있고, 우리 학교 학생들로 잡을 수도 있고, 지구상에 존재하는 모든 사람들로 잡을 수도 있고, 아니면 세상에 존재하는 모든 대상들로 잡을 수도 있다. 우리가 염두에 두는 대상들의 범위가 어떤 것인지는 맥락에 의해 정해진다. 논의세계를 그때그때 명시적으로 밝히는 경우도 있고 그렇지 않은 경우도 있는데, 그렇지 않을 경우에는 모든 대상들을 포괄하는 가장 큰 논의세계를 염두에 둔다고 할 수 있다.

논의세계를 우리 반 수강생으로 잡은 원래의 예로 돌아가, 다음 문장을 생각해 보자.

강희는 3학년이다.

이는 논의세계에 있는 특정 대상인 '강희'에 관한 주장이다. 이런 단칭명제를 나타내는 문장을 단칭문장이라 부르고, 그 문장에서 개별 대상을 가리키는 표현을 '단칭명사' (singular term)라고 부른다.

앞서 본 단칭문장, "강희는 3학년이다"에서 단칭명사를 지워 보자. 그러면 다음이 남는다.

...는 3학년이다.

이처럼 단칭문장에서 단칭명사를 제거하고 남는 표현을 양화논리에서는 '술어'(predicate)라고 부른다. 이 술어를 다음과 같이 나타내기로 하자.

　　x는 3학년이다.　　　　　　　　Fx

이때 'x'는 술어 F에 단칭명사가 들어갈 수 있는 빈자리가 있다는 점을 분명하게 드러내기 위한 장치이다.

　　이제 우리는 단칭명제와 일반명제가 어떻게 연관되어 있는지를 체계적으로 설명할 수 있는 준비가 되었다. 앞의 술어에서 출발해 보자.

　　x는 3학년이다.　　　　　　　　Fx

이 술어의 빈자리 x를 단칭명사 '강희' (이를 'm'으로 나타내기로 하자)로 채우면 강희가 3학년임을 주장하는 단칭명제를 얻게 된다.

　　강희는 3학년이다.　　　　　　　　Fm

빈자리 x를 '연수' (이를 'n'으로 나타내기로 하자)로 채운다면 연수가 3학년임을 주장하는 단칭명제를 얻게 된다.

　　연수는 3학년이다.　　　　　　　　Fn

이처럼 술어의 빈자리를 단칭명사로 채우게 되면 그 단칭명사가 가리키는 대상이 일정한 성질을 갖는다는 것을 주장하는 단칭명제를 얻게 된다. 이런 단칭명제들은 단칭명사가 가리키는 그 대상이 술어가 말하는 그 성질을 지닌다면 참이고, 그렇지 않다면 거짓이 된다.

보편일반화와 보편명제, 그리고 존재일반화와 존재명제
　일반명제는 술어의 빈자리를 단칭명사로 채워 얻은 것이 아니다. 대신 그것은 술어의 빈자리를 어떤 단칭명사로 채울 수 있을지에 대해 일반화된 주장을 표현하는 것이다. 이런 일반명제에는 두 가지가 있는데, 하나는 보편명제이다. **보편명제는 술어의 빈자리를 어떠한 단칭명사로 채우더라도 모두 성립한다는 것을 주장한다.** 다른 하나는 존재명제이다. **존재명제는 술어의 빈자리를 어떤 단칭명사로 채웠을 때 적어도 하나는 성립한다는 것을 주장한다.** 양화논리에서는 보편명제와 존재명제는 각각 다음과 같이 나타낸다.

$(\forall x)Fx$

$(\exists x)Fx$

보편명제 $(\forall x)Fx$는 술어 Fx의 빈 자리인 x에 논의세계에 있는 대상을 가리키는 단칭명사가 어떠한 것이 들어가든 모두 참이 된다는 것을 나타낸다. 그러므로 $(\forall x)Fx$는 다음이 **모두** 성립한다는 것을 주장하는 셈이다.

강희는 3학년이다.	Fm
연수는 3학년이다.	Fn
정민이는 3학년이다.	Fo

  ⋮

$(\forall x)Fx$에서 '$\forall$'를 '보편양화사'(universal quantifier)라고 부른다. 이 일반명제는 우리 반 학생들이 모두 3학년임을 나타낸다. 이런 보편명제는 논의세계에 있는 모든 대상이 술어가 말하는 성질을 지닐 경우 참이고 그렇지 않다면 거짓이 된다.

  한편 존재명제 $(\exists x)Fx$는 술어 Fx의 빈 자리인 x에 논의세계에 있는 대상을 가리키는 단칭명사가 들어갔을 때 적어도 하나는 참이 된다는 것을 나타낸다. 그러므로 $(\exists x)Fx$는 다음 가운데 **적어도 하나가** 성립한다는 것을 주장하는 셈이다.

강희는 3학년이다.	Fm
연수는 3학년이다.	Fn
정민이는 3학년이다.	Fo
⋮	

(∃x)Fx에서 '∃'를 '존재양화사'(existential quantifier)라고 부른다. 이 일반명제는 우리 반 학생 가운데는 3학년도 있다는 것을 나타낸다. 이런 존재명제는 논의세계에 있는 대상 가운데 적어도 하나는 술어가 말하는 그 성질을 지닐 경우 참이고 그렇지 않다면 거짓이 된다.

지금까지의 논의를 정리하면 다음과 같다. 단칭문장에서 단칭명사를 제거하면 술어를 얻는다. 이 술어로부터 참/거짓을 따질 수 있는 명제를 얻는 데는 두 가지 방식이 있다. 첫째는 술어의 빈자리를 단칭명사로 채우는 것이다. 이렇게 얻는 단칭명제는 단칭명사가 가리키는 대상이 술어를 만족한다는 것을 주장한다. 둘째는 술어 앞에 양화사를 붙이는 것이다. 이렇게 하면 일반화된 주장을 펴는 일반명제를 얻게 된다. 여기에는 다시 두 가지 방안이 있다. 하나는 보편양화사를 붙여 술어의 빈자리에 어떠한 단칭명사를 집어넣어도 모두 참이 된다는 것을 나타내는 방안이고, 다른 하나는 존재양화사를 붙여 술어의 빈자리에 어떤 단칭명사를 집어넣었을 때 적어도 하나는 참이 된다는 것을 나타내는 방안이다.

일반명제의 기본형태 두 가지: (∀x)(Ax → Bx)와 (∃x)(Ax & Bx)

우리가 하는 일반적인 주장에는 다양한 형태가 있다. 우리는 때로 "모두가 3학년이다"와 같이 논의세계에 있는 **모든 대상**이 일정한 성질을 갖는다는 것을 주장하기도 하지만, "3학년은 모두 장학생이다"처럼 논의세계에 있는 **특정 부류의 모든 대상**이 일정한 성질을 갖는다는 것을 주장하기도 한다. 이런 주장을 어떻게 나타내는지를 살펴보자.

먼저 논의세계와 단칭명사 및 술어의 의미를 분명히 하기 위해 다음과 같이 적기로 하자.

논의세계		우리 반 학생들	
단칭명사		술어	
m	강희	Fx	x는 3학년이다
n	연수	Gx	x는 장학생이다
o	정민	Hx	x는 여학생이다

다음의 난칭문상에서 시작하자.

강희는 3학년이다.　　　　　　　Fm

강희는 장학생이다.　　　　　　　Gm

이 두 문장을 '~이면'이라는 진리함수적 결합사를 사용해 연결하면 다음과 같은 문장을 얻는다.

강희가 3학년이면, 강희는 장학생이다.　　　Fm → Gm

이 문장에서 단칭명사 '강희'를 지우면 다음 술어를 얻는다.

...가 3학년이면, ...는 장학생이다.　　　Fx → Gx

이 술어의 빈자리 x를 강희를 가리키는 단칭명사 m으로 채우면 Fm → Gm이라는 명제를 얻을 테고, 연수를 가리키는 단칭명사 n으로 채우면 Fn → Gn이라는 명제를 얻게 된다. 그런데 앞서 이야기 했듯이, 술어로부터 명제를 얻는 또 한 가지 방법이 있다. 술어에 양화사를 붙이는 것이다. 다음과 같이 앞의 술어에 보편양화사를 붙인다고 해보자.

$(\forall x)(Fx \rightarrow Gx)$

보편양화사를 붙인다는 것은 술어의 빈자리에 어떠한 단칭명사를 집어넣어도 모두 참이 된다는 것을 나타내는 것이므로, 이는 다음이 **모두** 성립한다는 것을 말한다.

강희가 3학년이면, 강희는 장학생이다.	$Fm \rightarrow Gm$
연수가 3학년이면, 연수는 장학생이다.	$Fn \rightarrow Gn$
정민이가 3학년이면, 정민이는 장학생이다.	$Fo \rightarrow Go$
⋮	

이는 논의세계인 우리 반 학생들 가운데 누구를 잡든지 간에 그가 3학년이면 그는 장학생임을 말한다. 그러므로 $(\forall x)(Fx \rightarrow Gx)$는 "3학년은 모두 장학생이다"라는 것을 기호화한 것이 된다.[2] 지금까지의 논의를 통해, A라는 특정 부류의 대상은 모두 일정한 성질 B를 가지고 있다는 보편주장은 다음과 같이 나타낸다는 사실을 알 수 있다.

A는 모두 B이다: $(\forall x)(Ax \rightarrow Bx)$[3]

일반명제의 또 한 가지 기본형태를 도입하기 위해, 이번에는 다음과 같은 주장에서 출발해 보자.

강희는 3학년이고 강희는 장학생이다. 　　　　　$Fm \ \& \ Gm$

여기서 단칭명사 '강희'를 제거하면 다음 술어를 얻는다.

2　만약 논의세계가 우리 반 학생들이 아니라 우리 반 **3학년**이라면 "3학년은 모두 장학생이다"라는 주장은 어떻게 기호화할까? 그것은 물론 $(\forall x)Gx$로 기호화된다. 이처럼 논의세계를 어떻게 잡느냐에 따라 기호화가 달라지기도 한다. 논리학에서는 논의세계를 그때마다 명시하는 경우도 있고, 모든 대상들이 다 속하는 가장 큰 논의세계를 염두에 두고 별도로 언급하지 않는 경우도 있다. 우리는 되도록 논의세계를 명시할 것이다.

3　이는 논의세계에 있는 대상이 모두 A이고 그리고 그것들은 B이기도 하다는 주장이 아니다. 논의세계에 A 이외의 대상이 있어도 이는 성립한다. 논의세계에 있는 대상이 모두 A이고 그것들은 또한 B이기도 하다는 주장을 나타내는 것은 $(\forall x)(Ax \ \& \ Bx)$이다.

Fx & Gx

이 술어에 존재양화사를 붙이는 존재일반화를 해보자.

(∃x)(Fx & Gx)

이는 무슨 주장을 표현하는 것일까? 존재양화사를 붙인다는 것은 술어의 빈자리에 단칭명사를 집어넣었을 때 적어도 하나는 참이 된다는 것을 나타내므로, 이는 다음 가운데 **적어도 하나**는 성립한다는 것을 의미한다.

강희는 3학년이고 강희는 장학생이다.	Fm & Gm
연수는 3학년이고 연수는 장학생이다.	Fn & Gn
정민이는 3학년이고 정민이는 장학생이다.	Fo & Go
⋮	

이는 논의세계인 우리 반 학생들 가운데 3학년이면서 장학생인 대상이 적어도 하나는 있음을 주장한다. 그러므로 (∃x)(Fx & Gx)는 "3학년이면서 장학생인 사람이 있다"라는 것을 기호화한 것임을 알 수 있다. 지금까지의 논의를 바탕으로 우리는 A라는 특정 부류의 대상들 가운데 B라는 일정한 성질을 갖는 대상도 있다는 존재주장은 다음과 같이 표현한다는 사실을 알 수 있다.

A이면서 B인 것이 있다: (∃x)(Ax & Bx)

우리는 존재주장을 아주 다양한 방식으로 표현한다. 다음은 앞의 존재명제를 일상어로 표현하는 서로 다른 방식들이다.

A이면서 B인 것이 있다.
⇔ 일부 A는 B이다.

⇔ A 가운데 일부는 B이다.

⇔ 어떤 A는 B이다.

⇔ B인 A가 있다.

⇔ (논의세계에) 어떤 것이 있는데 그것은 A이면서 B이다.

⇔ (논의세계에) A이면서 B인 것이 적어도 하나는 있다.

일반명제의 기본 유형 두 가지에 관한 지금까지의 논의를 정리하면 다음과 같다.

주어진 문장	술어의 추출	일반화	결과	의미
Am → Bm	Ax → Bx	보편일반화	(∀x)(Ax → Bx)	A는 모두 B이다.
Am & Bm	Ax & Bx	존재일반화	(∃x)(Ax & Bx)	A이면서 B인 것이 있다.

(∃x)(Fx & Gx)와 (∃x)(Fx → Gx)는 어떻게 다른가?

"3학년이면서 장학생인 사람이 있다"라는 것을 왜 (가)가 아니라 (나)로 표현해야 할까?

　　　(가) (∃x)(Fx → Gx)

　　　(나) (∃x)(Fx & Gx)

(가)는 "F이면서 G인 것이 적어도 하나 있다"라는 것을 나타내기에 적합하지 않기 때문이다. (가)는 (나)에 비하면 아주 약한 주장이다. 이를 파악하기 위해, 우선 (가)가 다음과 동치임을 주목하자.

　　　(다) (∃x)(∼Fx ∨ Gx)

이것은 (가)에 나오는 진리함수적 결합사 '→'을 부정과 선언 결합사를 써서 나타낸 것이다. 그런데 (다)는 다음과 동치이다.

　　　(라) (∃x)∼Fx ∨ (∃x)Gx

(라)는 선언 명제이므로 선언성원 가운데 어느 하나가 참이기만 하면 참이 된다. 이는 (∃x)~Fx가 참이거나 (∃x)Gx가 참이면 (가) (∃x)(Fx → Gx)는 참이 된다는 의미이다. 그런데 (라)의 왼쪽 선언성원 (∃x)~Fx은 다음과 같은 경우에 각각 참이 된다.

- F가 아닌 것이 적어도 하나 존재하는 경우(가령 ~Fm이 참이면 (∃x)~Fx도 참이다).
- F가 하나도 존재하지 않는 경우(즉 (∀x)~Fx가 참이면 (∃x)~Fx도 참이다).

그리고 (라)의 오른쪽 선언성원 (∃x)Gx은 다음과 같은 경우에 참이 된다.

- G인 것이 적어도 하나 존재하는 경우(가령 Gn이 참이면 (∃x)Gx도 참이다).

이제 (가)와 (나)의 차이를 분명히 알 수 있다. (나)는 F이면서 G인 것이 적어도 하나 있어야 참이 되는 반면, (가)는 F가 아닌 것이 하나 있기만 해도 참이 되고, 심지어 F인 것이 하나도 없어도 참이 되며, G인 것이 적어도 하나 있어도 참이 된다. 물론 (나)가 참이면, (가)도 참이다. 하지만 방금 보았듯이 그 역은 성립하지 않는다. (가)와 (나)는 다른 주장이며, (나)가 우리가 말하는 존재주장을 적절히 나타낸 것이다.

6.1.3 좀 더 복잡한 일반명제

술어의 다양화: 진리함수적 결합사가 나오는 복합술어

지금까지 우리가 본 일반명제는 비교적 단순한 것이었다. 이 절에서는 앞서 소개한 기본형태를 확장하기로 한다. 우리는 Fx와 같은 단순한 술어뿐만 아니라 Fx → Gx처럼 진리함수적 결합사가 나오는 술어에도 앞에 양화사를 붙여 일반화를 할 수 있다는 점을 보았다. 논의를 위해 술어 안에 진리함수적 결합사가 나오는 술어를 '복합술어'라고 부르기로 하자. 진리함수적 결합사가 아주 여러 가지 방식으로 결합될 수 있다는 점을 생각해 본다면, 우리가 표현할 수 있는 일반성이 아주 다양할 것임을 짐작할 수 있을 것이다.

1항 결합사인 부정이 나오는 복합술어 ~Fx에 양화사가 붙은 형태부터 생각해 보자. 다음은 어떤 주장을 나타내는 것일까?

$(\forall x)\sim Fx$

이는 다음 주장

강희는 3학년이 아니다.　　　　　$\sim Fm$

에서 '강희' 자리 m을 보편일반화한 것으로, 다음이 모두 성립한다는 주장이다.

강희는 3학년이 아니다.
연수는 3학년이 아니다.
정민이는 3학년이 아니다.
　　　　$\vdots$

그러므로 $(\forall x)\sim Fx$는 논의세계에 있는 대상 가운데 어느 누구도 3학년이 아님을 나타낸다. 한편 $(\exists x)\sim Fx$는 논의세계에 3학년이 아닌 사람도 있다는 것을 나타내게 될 것이다.

2항 결합사가 나오는 복합술어로 넘어가 보자. 우리는 "3학년은 모두 장학생이다"를 다음과 같이 나타낸다고 했다.

$(\forall x)(Fx \rightarrow Gx)$

그러면 3학년 가운데 장학생은 아무도 없다는 의미의 "3학년은 모두 장학생이 **아니다**"라는 보편주장은 어떻게 나타낼까? 이것은 다음 주장에서 강희 자리를 보편일반화한 것이라고 볼 수 있다.

강희가 3학년이면 강희는 장학생이 아니다.

이 주장에서 단칭명사 '강희'를 지우고 얻은 다음 술어

Fx → ~Gx

에 보편양화사를 붙인 아래 문장이 우리가 나타내고자 한 기호화이다.

(∀x)(Fx → ~Gx)

이것은 논의세계인 우리 반 학생들 가운데 어느 누구를 잡든지 간에 그가 3학년이면 그는 장학생이 아님을 주장한다. 달리 말해, 3학년은 모두 장학생이 아님을 말한다.
앞의 방식의 기호화를 참조할 때, 다음은 어떤 주장을 의미하는 것일까?

(∀x)(~Fx → ~Gx)

이는 다음을 뜻한다.

3학년이 아닌 사람은 모두 장학생이 아니다.

이 주장을 때로 다음과 같이 표현하기도 한다.

3학년들만 장학생이다.

이 주장은 "장학생은 모두 3학년이다"와 동치이며, 다음이 이를 나타내는 일반명제이다.

$$(\forall x)(Gx \rightarrow Fx)$$

이번에는 "**3학년 여학생**은 모두 장학생이다"라는 보편주장은 어떻게 나타낼 지를 생각해 보자. 'Hx'가 '...는 여학생이다'라는 술어를 나타낸다고 하자. 이 주장은 다음과 같은 단칭명제를 보편일반화한 것이라고 할 수 있다.

$$(Fm \; \& \; Hm) \rightarrow Gm$$
강희가 3학년이고 강희가 여학생이면, 강희는 장학생이다.

이 문장에서 단칭명사 '강희'를 제거하면 다음과 같은 복합술어를 얻게 된다.

$$(Fx \; \& \; Hx) \rightarrow Gx$$

이 술어의 앞에 보편양화사를 붙인다고 해보자.

$$(\forall x)((Fx \; \& \; Hx) \rightarrow Gx)$$

이는 3학년이면서 여학생인 대상은 모두 장학생임을 뜻하는 것으로, 이는 곧 3 학년 여학생은 모두 장학생임을 말한다.

지금쯤이면 보편주장을 기호화하기 위해 그 주장이 어떤 단칭주장의 보편일 반화인지를 꼭 거슬러 올라가 살펴보아야 하는 것은 아닐 것이다. 우리가 $(\forall x)$ $(Fx \rightarrow Gx)$라는 보편주장의 기본형태가 정확히 어떤 주장을 나타내는지를 잘 안다면, 기본형태에서 출발해 다른 것들은 'Fx'나 'Gx' 자리를 좀 더 구체화한 것이라고 이해하면 된다. 같은 이야기를 $(\exists x)(Fx \; \& \; Gx)$라는 존재주장의 기본 형태를 두고서도 할 수 있을 것이다. 이에 따라 우리는 다음과 같은 다양한 형 태의 일반명제들을 생각해 볼 수 있다.

보편주장의 확장 사례

$(\forall x)(Fx \rightarrow Gx)$	F는 모두 G이다.
$(\forall x)(Fx \rightarrow \sim Gx)$	F는 모두 G가 아니다.
$(\forall x)(\sim Fx \rightarrow \sim Gx)$	F가 아닌 것은 모두 G가 아니다.
$(\forall x)((Fx \,\&\, Hx) \rightarrow Gx)$	F이면서 H인 것은 모두 G이다.
$(\forall x)((Fx \lor Hx) \rightarrow Gx)$	F이거나 H인 것은 모두 G이다.
$(\forall x)(Fx \rightarrow (Gx \lor Hx))$	F는 모두 G이거나 H이다.

존재주장의 확장 사례

$(\exists x)(Fx \,\&\, Gx)$	F이면서 G인 것이 있다.
$(\exists x)((Fx \lor Hx) \,\&\, Gx)$	F이거나 H인 G가 있다.
$(\exists x)(Fx \,\&\, \sim Gx)$	F이면서 G가 아닌 것이 있다.
$(\exists x)(Fx \,\&\, (\sim Gx \,\&\, \sim Hx))$	F이지만 G도 아니고 H도 아닌 것이 있다.

일반명제의 진리함수적 결합

우리는 술어 안에 진리함수적 결합사가 나오는 복합술어가 있을 수 있고, 그런 술어에 양화사를 붙임으로써 아주 다양한 일반명제를 표현할 수 있음을 보았다. 그런 일반명제는 다시 진리함수적 결합사를 이용해 결합될 수 있다. 다시 말해 어떤 일반명제를 부정하거나, 두 개의 일반명제를 연언이나 선언, 조건언으로 결합해 좀 더 복잡한 명제를 구성할 수 있다.

(가) 일반명제를 부정하기

먼저 일반명제를 부정하는 경우부터 살펴보자. 논의세계를 우리 반 학생들로 잡고, "모두가 3학년이다"를 의미하는 다음 문장에서 시작해 보자.

(1) $(\forall x)Fx$

이를 부정하면 다음을 얻는다.

(2) $\sim(\forall x)Fx$

이는 모두가 3학년인 것은 아님을 말한다. 그런데 이 주장은 다음과 구분되어야 한다.

(3) $(\forall x)\sim Fx$

이것은 우리 반 학생들 가운데 어느 누구도 3학년이 아님을 말한다. 우리는 이 주장을 부정할 수도 있다.

(4) $\sim(\forall x)\sim Fx$

이것은 우리 반 학생들 가운데 어느 누구도 3학년이 아니라는 것은 사실이 아님을 주장한다.

그러므로 다음 네 가지는 모두 다른 주장이다.

(1) $(\forall x)Fx$	모두가 3학년이다.
(2) $\sim(\forall x)Fx$	모두가 3학년인 것은 아니다.
(3) $(\forall x)\sim Fx$	어느 누구도 3학년이 아니다.
(4) $\sim(\forall x)\sim Fx$	어느 누구도 3학년이 아닌 것은 아니다.

(1)과 (3)은 보편주장인 반면, (2)와 (4)는 보편주장을 부정한 것이다. (2)와 (4)를 '(보편) 일반화의 부정'이라고 한다면, (3)은 '부정의 (보편) 일반화'라고 할 수 있을 것이다. 이들을 혼동하지 말아야 한다.

보편명제뿐만 아니라 존재명제도 부정할 수 있다.

(5) $(\exists x)Fx$	3학년 학생도 있다.

이를 부정하면 다음을 얻는다.

    ⑹ ~(∃x)Fx   3학년 학생도 있다는 것은 거짓이다.

이는 다음과 구분되어야 한다.

    ⑺ (∃x)~Fx   3학년이 아닌 학생도 있다.

(6)은 존재명제의 부정인 반면 (7)은 특정 대상의 존재를 주장하는 존재명제이다. 우리는 (7)도 다시 부정할 수 있다. 그러면 다음을 얻는다.

    ⑻ ~(∃x)~Fx   3학년이 아닌 학생도 있다는 것은 거짓이다.

(5)와 (7)은 존재주장인 반면, (6)과 (8)은 존재주장을 부정한 것이다. 특히 (6)과 (8)을 '(존재) 일반화의 부정'이라고 한다면, (7)은 '부정의 (존재) 일반화'라고 할 수 있을 것이다. 역시 이들을 혼동하지 말아야 한다.

    영민한 사람이라면, 지금까지 본 명제 가운데는 서로 동치인 것이 있음을 알았을 것이다. 다음 표를 보자.

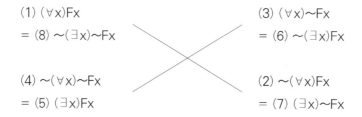

여기서 대각선에 있는 것은 서로를 부정한 것으로 모순관계에 있는 것들이고, 서로 동치인 것들은 등호 '='를 써서 나타냈다.

    다음 8개 주장 사이에도 앞서와 같은 관계가 성립한다. 여기서도 대각선에 있는 것은 서로를 부정한 것으로 모순관계에 있는 것들임을 쉽게 알 수 있다.

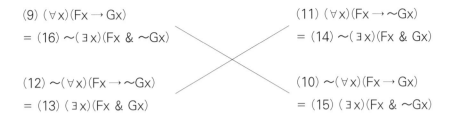

(9) $(\forall x)(Fx \rightarrow Gx)$
= (16) $\sim(\exists x)(Fx \,\&\, \sim Gx)$

(11) $(\forall x)(Fx \rightarrow \sim Gx)$
= (14) $\sim(\exists x)(Fx \,\&\, Gx)$

(12) $\sim(\forall x)(Fx \rightarrow \sim Gx)$
= (13) $(\exists x)(Fx \,\&\, Gx)$

(10) $\sim(\forall x)(Fx \rightarrow Gx)$
= (15) $(\exists x)(Fx \,\&\, \sim Gx)$

(나) 일반명제를 연언/선언으로 결합하기

이번에는 연언, 선언 등과 같은 진리함수적 결합사를 써서 일반명제를 결합한 복합명제를 살펴보기로 하자. 다음 주장에서 시작하자.

$(\forall x)Fx$

이는 우리 반 학생이 모두 3학년임을 뜻한다. 다음은 우리 반 학생이 모두 장학생임을 뜻할 것이다.

$(\forall x)Gx$

이 둘은 진리값을 갖는 온전한 명제이므로 이들을 진리함수적 결합사를 써서 묶을 수 있다.

$(\forall x)Fx \lor (\forall x)Gx$

이는 보편명제를 선언으로 결합한 것으로, 우리 반 학생은 모두 3학년이거나 우리 반 학생은 모두 장학생임을 주장한다. 이 명제는 다음 명제와 다르다.

$(\forall x)(Fx \lor Gx)$

이것은 Fm ∨ Gm이라는 단칭주장에서 m 자리를 보편일반화한 것이다. 이것

은 우리 반 학생들 가운데 누구를 잡더라도 그는 3학년이거나 장학생임을 주장
한다. 위의 두 명제가 동치가 아니라는 점은 논의세계를 자연수들로 잡고, Fx와
Gx라는 술어를 각각 '...는 짝수이다' 와 '...는 홀수이다' 라는 술어로 잡아 보면
쉽게 알 수 있다. 그렇게 해석할 때 $(\forall x)Fx \lor (\forall x)Gx$은 거짓이다. 왜냐하면
모든 자연수가 짝수라고 주장하는 왼쪽 선언성원 $(\forall x)Fx$도 거짓이고 모든 자
연수가 홀수라고 주장하는 오른쪽 선언성원 $(\forall x)Gx$도 거짓이기 때문이다. 하
지만 보편주장인 $(\forall x)(Fx \lor Gx)$는 참이다. 자연수 가운데 어떤 수를 잡더라
도 그것은 짝수이거나 홀수이기 때문이다.

비슷한 얘기를 다음 두 명제를 두고서도 할 수 있다.

$(\exists x)Fx \ \& \ (\exists x)Gx$

$(\exists x)(Fx \ \& \ Gx)$

이 둘도 서로 동치가 아니다. 앞의 명제는 존재명제의 연언이다. 이는 연언이므
로 존재명제인 각각의 연언성원이 참이어야 참이다. 한편 뒤의 명제는 F이면서
G인 대상의 존재를 요구하며, 그런 것이 있을 때에만 참이 된다. 이 둘이 동치
가 아니라는 점은 앞에 나온, 자연수들을 논의세계로 잡는 예를 그대로 생각해
보면 쉽게 알 수 있을 것이다.

중요한 동치

기억할 만한 중요한 동치를 나열하면 다음과 같다. 우선 보편명제의 부정은
존재명제와 동치이고, 또한 존재명제의 부정은 보편명제와 동치라는 점을 주목
할 필요가 있다.

$(\forall x)(Fx \rightarrow Gx) = \sim(\exists x)(Fx \ \& \sim Gx)$

$(\forall x)(Fx \rightarrow \sim Gx) = \sim(\exists x)(Fx \ \& \ Gx)$[4]

---

4 이들 두 쌍이 동치라는 점은 양화논리에서도 보편주장은 모두 '존재함축' 을 갖지 않는 것으
로 여긴다는 것을 말해 준다.

$$\sim(\forall x)(Fx \rightarrow \sim Gx) = (\exists x)(Fx \,\&\, Gx)$$

$$\sim(\forall x)(Fx \rightarrow Gx) = (\exists x)(Fx \,\&\, \sim Gx)$$

또 한 가지 주목할 것은 보편명제는 연언 주장과 비슷한 성격을 지니고, 존재명제는 선언 주장과 비슷한 성격을 지닌다는 점이다.

$$(\forall x)(Fx \,\&\, Gx) = (\forall x)Fx \,\&\, (\forall x)Gx$$

$$(\exists x)(Fx \lor Gx) = (\exists x)Fx \lor (\exists x)Gx$$

한편 다음 두 쌍은 서로 동치가 아니라는 점도 주목할 만하다.

$$(\forall x)Fx \lor (\forall x)Gx \neq (\forall x)(Fx \lor Gx)$$

$$(\exists x)Fx \,\&\, (\exists x)Gx \neq (\exists x)(Fx \,\&\, Gx)$$

6.2 어떤 추론을 할 수 있는가?

양화논리는 명제논리의 확장이다. 이에 따라 명제논리의 추리규칙 8개는 그대로 통용되고, 나아가 파생규칙도 자유롭게 활용할 수 있다. 양화논리에 새롭게 추가되는 자연연역의 기본규칙은 일반명제를 이용하는 추론과 관련한 네 개이다. 앞서처럼 제거규칙을 먼저 설명하고, 다음에 도입규칙을 설명하기로 한다.

개체 상항과 임의의 이름

규칙을 설명하기 전에 사용할 기호를 먼저 설명하자. 앞서 얘기했듯이, 일반명제는 기본적으로 일정한 논의세계를 전제로 한다. 논의세계란 대상들의 집합으로 이루어진다. 그 안에 있는 개별 대상을 가리키는 이름을 '개체 상항'(individual constant)이라 부르고, 이런 이름으로는 'm', 'n', 'o' 등의 영어 소문자를 사용한다. 개체 상항이란 가령 '우리 반 학생들'을 논의세계라고 할 경우, '강희', '연수', '정민' 등의 고유 이름(proper name)에 해당하는 것이라고 보면 된다. 한편 논의세계에 있는 대상 가운데 임의로 고른 대상을 가리키는 이름을 '임의의 이름'(arbitrary name)이라 부르고, 이런 이름으로는 'a', 'b', 'c' 등의 영어 소문자를 사용한다. 우리가 일상생활에서 어떤 사람을 특정하지 않고 임의의 사람을 가리키기 위해 쓰는 '아무개'나 '갑', '을' 등이 바로 이런 임의의 이름에 해당하는 것이라고 보면 된다.

6.2.1 기본규칙

두 가지 제거규칙

(1) 보편양화사 제거규칙

$$\frac{(\forall x)Ax}{Am} \qquad\qquad \frac{(\forall x)Ax}{Aa}$$

이는 제거규칙이므로, 보편양화사가 붙은 보편명제가 전제로 주어졌을 때 이를 어떻게 활용할 수 있는지를 일러 주는 규칙이다. 보편양화사 제거규칙은 논의세계 안에 있는 모든 대상이 A라는 전제로부터 논의세계에 있는 특정 대상 m이 A임을 추론할 수 있고 또한 논의세계에서 임의로 고른 대상 a가 A임도 추론할 수 있다는 것을 말해 준다. 물론 우리는 같은 전제로부터 논의세계에 있는 특정 대상 n이 A임도 추론할 수 있고, 특정 대상 o가 A임도 추론할 수 있다. 마찬가지로 논의세계에서 임의로 고른 대상 b가 A임도 추론할 수 있고, 임의로 고른 대상 c가 A임도 추론할 수 있다. 이처럼 하나의 보편명제에 여러 차례 보편양화사 제거규칙을 적용할 수 있다.

보편양화사 제거규칙이 타당한 추론 형태인 이유를 우리는 다음과 같이 설명할 수도 있다. 전제 $(\forall x)Ax$는 논의세계에 있는 각각의 대상 m, n, o 등에 관해 보편일반화가 성립한다는 것을 말해 준다. 다시 말해, m, n, o 등이 **모두** A임을 말해 준다(이를 우리는 'Am & An & Ao & ...'가 참이라고 말해도 된다). 따라서 이 전제로부터 우리는 Am이 참이며, An이 참이며, Ao가 참이라는 것을 추론할 수 있다. 나아가 논의세계에 있는 대상 가운데 임의로 고른 대상 a에 대해서도 똑같이 Aa가 참임을 추론할 수 있다.

(2) 존재양화사 제거규칙

$$[Aa]$$
$$\vdots$$
$$\vdots$$
$$\cfrac{(\exists x)Ax \qquad C}{C}$$

이는 제거규칙이므로, 존재양화사가 붙은 존재명제가 전제로 주어졌을 때 이를 어떻게 활용할 수 있는지를 일러 주는 규칙이다. 이 규칙에 따르면, 임의로 고른 대상 a가 A라는 가정으로부터 C를 도출할 수 있다면 우리는 최종적으로 C를 결론으로 도출할 수 있다.

존재양화사 제거규칙의 작동 원리에 대해서는 설명이 좀 필요하다. 존재명제 $(\exists x)Ax$가 참이라고 해보자. 그렇다면 그 존재명제를 참으로 만들었을 대상이 적어도 하나는 있을 것이다(물론 그런 대상이 여러 개 있을 수도 있다). 그런 대상 가운데 임의로 하나를 잡는다. 그 대상은 가정상 A인 대상이므로, Aa가 성립한다. 이 가정 Aa(이를 보통 '전형적 선언성원'(typical disjunct)이라 부른다)으로부터 (필요하다면 다른 주어진 전제들을 사용하여) C를 이끌어낼 수 있다면 우리는 최종적으로 원래의 존재명제로부터 C를 결론으로 이끌어 낼 수 있다는 것이다.

예를 들어 보자. 주어진 존재명제가 우리 반에 충청도 출신 학생이 있다($(\exists x)Ax$)는 것이라고 하고, 추가로 충청도 출신 학생은 모두 학교 앞에서 하숙을 한다는 정보가 주어져 있다고 해보자. 이때 우리는 다음과 같은 추론을 할 수 있다. 먼저 우리 반에 있다는 충청도 출신 학생 하나를 임의로 고르고, 그를 '아무개'(a)라고 부르기로 하자. 그러면 가정상 Aa가 성립한다. 그런데 충청도 출신은 모두 학교 앞에서 하숙을 한다고 했으므로, 우리는 아무개 a도 학교 앞에서 하숙을 한다는 사실을 추론할 수 있다. 이 사실로부터 다시 우리는 학교 앞에서 하숙을 하는 학생도 있다(C)는 것을 추론할 수 있으므로, 최종적으로 학교 앞에서 하숙을 하는 학생도 있다(C)고 결론 내릴 수 있다.

존재양화사 제거규칙이 타당한 추론 형태인 이유를 우리는 다음과 같이 설명할 수도 있다. 전제 (∃x)Ax는 논의세계에 있는 대상들 m, n, o 등 가운데 **적어도 하나**는 A임을 말해 준다(이를 우리는 'Am ∨ An ∨ Ao ∨ ...'가 참이라고 말할 수도 있다). 그리고 오른쪽 도식은 A인 대상이 m, n, o 등 가운데 어떠한 것이라고 가정하든 C가 참임이 보장된다는 것을 말해 준다. 이때 우리는 C가 참임을 확신할 수 있다. 왜냐하면 오른쪽 도식이 말해 주듯 A인 대상이 어떠한 것이든 C가 참임이 보장되는데, 주어진 존재명제는 m, n, o 등 가운데 (정확히 어느 것인지는 모르지만) 적어도 하나는 성립한다는 사실을 담보해 주기 때문이다.

두 가지 도입규칙

(3) 보편양화사 도입규칙

$$\frac{Aa}{(\forall x)Ax}$$

이는 도입규칙이므로, 보편양화사가 붙은 보편명제를 결론으로 얻으려면 어떤 정보를 확보해야 하는지를 일러 주는 규칙이다. 보편양화사 도입규칙은 논의세계에 있는 대상 가운데서 임의로 고른 대상 a가 A라는 사실이 밝혀지면(즉 Aa가 성립한다는 사실이 알려지면) 이로부터 우리는 논의세계에 있는 모든 대상이 A라고 결론 내릴 수 있다는 것을 말해 준다. 우리 반 학생들을 논의세계로 하는 다음 예를 생각해 보자. 우리 반 학생들 가운데 '진정으로' 임의로 한 학생을 골랐는데, 그가 3학년이라고 해보자. 이 규칙에 따르면 이때 우리는 우리 반 학생들은 모두 3학년임을 확신할 수 있다는 것이다.

(4) 존재양화사 도입규칙

$$\frac{Am}{(\exists x)Ax} \qquad \frac{Aa}{(\exists x)Ax}$$

이는 도입규칙이므로, 존재양화사가 붙은 존재명제를 결론으로 얻으려면 어떤 정보를 확보해야 하는지를 일러 주는 규칙이다. 존재양화사 도입규칙은 논의세계에 있는 특정 대상 m이 A라는 사실이 확보되거나 또는 논의세계에서 임의로 고른 한 대상 a가 A라는 사실이 확보되면, 우리는 논의세계에 있는 대상 가운데 적어도 하나는 A임을 확신할 수 있다는 것을 말해 준다. 물론 결론을 정당화하는 데 필요한 대상이 꼭 m이어야 하는 것은 아니며 n이 A이거나 o가 A라고 하더라도 마찬가지 결론을 내릴 수 있다.

존재양화사 제거규칙과 보편양화사 도입규칙의 제한조건

부당한 추론으로 나아가지 않도록 하려면 존재양화사 제거규칙과 보편양화사 도입규칙을 사용할 때는 일정한 제한조건을 지켜야 하고, 이를 엄밀하게 규정할 수 있다.[5] 하지만 우리는 여기서 엄밀한 제한조건을 부과하지는 않고 다음과 같은 두 가지 실천적 지침을 제시하는 것으로 대신하기로 하겠다.

첫째, 전제에 존재명제와 보편명제가 함께 들어 있을 경우에는 존재명제를 **우선적으로** 활용해야 한다.
둘째, 전제에 여러 개의 존재명제가 나온다면, 그들 존재명제를 참으로 만들었을 임의의 이름을 각각 **다르게** 잡아야 한다.

이들 실천적 지침은 모두 임의의 이름을 사용하는 것과 관련된 것이다.
첫 번째 지침이 필요한 이유는 존재명제를 참으로 만들었을 대상을 가리키는 데 사용하는 임의의 이름 a는 언제나 보편명제도 만족하는 대상이지만, 그 역

5　왜 이들 규칙의 경우 제한조건이 필요하고, 어떤 제한조건을 부과하면 될지에 관심이 있는 사람은 『논리적 사고의 기초』 7장을 참조하라.

은 성립하지 않기 때문이다. 가령 우리 반 학생들을 논의세계로 잡고, 우리 반 학생들은 모두 3학년이며, 우리 반에는 충청도 출신 학생이 있다고 해보자. 그리고 '갑'을 적어도 한 명은 존재하는 충청도 출신 학생을 가리키는 임의의 이름이라고 해보자. 이때 우리는 갑이 3학년이라는 사실도 정당하게 추론할 수 있다. 왜냐하면 그는 분명히 가정상 논의세계에 있는 하나의 대상이고, 이에 따라 우리 반 학생은 모두 3학년이라는 보편명제도 만족하는 대상일 것이기 때문이다. 이번에는 순서를 달리해, 우리 반 학생은 모두 3학년이라는 보편명제를 활용하기 위해 우리 반 학생 가운데 임의로 한 사람을 골랐고 그를 '갑'이라는 이름으로 부르기로 했다고 가정해 보자. 그가 3학년이라는 사실은 명백하다. 갑은 논의세계 안에 있는 하나의 대상이므로 보편명제를 만족하는 대상일 것이기 때문이다. 하지만 이로부터 우리는 갑이 또한 충청도 출신이라고 단정할 수는 없다. 갑이 아닌 다른 사람이 충청도 출신이어서 원래의 존재명제가 참이었을 수도 있기 때문이다. 이런 차이 때문에 추론 과정에서는 늘 존재명제를 우선적으로 활용해야 한다.

두 번째 지침이 필요한 이유는 하나의 존재명제를 참으로 만들었을 대상과 또 다른 존재명제를 참으로 만들었을 대상이 같은 대상이라는 보장이 없기 때문이다. 이번에는 다음과 같은 예를 생각해 보자. 논의세계를 우리 반 학생들로 잡고, 우리 반에는 충청도 출신 학생이 있으며, 우리 반에는 남학생도 있다고 해보자. 그리고 '갑'을 적어도 한 명은 존재하는 충청도 출신 학생을 가리키는 임의의 이름이라고 해보자. 그런 다음 적어도 한 명은 존재하는 남학생을 가리키는 이름으로도 똑 같이 '갑'을 잡아, 갑이 충청도 출신이면서 남학생이라는 사실을 근거로 "우리 반에 **충청도 출신의 남학생**도 있다"라는 결론을 내린다면 이는 명백히 부당한 추론이다. 충청도 출신 학생이 여러 명 있다고 하더라도 그들이 모두 여학생인 경우도 있을 수 있기 때문이다. 이런 이유에서 여러 개의 존재명제가 전제에 나올 경우에는 각각의 존재명제를 활용하기 위한 임의의 이름은 각기 다르게 잡아야 한다. 각기 다른 대상이 존재하더라도 각각의 존재명제가 참이 되는 데는 아무런 문제가 없기 때문이다. 그래서 앞의 예에서 우리 반에 적어도 한 명은 존재하는 남학생을 가리키는 이름으로는 이미 사용한

'갑'을 써서는 안 되고 '을'과 같은 다른 이름을 사용해야 한다.

6.2.2 파생규칙

우리가 소개한 네 개 규칙만 가지고도 양화논리 형태로 된 올바른 추론은 모두 증명할 수 있다. 하지만 기본규칙만을 사용하면 증명이 번거로울 수도 있으므로, 명제논리에서도 그랬듯이 여기서도 파생규칙 몇 가지를 소개하기로 하겠다. 이해를 쉽게 하기 위해 구체적인 논증 사례를 예로 들기로 하고, 논의세계와 술어를 각각 다음과 같이 잡아 보자.

논의세계		우리 반 학생들	
단칭명사		술어	
m	강희	Fx	x는 3학년이다
n	연수	Gx	x는 장학생이다
o	정민	Hx	x는 여학생이다

우리가 "3학년은 모두 장학생이다"라는 사실을 알고 있고, 나아가 "강희가 3학년이다"라는 사실을 알고 있다고 해보자. 이때 우리는 강희가 장학생이라는 사실을 추론할 수 있다. 이 추론은 다음과 같은 형식이고, 기본규칙만을 사용하여 증명하면 다음과 같다.

$(\forall x)(Fx \rightarrow Gx)$, Fm ⊨ Gm의 증명

(1) $(\forall x)(Fx \rightarrow Gx)$	전제
(2) Fm	전제
(3) Fm → Gm	1 보편양화사 제거
(4) Gm	2,3 조건언 제거

이번에는 우리가 "3학년은 모두 장학생이다"라는 사실과 "강희는 장학생이 아니다"라는 사실을 알고 있다고 해보자. 이때 우리는 강희가 3학년이 아님을 확신할 수 있을 것이다. 이 추론은 다음과 같은 형식이고, 이를 증명하면 다음

과 같다.

$(\forall x)(Fx \rightarrow Gx)$, $\sim Gm \vDash \sim Fm$의 증명

    (1) $(\forall x)(Fx \rightarrow Gx)$ 전제

    (2) $\sim Gm$ 전제

    (3) $Fm \rightarrow Gm$ 1 보편양화사 제거

    (4) $\sim Fm$ 2,3 후건 부정식

다음 세 추론 형태도 직관적으로 타당성이 분명한 것으로, 이들은 아리스토 텔레스가 '완벽한' 삼단논법이라고 불렸던 것의 일부임을 알 수 있다.

$(\forall x)(Fx \rightarrow Gx)$, $(\forall x)(Gx \rightarrow Hx) \vDash (\forall x)(Fx \rightarrow Hx)$의 증명 (AAA식)

    (1) $(\forall x)(Fx \rightarrow Gx)$ 전제

    (2) $(\forall x)(Gx \rightarrow Hx)$ 전제

    (3) Fa 가정

    (4) $Fa \rightarrow Ga$ 1 보편양화사 제거

    (5) Ga 3,4 조건언 제거

    (6) $Ga \rightarrow Ha$ 2 보편양화사 제거

    (7) Ha 5,6 조건언 제거

    (8) $Fa \rightarrow Ha$ 3,7 조건언 도입

    (9) $(\forall x)(Fx \rightarrow Hx)$ 8 보편양화사 도입

이는 F는 모두 G이고 G는 모두 H일 경우 F는 모두 H임을 말해 주는 추론 방식이다. 우리는 가령 3학년은 모두 장학생이고 장학생은 모두 여학생이라면 3학년은 모두 여학생임을 추론할 수 있다.

$(\forall x)(Fx \rightarrow Gx)$, $(\forall x)(Gx \rightarrow \sim Hx) \vDash (\forall x)(Fx \rightarrow \sim Hx)$의 증명 (EAE식)

    (1) $(\forall x)(Fx \rightarrow Gx)$ 전제

(2) $(\forall x)(Gx \rightarrow \sim Hx)$	전제
(3) Fa	가정
(4) $Fa \rightarrow Ga$	2 보편양화사 제거
(5) Ga	3,4 조건언 제거
(6) $Ga \rightarrow \sim Ha$	2 보편양화사 제거
(7) $\sim Ha$	5,6 조건언 제거
(8) $Fa \rightarrow \sim Ha$	3,7 조건언 도입
(9) $(\forall x)(Fx \rightarrow \sim Hx)$	8 보편양화사 도입

이는 F는 모두 G이고 G는 모두 H가 아니라면 F도 모두 H가 아님을 말해 주는 추론 방식이다. 우리는 가령 3학년은 모두 장학생이고 장학생은 모두 여학생이 아니라면 3학년은 모두 여학생이 아님을 추론할 수 있다.

$(\forall x)(Fx \rightarrow Gx)$, $(\exists x)(Fx \& Hx) \vDash (\exists x)(Gx \& Hx)$의 증명 (AII식)

(1) $(\forall x)(Fx \rightarrow Gx)$	전제
(2) $(\exists x)(Fx \& Hx)$	전제
(3) Fa & Ha	가정
(4) $Fa \rightarrow Ga$	1 보편양화사 제거
(5) Fa	3 연언 제거
(6) Ga	4,5 조건언 제거
(7) Ha	3 연언 제거
(8) Ga & Ha	6,7 연언 도입
(9) $(\exists x)(Gx \& Hx)$	8 존재양화사 도입
(10) $(\exists x)(Gx \& Hx)$	2,3,9 존재양화사 제거

이는 F는 모두 G인데 H인 F도 있다면 H인 G도 있다는 것을 말해 주는 추론 방식이다. 우리는 가령 3학년은 모두 장학생인데 여학생인 3학년도 있다면 여학생인 장학생도 있다는 것을 추론할 수 있다.

지금까지 살펴본 몇 가지 예를 통해 양화논리 추론이 대략 어떤 식으로 진행되는지를 알 수 있을 것이다. 이를 간단히 정리하면 다음과 같다. 우선 양화논리 추론에는 일반명제가 나오므로 이를 활용하기 위한 절차가 있다. 보편명제가 전제일 경우에는 이를 이용하기 위해 보편양화사 제거규칙을 적용해야 하고, 이를 통해 우리는 개별 사례에 관한 주장을 이끌어 낸다. 존재명제가 전제일 경우라면 이를 이용하기 위해 그 존재명제를 참으로 만들었을 '전형적 신인 성원'을 가정하는 데서 출발해야 한다. 존재양화사 제거규칙에 따를 때 그것이 바로 존재명제의 활용법이기 때문이다. 이때 보편명제와 존재명제가 같이 나오는 경우라면 앞서 말한 대로 존재양화사 제거규칙을 먼저 적용해야 한다는 점을 기억해야 한다. 일반명제들로부터 개별 사례에 관한 주장을 확보한 다음에는 명제논리 추론을 진행하면 된다. 이때 원한다면 명제논리에서 자주 사용할 만한 파생규칙들을 자유롭게 사용해도 된다. 끝으로, 우리가 얻어야 할 최종 결론이 보편명제라면 보편양화사 도입규칙을 적용해서 마무리를 해야 하고, 최종 결론이 존재명제라면 존재양화사 도입규칙과 존재양화사 제거규칙을 차례로 적용해서 마무리하면 된다.

양화논리에서 자주 사용할 만한 추리규칙

명제논리에서도 그랬듯이, 양화논리 추론에서도 우리가 자주 사용할 만한 추리규칙이 몇 가지 있다. 여기서는 다음 네 가지를 골랐다.

성격	형태	규칙 이름
보편명제의 활용 방안 (세 가지)	$(\forall x)Ax$ <hr> Aa	보편양화사 제거규칙
	$(\forall x)(Ax \rightarrow Bx)$ Aa <hr> Ba	소크라테스 추리1
	$(\forall x)(Ax \rightarrow Bx)$ $\sim Ba$ <hr> $\sim Aa$	소크라테스 추리2

존재명제의 활용 방안 (한 가지)	$(\exists x)Ax$ $\quad\begin{array}{c}[Aa]\\ \vdots\\ C\end{array}$ ――――――― C	존재양화사 제거규칙

우선 전제에 보편명제 형태의 정보가 있을 때의 활용법이다. 첫 번째는 보편양화사 제거규칙으로, 보편명제는 논의세계에 있는 모든 대상, 즉 모든 개별 사례가 일정한 성질을 갖는다는 것을 말하는 것이므로 특정한 개별 사례도 그런 성질을 갖는다는 사실을 직접적으로 추론할 수 있다. 두 번째는 "A는 모두 B인데, a가 A라면 그것은 B이기도 하다"라는 추론이다. 이것은 자명한 추론이며, 연역 논증의 대표적 사례로 사람들이 많이 드는 '진부한' 예인 다음도 바로 이런 형태이다.

모든 사람은 죽는다.	A는 모두 B이다.
소크라테스는 사람이다.	a는 A이다.
따라서 소크라테스는 죽는다.	따라서 a는 B이다.

유감스럽게도 이런 형태의 추론을 일컫는 이름이 없다. 우리는 논의의 편의를 위해 이런 형태의 추론을 '소크라테스 추리1'이라고 부르기로 하겠다. 세 번째도 자명한 추론이다. 소크라테스 예를 그대로 쓰면 이는 다음과 같은 형태이다.

모든 사람은 죽는다.	A는 모두 B이다.
소크라테스는 죽지 않는다.	a는 B가 아니다.
따라서 소크라테스는 사람이 아니다.	따라서 a는 A가 아니다.

이런 형태의 추론을 '소크라테스 추리2'라고 부르기로 하겠다.

존재명제 형태의 정보가 있을 때의 활용법은 기본규칙인 존재양화사 제거규칙이므로, 더 이상의 설명은 필요하지 않을 것이다.

아래 나오는 것은 양화논리의 추리규칙을 연습하기 위한 것이다.

연 습 문 제

※ 우선 양화논리의 기본규칙만을 사용하여 증명해 보고, 그런 다음 파생규칙
을 마음대로 사용하여 다시 한번 증명해 보라.

① $(\forall x)(Fx \rightarrow Gx)$, $(\forall x)Fx \vDash (\forall x)Gx$

② $(\forall x)Fx \vDash (\forall x)(Fx \lor Gx)$

③ $(\forall x)((Fx \lor Gx) \rightarrow Hx) \vDash (\forall x)(Fx \rightarrow Hx)$

④ $(\forall x)(Fx \rightarrow Gx) \vDash (\forall x)((Fx \,\&\, Hx) \rightarrow Gx)$

⑤ $(\forall x)(Fx \rightarrow \sim Gx) \vDash (\forall x)(Gx \rightarrow \sim Fx)$

⑥ $(\forall x)(Fx \lor Gx)$, $(\forall x)(Fx \rightarrow Gx) \vDash (\forall x)Gx$

⑦ $(\forall x)((Fx \lor Gx) \rightarrow Hx)$, $(\forall x)\sim Hx \vDash (\forall x)\sim Fx$

⑧ $(\forall x)(Fx \rightarrow Gx)$, $(\forall x)(\sim Fx \rightarrow Gx) \vDash (\forall x)Gx$

⑨ $(\forall x)(Fx \rightarrow Gx)$, $Fm \vDash (\exists x)Gx$

⑩ $(\forall x)(Fx \lor Gx)$, $\sim Fm \vDash (\exists x)Gx$

⑪ $(\forall x)Fx \vDash (\exists x)Fx$

⑫ $(\forall x)(Fx \rightarrow Gx)$, $(\exists x)Fx \vDash (\exists x)Gx$

⑬ $(\forall x)Fx \vDash (\exists x)(Fx \lor Gx)$

⑭ $(\exists x)Fx \vDash (\exists x)(Fx \lor Gx)$

⑮ $(\exists x)(Fx \,\&\, Gx) \vDash (\exists x)Fx$

⑯ $(\forall x)(Fx \rightarrow Gx) \vDash (\exists x)Fx \rightarrow (\exists x)Gx$

⑰ $(\forall x)(Fx \rightarrow Gx)$, $(\exists x)\sim Gx \vDash (\exists x)\sim Fx$

⑱ $(\forall x)(Fx \rightarrow (Gx \,\&\, Hx))$, $(\exists x)Fx \vDash (\exists x)Hx$

⑲ $(\forall x)((Fx \lor Gx) \rightarrow Hx)$, $(\exists x)\sim Hx \vDash (\exists x)\sim Fx$

⑳ $(\forall x)(Gx \rightarrow \sim Hx)$, $(\exists x)(Fx \,\&\, Gx) \vDash (\exists x)(Fx \,\&\, \sim Hx)$

6.3 어떻게 적용할 수 있는가?

6.3.1 일상 문장을 양화논리의 언어로 표현하기

양화논리는 명제논리를 확장한 것이므로 기호화와 관련해 설명할 것은 별로 없다. 다만 양화논리의 언어로 기호화할 때는 언제나 긍정인 일반명제로 기호화해야 한다는 점은 강조할 필요가 있을 것 같다. 앞서 본 대로, 보편명제는 존재명제의 부정과 동치이며 존재명제의 부정은 보편명제와 동치이다. 따라서 기호화만을 염두에 둔다면 부정명제로 기호화하는 것도 똑같이 온당하다. 하지만 추론 과정에 일반명제를 사용하려면 그것들은 모두 긍정명제 형태여야 한다. 보편양화사 제거규칙이나 존재양화사 제거규칙은 각각 보편명제와 존재명제에 적용되는 것이지 보편명제의 부정이나 존재명제의 부정에 적용되는 것이 아니기 때문이다.

예를 들어 보자.

---

1. 입사 지원자들에 대한 다음 정보를 토대로 지원자 W에 관하여 바르게 추론한 것만을 〈보기〉에서 모두 고르면?

- 실무영어 불합격자 가운데 경제학 전공자는 없다.
- 실무영어 합격자 가운데 해외연수 경력이 없거나 25세 미만인 지원자는 없다.
- 경제학 전공자이거나 러시아어 특기자인 지원자 가운데 해외연수 경력이 있는 사람은 없다.
- 25세 이상의 지원자로서 러시아어 특기자인 사람은 모두 해외연수 경력이 있다.

〈보   기〉

ㄱ. W는 경제학 전공자가 아니다.

ㄴ. W가 해외연수 경력이 없다면, 25세 미만이다.

ㄷ. W가 러시아어 특기자라면, 해외연수 경력은 없다.

ㄹ. W가 실무영어 합격자라면, 러시아어 특기자가 아니다.

---

① ㄱ, ㄴ

② ㄴ, ㄷ

③ ㄷ, ㄹ

④ ㄱ, ㄴ, ㄹ

⑤ ㄱ, ㄷ, ㄹ

[PSAT, 2014. 2]

먼저 기호화를 위해 논의세계와 술어를 다음과 같이 잡기로 하자.

- 논의세계: 입사 지원자들의 집합

- Px: x는 실무영어 합격자이다.

- Ex: x는 경제학 전공자이다.

- Fx: x는 해외연수 경력이 있다.

- Tx: x는 25세 이상이다.

- Rx: x는 러시아어 특기자이다.

주어진 정보를 기호화하면 다음과 같다.

- 실무영어 불합격자 가운데 경제학 전공자는 없다:

  = 실무영어에 합격하지 않은 사람은 모두 경제학 전공자가 아니다: $(\forall x)(\sim Px \rightarrow \sim Ex)$

- 실무영어 합격자 가운데 해외연수 경력이 없거나 25세 미만인 지원자는 없다:

  = 실무영어 합격자는 모두 해외연수 경력이 있고 25세 이상인 지원자이다: $(\forall x)(Px \rightarrow (Fx \ \& \ Tx))$

- 경제학 전공자이거나 러시아어 특기자인 지원자 가운데 해외연수 경력이 있는 사람은 없다:

  = 경제학 전공자이거나 러시아어 특기자는 모두 해외연수 경력이 있지 않다: $(\forall x)((Ex \lor Rx) \rightarrow \sim Fx)$

- 25세 이상의 지원자로서 러시아어 특기자인 사람은 모두 해외연수 경력이 있다:

  = 25세 이상의 지원자이고 러시아어 특기자인 사람은 모두 해외연수 경력이 있는 사람이다: $(\forall x)((Tx \ \& \ Rx) \rightarrow Fx)$

여기서 처음 세 개의 명제를 존재명제의 부정으로 기호화할 수도 있다. 그렇게 한다면 다음과 같이 될 것이다.

- 실무영어 불합격자 가운데 경제학 전공자는 없다:

  = 실무영어에 합격하지 않았으면서 경제학을 전공한 사람이 존재한다는 것은 거짓이다: $\sim(\exists x)(\sim Px \ \& \ Ex)$

- 실무영어 합격자 가운데 해외연수 경력이 없거나 25세 미만인 지원자는 없다:

  = 실무영어 합격자인데 해외연수 경력이 없거나 25세 미만인 지원자가 있다는 것은 거짓이다: $\sim(\exists x)(Px \ \& \ (\sim Fx \lor \sim Tx))$

- 경제학 전공자이거나 러시아어 특기자인 지원자 가운데 해외연수 경력이 있는 사람은 없다:

  = 경제학 전공자이거나 러시아어 특기자이면서 해외연수 경력이 있는 사람이 존재한다는 것은 거짓이다: $\sim(\exists x)((Ex \lor Rx) \ \& \ Fx)$

하지만 앞서 얘기했듯이, 제시된 정보를 이용해 추론을 해야 하므로 모두 긍정명제로 기호화한 앞의 방식을 채택해야 한다.

다음으로 〈보기〉를 양화논리의 언어로 기호화하면 다음과 같다.

ㄱ. W는 경제학 전공자가 아니다: ~Ea

ㄴ. W가 해외연수 경력이 없다면, 25세 미만이다: ~Fa → ~Ta

ㄷ. W가 러시아어 특기자라면, 해외연수 경력은 없다: Ra → ~Fa

ㄹ. W가 실무영어 합격자라면, 러시아어 특기자가 아니다: Pa → ~Ra

여기서 W는 엄밀하게 말하면 논의세계에 있는 임의의 사람을 가리키므로, 임의의 이름인 a를 사용해 나타낸 것이다.

6.3.2 추론하기

전제들은 다음과 같다.

(1) $(\forall x)(\sim Px \rightarrow \sim Ex) = (\forall x)(Ex \rightarrow Px)$ 전제

(2) $(\forall x)(Px \rightarrow (Fx \& Tx))$ 전제

(3) $(\forall x)((Ex \lor Rx) \rightarrow \sim Fx)$ 전제

(4) $(\forall x)((Tx \& Rx) \rightarrow Fx)$ 전제

ㄱ은 다음과 같이 추론할 수 있다. ㄱ은 부정명제이므로 부정하기 전의 명제를 가정하면 모순이 야기됨을 보이면 된다.

(5) Ea   가정

(6) Pa   1,5 소크라테스 추리1

(7) Fa & Ta   2,6 소크라테스 추리1

(8) Fa   7 연언 제거

(9) ~(Ea ∨ Ra)   3,8 소크라테스 추리2

(10) ~Ea   9 드모르간 법칙 + 연언 제거

(11) Ea & ~Ea   5,10 연언 도입

(12) ~Ea   5,11 부정 도입

ㄷ은 조건부 주장이므로 전건을 가정할 때 주어진 정보로부터 후건을 도출할
수 있음을 보이면 된다.

⑸ Ra	가정
⑹ (Ea ∨ Ra) → ~Fa	3 보편양화사 제거
⑺ Ea ∨ Ra	5 선언 도입
⑻ ~Fa	6,7 조건언 제거
⑼ Ra → ~Fa	5,8 조건언 도입

ㄹ도 조건부 주장이므로 전건을 가정할 때 주어진 정보로부터 후건을 도출할
수 있음을 보이면 된다.

⑸ Pa	가정
⑹ Fa & Ta	2,5 소크라테스 추리1
⑺ Fa	6 연언 제거
⑻ ~(Ea ∨ Ra)	3,7 소크라테스 추리2
⑼ ~Ra	8 드모르간 법칙 + 연언 제거
⑽ Pa → ~Ra	5,9 조건언 도입

따라서 정답은 ⑤이다.

앞의 예는 보편명제만 나오는 것이었는데, 이번에는 존재명제가 들어 있는
정보로부터 추론하는 예를 하나 보기로 하자.

2. 다음으로부터 추론한 것으로 옳지 않은 것은?

　어느 회사가 새로 충원한 경력 사원들에 대해 다음과 같은 정보가
알려져 있다.

- 변호사나 회계사는 모두 경영학 전공자이다.
- 경영학 전공자 중 남자는 모두 변호사이다.
- 경영학 전공자 중 여자는 아무도 회계사가 아니다.
- 회계사이면서 변호사인 사람이 적어도 한 명 있다.

① 여자 회계사는 없다.
② 회계사 중 남자가 있다.
③ 회계사는 모두 변호사이다.
④ 회계사이면서 변호사인 사람은 모두 남자이다.
⑤ 경영학을 전공한 남자는 회계사이면서 변호사이다.

[LEET, 2017학년도]

첫째, 기호화를 위해 논의세계와 술어를 다음과 같이 잡기로 하자.

- 논의세계: 어느 회사에서 새로 충원한 경력사원들
- Lx: x는 변호사이다.
- Ax: x는 회계사이다.
- Bx: x는 경영학 전공자이다.
- Mx: x는 남자이다.

둘째, 주어진 정보를 기호화하면 다음과 같다.

- 변호사나 회계사는 모두 경영학 전공자이다: (1) $(\forall x)((Lx \lor Ax) \to Bx) = (\forall x)(Lx \to Bx)$ & $(\forall x)(Ax \to Bx)$
- 경영학 전공자 중 남자는 모두 변호사이다: (2) $(\forall x)((Bx \& Mx) \to Lx)$
- 경영학 전공자 중 여자는 아무도 회계사가 아니다: (3) $(\forall x)((Bx \& \sim Mx) \to \sim Ax)$
- 회계사이면서 변호사인 사람이 적어도 한 명 있다: (4) $(\exists x)(Ax \& Lx)$

셋째, 이들 정보로부터 다음과 같은 추론을 할 수 있다.

① 여자 회계사는 없다: $(\forall x)(Ax \rightarrow Mx) = (\forall x)(\sim Mx \rightarrow \sim Ax)$의 도출

(5) Aa	가정
(6) Ba	1(의 오른쪽 연언지),5 소크라테스 추리1
(7) ~(Ba & ~Ma)	3,5 소크라테스 추리2
(8) Ma	6,7 ~(A & B), A ⊨ ~B
(9) Aa → Ma	5,8 조건언 도입
(10) $(\forall x)(Ax \rightarrow Mx)$	9 보편양화사 도입

② 회계사 중 남자가 있다: $(\exists x)(Ax \& Mx)$의 도출

(5) Aa & La	4를 활용하기 위한 가정
(6) Aa	5 연언 제거
(7) Ba	1(의 오른쪽 연언지),6 소크라테스 추리1
(8) ~(Ba & ~Ma)	3,6 소크라테스 추리2
(9) Ma	7,8 ~(A & B), A ⊨ ~B
(10) Aa & Ma	6,9 연언 도입
(11) $(\exists x)(Ax \& Mx)$	10 존재양화사 도입
(12) $(\exists x)(Ax \& Mx)$	4,5,11 존재양화사 제거

③ 회계사는 모두 변호사이다: $(\forall x)(Ax \rightarrow Lx)$의 도출

(5) Aa	가정
(6) Ba	1(의 오른쪽 연언지),5 소크라테스 추리1
(7) ~(Ba & ~Ma)	3,5 소크라테스 추리2
(8) Ma	6,7 ~(A & B), A ⊨ ~B
(9) Ba & Ma	6,8 연언 도입
(10) La	2,9 소크라테스 추리1
(11) Aa → La	5,10 조건언 도입

(12) $(\forall x)(Ax \rightarrow Lx)$ 11 보편양화사 도입

④ 회계사이면서 변호사인 사람은 모두 남자이다: $(\forall x)((Ax \& Lx) \rightarrow Mx)$의 도출

    (5) Aa & La   가정

    (6) Aa   5 연언 제거

    (7) Ba   1(의 오른쪽 연언지),6 소크라테스 추리1

    (8) ~(Ba & ~Ma)   3,6 소크라테스 추리2

    (9) Ma   7,8 ~(A & B), A ⊨ ~B

    (10) (Aa & La) → Ma   5,9 조건언 도입

    (11) $(\forall x)((Ax \& Lx) \rightarrow Mx)$ 10 보편양화사 도입

따라서 정답은 ⑤이다.[6]

숨은 전제 찾기

명제논리 추론에서 보았듯이, 어떤 결론이 도출되는지를 묻기도 하지만 때로 주어진 결론을 도출하기 위해서는 어떤 전제가 필요한지를 묻기도 한다. 양화 논리 추론에서도 사정은 마찬가지이다. 다음이 그런 예이다.

3. 다음 추론에서 결론을 도출하기 위해 보충해야 할 전제는?

>   X가 변호사가 아니라면 그는 아나운서이다. 그런데 모든 아나운서는 붉은색 넥타이를 착용한다. 그러나 X는 푸른색 넥타이를 착용한다. 만일 X가 변호사라면, 그는 미국인이거나 영국인이다. 그런데 어느 영국인도 한국 생활을 경험해 본 적이 없다면, 김치를 먹을 줄 모른다. 그리고 한국 생활을 경험한 변호사들은 모두 붉은색 넥타이

---

6 이 풀이를 앞의 벤 다이어그램을 이용한 것과 비교해 보라.

> 를 착용한다. 따라서 X는 미국인 변호사이다.

① X는 김치를 먹을 줄 안다.
② X는 한국 생활을 경험하지 않았다.
③ 어떤 아나운서는 변호사가 될 수 있다.
④ 미국인의 일부는 김치를 먹을 줄 안다.
⑤ 김치를 먹을 수 있는 사람은 영국인이 아니거나 한국 생활을 경험했다.

[LEET, 2009학년도]

첫째, 기호화를 위해 논의세계와 술어를 다음과 같이 잡기로 하자.

- 논의세계: 사람들의 집합
- Lx: x는 변호사이다.
- Ax: x는 아나운서이다.
- Rx: x는 붉은색 넥타이를 착용한다.
- Mx: x는 미국인이다.
- Ex: x는 영국인이다.
- Kx: x는 한국 생활을 경험했다.
- Gx: x는 김치를 먹을 줄 안다.
- a: X

둘째, 주어진 정보를 순서대로 기호화하면 다음과 같다.

(1) ~La → Aa	X가 변호사가 아니라면 그는 아나운서이다.
(2) (∀x)(Ax → Rx)	그런데 모든 아나운서는 붉은색 넥타이를 착용한다.
(3) ~Ra	그러나 X는 푸른색 넥타이를 착용한다.

(4) La → (Ma ∨ Ea)	만일 X가 변호사라면, 그는 미국인이거나 영국인이다.
(5) (∀x)((Ex & ~Kx) → ~Gx)	그런데 어느 영국인도 한국 생활을 경험해 본 적이 없다면, 김치를 먹을 줄 모른다.
(6) (∀x)((Kx & Lx) → Rx)	그리고 한국 생활을 경험한 변호사들은 모두 붉은색 넥타이를 착용한다.
(최종 결론) Ma & La	따라서 X는 미국인 변호사이다.

셋째, 이들 정보로부터 다음과 같은 추론을 할 수 있다.

최종 결론 Ma & La를 얻으려면 Ma와 La를 확보해야 한다. La는 주어진 정보로부터 쉽게 확보할 수 있다. (2)와 (3)으로부터 소크라테스 추리2에 의해 (7) ~Aa를 얻을 수 있고, (1)과 (7)로부터 후건 부정식에 의해 (8) La를 얻을 수 있기 때문이다.

다음으로 Ma를 얻는 방안이다. 우선 앞에서 얻은 (8)과 (4)로부터 조건언 제거에 의해 (9) Ma ∨ Ea를 얻을 수 있다. 이때 선언 삼단논법의 사용을 염두에 둔다면 ~Ea를 얻을 경우 원하는 Ma를 얻을 수 있을 것이다. 그러면 ~Ea는 어떻게 얻을 수 있을까? 우리가 아직 사용하지 않은 정보인 (5)를 이용해 ~Ea를 얻으려면 Ga와 ~Ka가 필요하다는 점을 알 수 있다. Ga가 필요한 이유는 (5)에 소크라테스 추리2를 적용하기 위해서이고, ~Ka가 필요한 이유는 앞의 결과인 ~(Ea & ~Ka)로부터 ~Ea를 얻기 위해서이다. 그런데 ~Ka는 주어진 정보들로부터 얻을 수 있다. 먼저 (3)과 (6)으로부터 소크라테스 추리2에 의해 (10)~(Ka & La)를 얻을 수 있고, 다시 (8)과 (10)으로부터 (11) ~Ka를 얻을 수 있기 때문이다. 결국 최종 결론을 도출하기 위해 보충해야 할 전제는 Ga임을 알 수 있다. 따라서 정답은 ①이다.

1. 다음 글의 내용이 참일 때, 반드시 참인 것만을 〈보기〉에서 모두 고르면?

> 이번에 K부서에서는 자기 부서의 정책을 홍보하기 위해 책자를 배포하
> 였다. 이 홍보 사업에 참여한 K부서의 팀은 A와 B 두 팀이다. 두 팀은 각각
> 500권의 정책홍보책자를 제작하였다. 그러나 책자를 어떤 방식으로 배포
> 할 것인지에 대해 두 팀 간에 차이가 있었다. A팀은 자신들이 제작한 K부
> 서의 모든 정책홍보책자를 서울이나 부산에 배포한다는 지침에 따라 배포
> 하였다. 한편, B팀은 자신들이 제작한 K부서 정책홍보책자를 서울에 모두
> 배포하거나 부산에 모두 배포한다는 지침에 따라 배포하였다. 사업이 진행
> 된 이후 배포된 결과를 살펴보기 위해서 서울과 부산을 조사하였다. 조사를
> 담당한 한 직원은 A팀이 제작·배포한 K부서 정책홍보책자 중 일부를 서울
> 에서 발견하였다. 한편, 또 다른 직원은 B팀이 제작·배포한 K부서 정책홍
> 보책자 중 일부를 부산에서 발견하였다. 그리고 배포 과정을 검토해 본 결
> 과, 이번에 A팀과 B팀이 제작한 K부서 정책홍보책자는 모두 배포되었다는
> 것과, 책자가 배포된 곳과 발견된 곳이 일치한다는 것이 확인되었다.

〈보 기〉

ㄱ. 부산에는 500권이 넘는 K부서 정책홍보책자가 배포되었다.

ㄴ. 서울에 배포된 K부서 정책홍보책자의 수는 부산에 배포된 K부서 정
  책홍보책자의 수보다 적다.

ㄷ. A팀이 제작한 K부서 정책홍보책자가 부산에서 발견되었다면, 부산
  에 배포된 K부서 정책홍보책자의 수가 서울에 배포된 수보다 많다.

① ㄱ ② ㄷ ③ ㄱ, ㄴ ④ ㄴ, ㄷ ⑤ ㄱ, ㄴ, ㄷ

[PSAT, 2016. 2]

2. 다음 글의 ㉠, ㉡에 들어갈 말로 가장 적절한 것은?

> A사에서 서비스 분야를 담당하고 있는 직원 중에 경영학을 전공한 사람은 한 명도 없다. 반면에 광주 지사에 근무하는 A사 직원들 중 약 3분의 1은 경영학을 전공한 사람들이다. 이상의 정보로부터 우리는 　㉠　 는 사실을 알 수 있다. 어떻게 그렇게 말할 수 있을까? 우선 광주 지사에 근무하는 A사 직원이면서 경영학을 전공한 사람들 가운데 아무나 한 명을 골라 '갑'이라고 해보자. 광주 지사에 근무하는 A사 직원 중 약 3분의 1은 경영학을 전공한 사람들이라는 사실을 고려할 때, 그런 사람이 한 명도 없을 수는 없다. 그렇다면 갑은 서비스 분야를 담당하는 직원이 아님이 분명하다. 　㉡　 결국 갑과 같은 사람이 몇 명이나 되는지는 알 수 없지만, 갑의 사례에 의해 　㉠　 는 사실이 증명된 것이다.

① ㉠: 광주 지사에는 서비스 분야 담당이 아닌 A사 직원도 있다.
　㉡: 갑이 서비스 분야를 담당하는 직원이라면 "A사의 서비스 분야 직원 중에는 경영학을 전공한 사람은 한 명도 없다."라는 전제와 모순되기 때문이다.

② ㉠: 광주 지사에는 서비스 분야 담당이 아닌 A사 직원도 있다.
　㉡: 갑이 경영학 전공자일 경우에만 서비스 분야를 담당할 수 있기 때문이다.

③ ㉠: 광주 지사에는 서비스 분야 담당이 아닌 A사 직원도 있다.
　㉡: 갑이 서비스 분야 담당인 경우에만 경영학 전공자일 수 있기 때문이다.

④ ㉠: 광주 지사에서 경영학을 전공하지 않은 사람 중에 서비스 분야를 담당하는 직원이 있다.
　㉡: 갑이 서비스 분야를 담당하는 직원이라면 "A사의 서비스 분야 직원 중에는 경영학을 전공한 사람은 한 명도 없다."라는 전제와 모순되기 때문이다.

⑤ ㉠: 광주 지사에서 경영학을 전공하지 않은 사람 중에 서비스 분야를 담당

하는 직원이 있다.

ⓛ: 갑이 서비스 분야 담당인 경우에만 경영학 전공자일 수 있기 때문이다.

[PSAT, 2013. 4]

3. 다음 글의 ⓐ ~ ⓔ에 대한 평가로 적절한 것만을 〈보기〉에서 모두 고르면?

영혼이 영원한 존재라는 것을 증명하기 위해서는 먼저 소멸 가능한 존재에 관해 생각해 볼 필요가 있다. 예를 들어, 종이나 연필은 소멸 가능한 존재이다. 그것들을 소멸시키는 방법은 아주 간단하다. 그것들을 구성요소들로 해체시키면 된다. 소멸 가능한 존재는 여러 구성요소들로 이루어져 있다. 이제 소멸 불가능한, 즉 영원한 존재에 대해 생각해 보자. 예를 들어, 칠판에 적힌 숫자 '3'과는 달리 수 3은 절대로 소멸되지 않는다. 그 이유는 무엇일까? 그것은 바로 수 3은 구성요소들로 이루어진 결합물이 아니기 때문이다. 따라서 ⓐ구성요소들로 이루어진 결합물일 경우에만 소멸 가능하다고 할 수 있다. 결합물에 대해서는 그 구성요소들을 해체한 상태를 상상할 수 있지만, 수 3과 같은 존재는 해체를 통한 소멸을 상상할 수 없다. 그것은 해체할 수 있는 구성요소들이 없는 단순한 존재이기 때문이다. 여기서 '단순한 존재'란 구성요소들로 이루어져 있지 않는 존재를 의미한다.

어떤 것이 결합물인지 단순한 존재인지를 가릴 수 있는 객관적 기준은 무엇일까? 그것은 바로 '변화'라고 할 수 있다. 예를 들어, 우리가 쇠막대기를 구부린다고 해보자. 쇠막대기를 파괴한 것은 아니고 단지 변화시켰을 뿐이다. 우리는 이렇게 어떤 존재를 구성하고 있는 요소들 사이의 관계를 새롭게 형성하는 방식으로 그 존재를 변화시킬 수 있다. 따라서 ⓑ어떤 존재가 변화하지 않는다면, 그 존재는 구성요소들로 이루어진 결합물이 아니다.

변화하는 존재들에는 무엇이 있을까? 종이, 연필 등 우리가 일상적으로 볼 수 있는 모든 것들이다. 반면에 ⓒ우리가 일상적으로 볼 수 없는 것들은 변화하지 않는다. 수 3을 다시 생각해 보자. 칠판에 적힌 숫자 '3'과는 달리 수 3은 절대 변화하지 않는다. 어제도 홀수였고 내일도 모레도 홀수로 남아 있을 것이다. 수 3이 짝수가 될 가능성은 없다. 영원한 홀수이다. 우리는 영혼에 대해서도 똑같이 말할 수 있다. ⓓ영혼은 일상적으로 볼 수 있는 것이 아니다. 우리가 일상적으로 볼 수 있는 것은 영혼을 가진 사람의 육체와 그것의 움직임일 뿐이다. 이제 우리는 다음과 같은 결론에 다다랐다. ⓔ영혼은 소멸하지 않는 존재이다.

―――――――〈 보 기 〉―――――――

ㄱ. ⓐ, ⓑ, ⓒ를 모두 받아들인다고 해도, 일상적으로 볼 수 없는 것들은 소멸하지 않는다는 것은 도출되지 않는다.

ㄴ. ⓒ에 대한 정당화가 충분하지 않다. 비록 수 3과 같은 수학적 대상이 변화하지 않는다는 것을 받아들인다고 해도, 일상적으로 볼 수 없는 모든 것이 변화하지 않는다는 것을 반드시 받아들일 필요는 없다.

ㄷ. ⓐ, ⓑ, ⓒ, ⓓ를 모두 받아들인다고 해도, ⓔ는 도출되지 않는다.

① ㄱ   ② ㄴ   ③ ㄱ, ㄷ   ④ ㄴ, ㄷ   ⑤ ㄱ, ㄴ, ㄷ

[PSAT, 2016. 2]

4. 한국대학교 생물학과 학생을 대상으로 교양 과목 수강 내역을 조사하였더니, 심리학을 수강한 학생 중 몇 명은 한국사를 수강하였고, 경제학을 수강한 학생은 모두 정치학을 수강하였다. 그리고 경제학을 수강하지 않은 학생은 아무도 한국사를 수강하지 않은 것으로 나타났다. 이 경우 반드시 참인 것은?

① 경제학을 수강한 모든 학생은 심리학을 수강하였다.

② 한국사를 수강한 모든 학생은 심리학을 수강하였다.

③ 심리학을 수강한 학생 중 몇 명은 정치학을 수강하였다.

④ 한국사를 수강한 학생은 아무도 정치학을 수강하지 않았다.

⑤ 심리학을 수강하지 않은 학생 중 몇 명은 경제학을 수강하였다.

[PSAT, 2006. 8]

5. 다음 글의 내용이 참일 때, 반드시 참인 것은?

도덕성에 결함이 있는 어떤 사람도 공무원으로 채용되지 않는다. 업무 능력을 검증받았고 인사추천위원회의 추천을 받았으며 공직관이 투철한, 즉 이 세 조건을 모두 만족하는 지원자는 누구나 올해 공무원으로 채용된다. 올해 공무원으로 채용되는 사람들 중에 봉사정신이 없는 사람은 아무도 없다. 공직관이 투철한 철수는 올해 공무원 채용 시험에 지원하여 업무 능력을 검증받았다.

---

① 만일 철수가 도덕성에 결함이 없다면, 그는 올해 공무원으로 채용된다.

② 만일 철수가 봉사정신을 갖고 있다면, 그는 올해 공무원으로 채용된다.

③ 만일 철수가 도덕성에 결함이 있다면, 그는 인사추천위원회의 추천을 받지 않았다.

④ 만일 철수가 올해 공무원으로 채용된다면, 그는 인사추천위원회의 추천을 받았다.

⑤ 만일 철수가 올해 공무원으로 채용되지 않는다면, 그는 도덕성에 결함이 있고 또한 봉사정신도 없다.

[PSAT, 2015. 8]

6. 다음을 참이라고 가정할 때, 반드시 참인 것은?

> - 모든 금속은 전기가 통한다.
> - 광택이 난다고 해서 반드시 금속은 아니다.
> - 전기가 통하지 않고 광택이 나는 물질이 존재한다.
> - 광택이 나지 않으면서 전기가 통하는 물질이 존재한다.
> - 어떤 금속은 광택이 난다.

① 금속이 아닌 물질은 모두 전기가 통하지 않는다.
② 전기도 통하고 광택도 나는 물질이 존재한다.
③ 광택을 내지 않고 금속인 물질이 존재한다.
④ 전기가 통하지 않는 물질은 모두 광택이 난다.
⑤ 광택을 내지 않는 금속은 없다.

[PSAT, 2005. 8]

7. 다음으로부터 추론한 것으로 옳은 것은?

> 어떤 학과의 졸업 예정자 갑~무에 대해 다음이 알려졌다.
>
> - 취업을 한 학생은 졸업평점이 3.5 이상이거나 외국어 인증시험에 합격했다.
> - 인턴 경력이 있는 학생들 중 취업박람회에 참가하지 않은 학생은 아무도 없었다.
> - 졸업평점이 3.5 이상이고 취업박람회에 참가한 학생은 모두 취업을 했다.
> - 외국어 인증시험에 합격하고 인턴 경력이 있는 학생은 모두 취업을 했다.

① 취업박람회에 참가하고 취업을 한 갑은 인턴 경력이 있다.

② 외국어 인증시험에 합격했지만 취업을 하지 못한 을은 취업박람회에 참가하지 않았다.

③ 취업박람회에 참가하고 외국어 인증시험에 합격한 병은 취업을 했다.

④ 취업박람회에 참가하지 않았는데 취업을 한 정은 외국어 인증시험에 합격했다.

⑤ 인턴 경력이 있고 졸업평점이 3.5 이상인 무는 취업을 했다.

[LEET, 2018학년도]

8. 다음 글의 결론을 이끌어 내기 위해 추가해야 할 전제만을 〈보기〉에서 모두 고르면?

> 젊고 섬세하고 유연한 자는 아름답다. 아테나는 섬세하고 유연하다. 아름다운 자가 모두 훌륭한 것은 아니다. 덕을 가진 자는 훌륭하다. 아테나는 덕을 가졌다. 아름답고 훌륭한 자는 행복하다. 따라서 아테나는 행복하다.

〈보 기〉

ㄱ. 아테나는 젊다.

ㄴ. 아테나는 훌륭하다.

ㄷ. 아름다운 자는 행복하다.

① ㄱ　② ㄷ　③ ㄱ, ㄴ　④ ㄴ, ㄷ　⑤ ㄱ, ㄴ, ㄷ

[PSAT, 2017. 8]

9. A과 학생들의 수강현황을 조사한 결과 다음과 같은 자료를 얻었다. A과 학생 민주가 경제학을 수강하고 있다는 결론을 이끌어 낼 수 있는 정보는?

- 정치학과 사회학을 둘 다 수강하는 학생은 모두 경제학도 수강하고 있다.
- 경영학과 회계학을 둘 다 수강하는 학생은 모두 경제학도 수강하고 있다.
- A과 학생은 누구든 논리학이나 역사학 수업 가운데 적어도 하나는 수강하고 있다.
- 논리학을 수강하는 학생은 모두 정치학도 수강하고 있다.
- 역사학을 수강하는 학생은 모두 경영학도 수강하고 있다.

① 민주는 경영학과 사회학을 수강하고 있다.
② 민주는 논리학과 경영학을 수강하고 있다.
③ 민주는 사회학과 회계학을 수강하고 있다.
④ 민주는 역사학과 정치학을 수강하고 있다.
⑤ 민주는 정치학과 회계학을 수강하고 있다.

[PSAT, 2012. 2]

10. 다음 글의 내용이 참일 때, 반드시 참인 것은?

- 김 대리, 박 대리, 이 과장, 최 과장, 정 부장은 A 회사의 직원들이다.
- A 회사의 모든 직원은 내근과 외근 중 한 가지만 한다.
- A 회사의 직원 중 내근을 하면서 미혼인 사람에는 직책이 과장 이상인 사람은 없다.
- A 회사의 직원 중 외근을 하면서 미혼이 아닌 사람은 모두 그 직책이 과장 이상이다.
- A 회사의 직원 중 외근을 하면서 미혼인 사람은 모두 연금 저축에 가입해 있다.
- A 회사의 직원 중 미혼이 아닌 사람은 모두 남성이다.

① 김 대리가 내근을 한다면, 그는 미혼이다.

② 박 대리가 미혼이면서 연금 저축에 가입해 있지 않다면, 그는 외근을 한다.

③ 이 과장이 미혼이 아니라면, 그는 내근을 한다.

④ 최 과장이 여성이라면, 그는 연금 저축에 가입해 있다.

⑤ 정 부장이 외근을 한다면, 그는 연금 저축에 가입해 있지 않다.

[PSAT, 2019. 3]

6.4 관계논리와 그 적용

6.4.1 간단한 다항 일반성

일항 술어와 다항 술어

앞에서 우리는 술어가 온전한 문장에서 단칭명사를 지워 얻은 표현이라고 했다. 이번에는 다음 문장을 보자.

강희는 연수를 좋아한다.

이 문장에서 단칭명사 '강희'를 지운다고 해보자. 그러면 다음을 얻는데,

...는 연수를 좋아한다.

이것은 술어이다. 이번에는 원래 문장에서 단칭명사 '연수'를 지운다고 해보자. 그러면 다음을 얻는데,

강희는 ...를 좋아한다.

이것도 술어이다.[7] 끝으로 원래 문장에서 단칭명사 '강희'와 '연수'를 모두 지우면 다음을 얻게 된다.

    …는 …를 좋아한다.

이깃도 역시 술어이다. 이 술어를 앞서와 같이 빈자리를 드러내 주기 위해 영어 문자를 사용해서 다시 적으면 다음과 같다.

    x는 y를 좋아한다. (Lxy)

여기서 문자 x, y는 빈자리가 두 군데가 있고, 그 두 자리를 서로 다른 이름으로 채울 수 있음을 나타내 준다. 이처럼 빈자리를 두 개 갖는 술어를 '2항 술어'라 고 불러 1항 술어와 구분한다. 한편 다음 문장에서

    대전은 서울과 부산 사이에 있다.

단칭명사를 모두 제거하면 3항 술어를 얻는다.

    x는 y와 z 사이에 있다. (Kxyz)

이처럼 어떤 술어가 n개의 빈자리를 지니고 있다면, 이를 'n항 술어'라고 부른 다. 2항 이상의 술어를 '다항 술어'라고 하고, 1항 술어를 '단항 술어'라고 부 르기도 한다. 1항 술어는 성질을 나타내고, 2항 이상의 술어는 관계를 나타낸 다. 다항 술어의 빈자리를 일반화함으로써 우리는 아주 다양한 형태의 일반성 을 표현할 수 있다. 이를 살펴보기로 하자.

---

7   이쯤 오면 양화논리에서 '술어'라고 부르는 것은 문법에서 말하는 술어와는 꽤 다른 것임 을 알 수 있다.

한 차례 일반화

논의세계와 단칭명사, 술어를 각각 다음과 같이 잡는다고 하고, "강희는 연수보다 키가 크다"를 의미하는 문장 Tmn에서 출발해 보자.

논의세계		우리 반 학생들	
단칭명사		술어	
m	강희	Txy	x는 y보다 키가 크다
n	연수		
o	정민		
p	지원		

(1) Tmn의 보편일반화: $(\forall x)Txn$, $(\forall x)Tmx$

문장 Tmn에서 단칭명사 '강희' m을 제거하면 다음 술어를 얻는다.

　　Txn

이 술어에도 양화사를 붙여 일반명제를 만들 수 있다.

　　$(\forall x)Txn$

이것은 술어 Txn의 x 자리를 보편일반화한 것이므로, 다음이 모두 성립한다는 주장이다.

　　강희는 연수보다 키가 크다.
　　정민이는 연수보다 키가 크다.
　　지원이는 연수보다 키가 크다.
　　　　　　⋮

따라서 $(\forall x)Txn$은 우리 반에 있는 학생은 모두 연수보다 키가 크다는 것을 말

하며, 이는 **연수가 키가 가장 작다**는 주장에 해당한다.[8]

이번에는 원래 문장 Tmn에서 '연수' n이라는 단칭명사를 지운 술어 Tmx에 보편양화사를 붙였다고 해보자.

$(\forall x)Tmx$

이것은 무슨 뜻일까? 이는 '연수' 가 들어갔던 자리를 보편일반화한 것이므로, 다음과 같은 주장이 모두 성립한다는 것을 의미한다.

강희는 연수보다 키가 크다.
강희는 정민이보다 키가 크다.
강희는 지원이보다 키가 크다.
⋮

그러므로 $(\forall x)Tmx$는 강희는 우리 반에 있는 누구보다 키가 크다는 것, 즉 **강희가 키가 가장 크다**는 것을 의미한다.

(2) Tmn의 존재일반화: $(\exists x)Txn$, $(\exists x)Tmx$

이번에는 앞의 술어 Txn과 Tmx에 존재양화사를 붙여 존재일반화를 하는 경우를 차례로 생각해 보자. 다음은 무엇을 뜻할까?

$(\exists x)Txn$

존재명제는 논의세계에 있는 대상 가운데 적어도 하나는 문제의 술어를 만족한다는 것을 주장한다. 따라서 이것은 다음 가운데 적어도 하나가 성립한다는 것을 나타낸다.

---

8   엄밀하게 말하면, x 자리에는 연수 자신도 들어가고, 연수 자신이 연수보다 키가 작은 것은 아니므로 연수가 가장 작다고 할 수는 없다. 논의를 위해 이 점은 무시하기로 한다.

강희는 연수보다 키가 크다.

정민이는 연수보다 키가 크다.

지원이는 연수보다 키가 크다.

⋮

보편명제는 위의 개별 사례가 **모두** 성립함을 주장하는데 비해, 존재명제는 위의 개별 사례 가운데 **적어도 하나**가 성립함을 주장한다는 점에서 차이가 있다. 따라서 (∃x)Txn은 논의세계에 **연수보다 키가 큰 사람도 있다**는 주장을 표현한다.

이번에는 다음 일반명제의 의미를 파악해 보자.

(∃x)Tmx

이것은 아래 주장 가운데 적어도 하나가 성립한다는 것을 말한다.

강희는 연수보다 키가 크다.

강희는 정민이보다 키가 크다.

강희는 지원이보다 키가 크다.

⋮

이는 강희가 논의세계에 있는 대상들 가운데 적어도 어느 한 사람보다는 키가 크다는 것, 다시 말해 **강희보다 키가 작은 사람도 있다**는 것을 나타낸다. 이처럼 술어의 빈자리를 강희 자리로 잡느냐 연수 자리로 잡느냐에 따라, 그리고 그 자리를 보편일반화를 하느냐 존재일반화를 하느냐에 따라 의미가 서로 다른, 다양한 일반명제가 생겨난다는 것을 알 수 있다.[9]

---

9   이런 설명은 더미트의 견해를 따른 것이다. Dummett (1981), 2장 참조.

두 차례 일반화

(3) Tmn의 보편일반화와 존재일반화 1: $(\exists y)(\forall x)Txy$, $(\forall y)(\exists x)Txy$

이제 한 걸음 더 나아가 보자. 앞에서는 단칭명사가 나오는 자리 가운데 어느 하나만을 일반화했다. 그런데 단칭명사, 즉 개체 상항이 나오는 자리는 어느 것이든 일반화할 수 있다. 이번에는 다음 문장에서 출발해 보자.

$(\forall x)Txn$

이것은 우리 반에서 **연수가 키가 가장 작다**는 것을 의미했다. 여기서 '연수' 자리, 즉 개체 상항 n을 지우면 다음과 같은 술어를 얻게 된다.

$(\forall x)Txy$

이제 y 자리를 존재일반화[10]한다고 해보자.[11]

$(\exists y)(\forall x)Txy$

이는 존재일반화를 한 것이기 때문에 논의세계에 y 자리에 들어갈 경우 그 술어를 만족하는 대상이 적어도 하나는 있다는 것을 뜻한다. 다시 말해, 이는 다음 가운데 적어도 하나가 성립한다는 것을 말한다.

강희가 키가 가장 작다.

연수가 키가 가장 작다.

정민이가 키가 가장 작다.

---

10 물론 y 자리를 보편일반화한 $(\forall y)(\forall x)Txy$라는 문장도 가능하다. 이는 별로 흥미로운 주장이 아니어서 다루지 않을 뿐이다.

11 이해를 쉽게 하려면, $(\exists y)(\forall x)Txy$를 $(\exists y)[(\forall x)Txy]$로 적는 것이 더 좋다. 이렇게 하면 원래 문장 $(\forall x)Txy$에서 y 자리를 존재일반화한 것이라는 점이 더 잘 드러난다.

지원이가 키가 가장 작다.
:

그러므로 (∃y)(∀x)Txy는 우리 반 학생 가운데 **키가 가장 작은 사람이 있다**는 것을 나타낸다.

이번에는 **연수보다 키가 큰 사람이 있다**는 것을 뜻하는 다음 문장의 n 자리를 보편일반화한다고 해보자.

(∃x)Txn

그 결과는 다음이다.

(∀y)(∃x)Txy

이는 무슨 뜻일까? 이는 다음이 모두 성립한다는 주장이다.

강희보다 키가 큰 사람이 있다.
연수보다 키가 큰 사람이 있다.
정민이보다 키가 큰 사람이 있다.
지원이보다 키가 큰 사람이 있다
:

이는 **누구든 그 사람보다 키가 큰 사람이 있다**는 의미이다. 다시 말해 논의세계에 있는 대상들 가운데 누구를 잡든지 간에 그 사람보다 키가 큰 사람이 있다는 주장이다.[12]

---

12 논의세계가 유한개의 대상으로 이루어져 있다면 이 주장은 성립하지 않으므로 거짓이 된다. 하지만 가령 자연수의 집합과 같은 무한 집합을 논의세계로 잡고, Txy를 'x는 y보다 크다'라는 술어로 잡는다면 이 주장은 참이 된다. 어떠한 자연수를 잡더라도 그보다 더 큰 자연수가

(4) Tmn의 보편일반화와 존재일반화 2 : $(\exists y)(\forall x)'Tyx$, $(\forall y)(\exists x)Tyx$

이번에는 우리 반에서 **강희가 키가 가장 크다**는 의미인 $(\forall x)Tmx$에서 m 자리를 존재일반화한다고 해보자.

$(\exists y)(\forall x)Tyx$[13]

이는 다음 가운데 적어도 하나가 성립한다는 것을 말한다.

강희가 키가 가장 크다.
연수가 키가 가장 크다.
정민이가 키가 가장 크다.
지원이가 키가 가장 크다.
                ⋮

이는 우리 반에서 **키가 가장 큰 사람이 있다**는 것을 의미한다.

마지막으로 **강희보다 키가 작은 사람도 있다**는 의미인 $(\exists x)Tmx$에서 m 자리를 보편일반화 한다고 해보자.

$(\forall y)(\exists x)Tyx$

이는 다음이 모두 성립한다는 주장이다.

강희보다 키가 작은 사람도 있다.
연수보다 키가 작은 사람도 있다.
정민이보다 키가 작은 사람도 있다.

항상 있기 때문이다.

13   $(\exists y)(\forall x)Tyx$은 $(\exists x)(\forall y)Txy$과 동치이다.

지원이보다 키가 작은 사람도 있다.
$$\vdots$$

이는 우리 반의 **누구든 그 사람보다 키가 작은 사람이 있다**는 것을 의미한다.[14]

지금까지 살펴본 네 개의 일반명제는 서로 의미가 다르다.

$(\exists y)(\forall x)Txy$	키가 가장 작은 사람이 있다
$(\forall y)(\exists x)Txy$	누구든 그 사람보다 키가 큰 사람이 있다
$(\exists y)(\forall x)Tyx$	키가 가장 큰 사람이 있다
$(\forall y)(\exists x)Tyx$	누구든 그 사람보다 키가 작은 사람이 있다

이들의 미묘한 의미 차이를 선명히 드러내는 데는 다음과 같은 '모형'[15]이 도움이 될 것이다.

(가) 키가 가장 작은 사람이 있다.

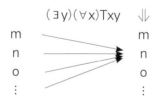

(나) 누구든 그 사람보다 키가 큰 사람이 있다.

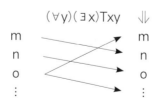

---

14   이것 또한 정수의 집합과 같은 무한 집합을 논의세계로 잡고, Txy를 'x는 y보다 크다'라는 술어로 잡는다면 참이 된다. 어떠한 정수를 잡더라도 그보다 더 작은 정수가 항상 있기 때문이다.

15   어떤 주장이 참이 되는 상황을 묘사하는 것이기 때문에 이를 '모형'(model)이라고 부른다.

(다) 키가 가장 큰 사람이 있다.

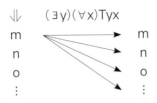

(라) 누구든 그 사람보다 키가 작은 사람이 있다.

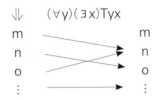

지금까지 본 것처럼 다항 술어의 빈 자리는 어느 것이든 일반화할 수 있다. 이렇게 함으로써 우리는 아주 다양한 형태의 일반적인 주장을 표현할 수 있다. 아리스토텔레스가 제시한 전통 논리학에서는 특정 부류의 모든 대상이나 일부 대상이 일정한 성질을 가지고 있다(또는 있지 않다)는 것 정도만을 표현할 수 있다. 하지만 현대의 양화논리에 오면 특정 부류의 모든 대상이나 일부 대상이 다른 대상과 일정한 **관계**를 가지고 있다는 것도 표현할 수 있다. 이를 어떻게 하는지 좀 더 살펴보기로 하자.

6.4.2 좀 더 복잡한 다항 일반성

우선 "강희가 좋아하는 사람은 모두 장학생이다"라는 주장처럼 특정한 관계를 지닌 모든 대상은 일정한 성질을 갖는다는 주장을 어떻게 기호화할 수 있을지부터 생각해 보자. 논의세계와 단칭명사 및 술어문자의 의미를 다음과 같이 잡아 보자.

논의세계		우리 반 학생들	
단칭명사		술어	
m	강희	Fx	x는 3학년이다.
n	연수	Gx	x는 장학생이다.
o	정민	Lxy	x는 y를 좋아한다.
p	지원		

(가) 강희가 좋아하는 사람은 모두 장학생이다

먼저 특정 부류의 모든 대상이나 일부 대상이 일정한 성질을 갖는다는 주장을 표현하는 기본 방식은 다음과 같은 것이라는 점을 기억하자.

$(\forall x)(Ax \rightarrow Bx)$

$(\exists x)(Ax \ \& \ Bx)$

앞서 우리는 Ax나 Bx와 같은 술어 자리에 다시 진리함수적 결합사가 나오는 복합술어를 집어넣음으로써 다양한 일반명제를 표현할 수 있었다. 이번에는 이들 자리에 **다항 술어**가 들어가는 경우를 생각해 보면 된다. "3학년은 모두 장학생이다"를 $(\forall x)(Fx \rightarrow Gx)$로 나타낸다고 할 때, "강희가 좋아하는 사람은 모두 장학생이다"라는 주장은 Fx 자리를 좀 더 구체화한 것이라고 볼 수 있다. "강희가 …를 좋아한다"라는 술어를 Lmx로 나타낸다고 할 때 다음이 우리가 원하는 기호화이다.

$(\forall x)(Lmx \rightarrow Gx)$

한편 "강희는 장학생만 좋아한다"라는 주장은 어떤 대상이든 그 대상이 장학생이 아니라면 강희는 그 대상을 좋아하지 않는다는 의미이므로, 다음과 같이 나타낸다.

$(\forall x)(\sim Gx \rightarrow \sim Lmx)$

이는 앞에 나온 $(\forall x)(Lmx \rightarrow Gx)$과 동치인 주장이다.[16]

(나) 강희가 좋아하는 3학년은 모두 장학생이다

"강희가 좋아하는 3학년은 모두 장학생이다"는 어떻게 나타낼 수 있을까? 이는 강희가 누군가를 좋아하고 그는 3학년이라는 주장에서 유래한 것일 터이므로, 다음 주장에서 얻은 술어가 필요하다.

Lmn & Fn   강희는 연수를 좋아하고 연수는 3학년이다.

이 주장에서 n을 제거하면 다음 술어를 얻는데, 이것이 우리가 원하던 술어이다.

Lmx & Fx

이 술어를 Ax 자리에 넣으면 우리는 다음과 같은 주장을 얻는다.

$(\forall x)((Lmx \ \& \ Fx) \rightarrow Gx)$

이것은 논의세계에 있는 우리 반 학생들 가운데 누구를 잡더라도, 강희가 그 학생을 좋아하고 그가 3학년이면 그는 장학생임을 말한다. 다시 말해 강희가 좋아하는 3학년은 모두 장학생임을 뜻한다.

---

16 한편 $(\forall x)(Gx \rightarrow Lmx)$는 어떤 주장을 나타내는 것일까? 이는 장학생이기만 하면 무조건 강희는 그 사람을 좋아한다는 뜻이다. 이는 강희가 좋아하는 사람은 모두 장학생이다(또는 강희는 장학생만 좋아한다)는 것과는 구분된다. 연수가 장학생이 아닌데 강희가 그를 좋아한다고 해보자. 이때 $(\forall x)(Gx \rightarrow Lmx)$는 참이지만 $(\forall x)(Lmx \rightarrow Gx)$는 거짓이다.

(다) 3학년은 모두 좋아하는 장학생이 있다.

이번에는 (∀x)(Ax → Bx)에서 Bx 자리를 좀 더 구체화하는 방식을 생각해 보자. "3학년은 모두 장학생이다" 대신 "3학년은 모두 좋아하는 장학생이 있다"라는 것은 어떻게 기호화할 수 있을까? '좋아하는 장학생이 있다' 라는 것을 어떻게 나타내야 하는지를 알려면 먼저 다음에서 출발해야 한다.

Lmn & Gn   강희는 연수를 좋아하고 연수는 장학생이다.

이 문장에서 n 자리를 존재일반화하면 우리는 "강희가 좋아하는 장학생이 있다"를 의미하는 다음을 얻는다.

(∃y)(Lmy & Gy)

그리고 "강희가 3학년이면 강희가 좋아하는 장학생이 있다"라는 주장은 다음과 같이 나타낼 것이다.

Fm → (∃y)(Lmy & Gy)

끝으로 여기 나오는 개체 상항 m 자리를 보편일반화하면 다음을 얻는다.

(∀x)(Fx → (∃y)(Lxy & Gy))

이것은 논의세계에 있는 대상 가운데 어떤 것을 잡더라도, 다시 말해 강희뿐만 아니라 연수, 정민이, 지원이 등에 대해서도 술어 'Fx → (∃y)(Lxy & Gy)'가 만족된다는 것을 주장한다. 즉 누구든 그가 3학년이면 그가 좋아하는 장학생이 있다는 것이다. 이것이 우리가 원하던 "3학년은 모두 좋아하는 장학생이 있다"의 기호화임을 알 수 있다.

(라) 3학년이 모두 좋아하는 장학생도 있다.

앞서 우리가 기호화한 주장은 3학년은 모두 **나름대로** 자신이 좋아하는 장학생이 있다는 것으로, 각자가 좋아하는 장학생이 꼭 하나의 동일 인물일 필요는 없다. 그렇다면 그런 동일 인물이 있다는 것을 주장하는 "3학년이 모두 좋아하는 장학생도 있다"라는 것은 어떻게 나타낼까? 이는 $(\exists x)(Ax \,\&\, Bx)$라는 형태의 존재주장으로 나타내야 한다는 점을 주목해야 한다. 만약 이를 'B인 A가 있다'로 읽는다면,[17] A 자리에는 '...는 장학생이다'라는 술어가 들어가고 B 자리에는 '3학년은 모두 ...를 좋아한다'라는 술어가 들어가야 할 것이다. 이를 위해 먼저 "3학년은 모두 ...를 좋아한다"라는 것을 어떻게 나타낼지 생각해 보자. 이는 명백히 보편주장이다. 따라서 이것의 기본형태는 $(\forall x)(Ax \rightarrow Bx)$일 것이다. A 자리에는 '...는 3학년이다'를 나타내는 술어가 들어가야 할 테고, B 자리에는 '그는 ...를 좋아한다'라는 술어가 들어가야 할 것이다. 가령 "강희가 3학년이면 강희는 연수를 좋아한다"라는 문장 'Fm → Lmn'에서 강희 자리를 보편일반화하면 다음 주장을 얻는데,

$$(\forall x)(Fx \rightarrow Lxn)$$

이는 3학년은 모두 연수를 좋아한다는 의미이다. 그리고 연수가 장학생이라면 이제 우리가 원하는 존재일반화를 하기 직전의 다음 주장을 얻는다.

$$Gn \,\&\, (\forall x)(Fx \rightarrow Lxn)$$

우리가 찾던 것은 이 주장을 존재일반화한 다음임을 알 수 있다.

$$(\exists y)(Gy \,\&\, (\forall x)(Fx \rightarrow Lxy))$$

---

17 물론 "A인 B가 있다"로 읽어도 된다.

이것은 논의세계에 장학생이면서 3학년이 모두 좋아하는 대상이 있음을 말한다.

지금까지 살펴본 (다)와 (라)가 확연히 다른 주장이라는 점은 다음의 두 가지 모형을 보면 분명히 알 수 있다.

(다) 3학년은 모두 좋아하는 장학생이 있다.

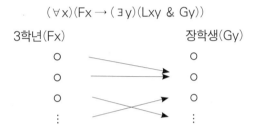

(라) 3학년이 모두 좋아하는 장학생도 있다.

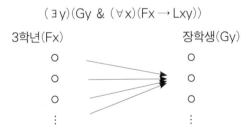

이처럼 양화논리에 오면, 일상어로는 정확하게 표현하기 어려운 미묘한 차이도 잘 포착해 낼 정도로 표현력이 크게 확장된다. 하지만 이런 미묘한 정보 내용의 차이를 엄밀한 형태의 일반명제으로 표현하기는 꽤 번거로운 일이므로, 앞으로는 간단히 해당 주장의 모형을 그리는 방안을 쓸 것이다.

모형을 그리는 방안을 쓴다면, "3학년 중에는 장학생은 모두 좋아하는 학생도 있다"라는 주장을 어떻게 나타낼지는 그다지 어렵지 않을 것이다. 다음이 한 가지 모형이다.

(마) 3학년 중에는 장학생은 모두 좋아하는 학생도 있다.

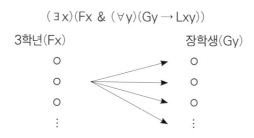

$(\exists x)(Fx \ \& \ (\forall y)(Gy \rightarrow Lxy))$

3학년(Fx)   장학생(Gy)

나아가 "장학생들은 모두 그를 좋아해 주는 3학년이 있다"라는 것을 말하는 모형은 다음과 같이 나타낼 수 있을 것이다.

(바) 장학생은 모두 그를 좋아해 주는 3학년 학생이 있다.

$(\forall x)(Gx \rightarrow (\exists y)(Lyx \ \& \ Fy))$

3학년(Fx)   장학생(Gy)

6.4.3 관계의 성질

가영이는 나영이보다 키가 크고, 나영이는 다영이보다 키가 크다고 해보자. 이때 우리는 가영이가 다영이보다 키가 크다는 것을 바로 추리해 낼 수 있다. 아울러 "가영이는 나영이보다 키가 크다"라는 사실로부터 "나영이는 가영이보다 키가 크지 않다"라는 것도 바로 추리해 낼 수 있다. 즉 다음이 성립한다는 것이 아주 직관적이다. m, n, o를 각각 '가영', '나영', '다영'으로 잡고, 'Txy'를 'x는 y보다 키가 크다'로 잡아 보자.

(1) Tmn, Tno ⊨ Tmo

(2) Tmn ⊨ ~Tnm

하지만 이를 우리 논리체계에서 엄밀하게 증명하려면, 우리가 암암리에 가정하고 있는 암묵적 전제를 추가해 넣어야 한다. 여기서 말하는 암묵적 전제란 관계의 성질에 관한 몇 가지 사실들이다.

관계에는 여러 가지가 있고, 이들도 나름의 성질을 가지고 있다. 관계의 성질을 다음과 같이 분류한다. 먼저 관계가 재귀적인지와 관련해 세 가지로 나눌 수 있다.

관계 R이 재귀적(reflexive)이다 ⇔ $(\forall x)Rxx$

관계 R이 반재귀적(irreflexive)이다 ⇔ $(\forall x)\sim Rxx$

관계 R이 비재귀적(non-reflexive)이다 ⇔ $(\exists x)Rxx$ & $(\exists x)\sim Rxx$

가령 'x는 y와 같다'라는 동일성 관계는 재귀적인 반면, 'x는 y의 형이다'라는 관계는 반재귀적이며, 'x는 y를 미워한다'라는 관계는 비재귀적이다.

또한 관계가 대칭적인지 여부를 두고 세 가지로 나눌 수 있다.

관계 R이 대칭적(symmetrical)이다 ⇔ $(\forall x)(\forall y)(Rxy \rightarrow Ryx)$

관계 R이 반대칭적(aymmetrical)이다 ⇔ $(\forall x)(\forall y)(Rxy \rightarrow \sim Ryx)$

관계 R이 비대칭적(non-symmetrical)이다 ⇔ $(\exists x)(\exists y)(Rxy$ & $Ryx)$ & $(\exists x)$ $(\exists y)(Rxy$ & $\sim Ryx)$

가령 'x는 y와 동기이다'라는 관계는 대칭적인 반면, 'x는 y의 아버지이다'라는 관계는 반대칭적이다. 또한 앞에 나온 'x는 y보다 키가 크다'라는 관계도 반대칭적이다. 한편 'x는 y를 사랑한다'라는 관계는 '슬프게도' 비대칭적인 것으로 보인다.

끝으로 관계가 이행적인지에 따라서도 세 가지를 나눌 수 있다.

관계 R이 이행적(transitive)이다 ⇔ $(\forall x)(\forall y)(\forall z)((Rxy$ & $Ryz) \rightarrow Rxz)$

관계 R이 반이행적(intransitive)이다 ⇔ $(\forall x)(\forall y)(\forall z)((Rxy$ & $Ryz) \rightarrow \sim Rxz)$

관계 R이 비이행적(non-transitive)이다 ⇔ (∃x)(∃y)(∃z)((Rxy & Ryz & Rxz) & (∃x)(∃y)(∃z)(Rxy & Ryz & ~Rxz))

앞서 얘기했듯이, 'x는 y보다 키가 크다' 라는 관계는 이행적이다. 이 밖에도 이 행적인 관계는 주변에서 흔히 찾아볼 수 있다. 한편 'x는 y의 아버지이다' 라는 관계는 반이행적이며, 'x는 y와 친구이다' 라는 관계는 비이행적이라고 할 수 있다.

　관계가 갖는 이런 성질들을 감안해 앞서 본 일상적인 추리에 적절한 전제를 추가하면, 이제 우리는 직관적으로 타당한 추리를 우리 체계 안에서 엄밀하게 증명할 수 있다. 방금 보았듯이, '...는 ...보다 키가 크다' 라는 관계는 이행적이 므로, 이를 말하는 다음과 같은 암묵적 전제를 새로이 (1)에 추가해 보자.

　(1′) Tmn, Tno, (∀x)(∀y)(∀z)((Txy & Tyz) → Txz) ⊨ Tmo

이제 이들 전제로부터 결론을 도출하기는 어렵지 않다. (2)의 경우에 우리가 필 요로 하는 암묵적 전제는 '...는 ...보다 키가 크다' 라는 관계가 반대칭적 관계 임을 말해 주는 것일 테고, 이를 보완해 넣으면 다음과 같이 될 것이다.

　(2′) Tmn, (∀x)(∀y)(Txy → ~Tyx) ⊨ ~Tnm

이때 전제로부터 결론을 얻기는 쉽다.

1. 다음 조건이 성립할 때 반드시 참인 것은?

ㄱ. 드라마를 좋아하는 사람은 아무도 뉴스를 좋아하지 않는다.

ㄴ. 스포츠를 좋아하는 사람은 아무도 드라마를 좋아하지 않는다.

ㄷ. 드라마를 좋아하는 사람은 모두 신문 보기보다는 책 읽기를 더 좋아한다.

ㄹ. 뉴스를 좋아하는 사람은 모두 책 읽기보다는 신문 보기를 더 좋아한다.

ㅁ. 영미는 책 읽기보다는 신문 보기를, 철수는 신문 보기보다는 책 읽기를 더 좋아한다.

---

① 철수는 드라마를 좋아하지만, 뉴스는 좋아하지 않는다.

② 영미는 뉴스를 좋아하지만, 드라마는 좋아하지 않는다.

③ 영미는 스포츠를 좋아하고, 철수는 뉴스를 좋아하지 않는다.

④ 철수는 스포츠를 좋아하지 않고, 영미는 스포츠를 좋아한다.

⑤ 영미는 드라마를 좋아하지 않고, 철수는 뉴스를 좋아하지 않는다.

[PSAT, 2005. 2]

2. 다음 글의 내용이 참일 때, 반드시 참인 것을 〈보기〉에서 모두 고르면?

우리 회사 직원인 김 대리와 이 대리는 회사에서 지시한 업무를 수행하지 않았습니다. 따라서 그들은 회사의 규정대로 징계를 받을 것입니다. 김 대리와 이 대리가 어떤 징계를 받을지 결정하기 전에 회사 직원 및 업무와 관련해 몇 가지 설명을 하겠습니다. 우리 회사의 어떤 직원은 모든 업무를

처리할 수 있습니다. 하지만 모든 직원들이 그러한 것은 아닙니다. 또한 어떤 업무는 아주 손쉬운 업무여서 우리 회사 직원 누구나 다 처리할 수 있습니다. 그러나 모든 업무들이 그러한 것은 아닙니다.

우리 회사의 규정상, 회사로부터 지시받은 업무를 처리하지 않은 직원은 징계를 받습니다. 그러나 그 징계의 정도는 업무 성격에 따라 달라집니다. 단 한 명의 직원만 처리할 수 있는 회사 업무를 생각해 봅시다. 그 업무를 처리할 수 있는 직원에게 해당 업무 처리를 지시했을 때 이를 수행하지 않으면 그 직원은 중징계를 받습니다. 단 한 명의 직원만 처리할 수 있는 회사 업무가 아닐 경우, 그 업무 처리 지시를 수행하지 않은 직원은 경징계를 받습니다.

최근 회사는 재고 정리 업무, 제품 검사 업무, 해외 시장 조사 업무를 맡길 사람을 찾고 있었습니다. 여러 직원들을 검토한 뒤, 김 대리에게 재고 정리 업무를 하라고 지시했으며, 이 대리에게는 제품 검사 업무를 하라고 지시했습니다. 우리 회사 업무 중에서 김 대리가 처리할 수 있는 것은 재고 정리뿐이었습니다. 그리고 제품 검사 업무는 우리 회사에서 이 대리만이 할 수 있는 업무였습니다. 그러나 김 대리와 이 대리 모두 회사에서 지시한 업무를 수행하지 않았습니다. 따라서 그들은 모두 징계를 받아야 합니다.

───────────── 〈보 기〉 ─────────────

ㄱ. 김 대리는 중징계를 받는다.

ㄴ. 재고 정리는 모든 직원들이 처리할 수 있는 업무이다.

ㄷ. 이 대리는 해외 시장 조사 업무를 처리할 수 있는 직원이다.

① ㄱ   ② ㄴ   ③ ㄷ   ④ ㄱ, ㄴ   ⑤ ㄴ, ㄷ

[PSAT, 2013. 4]

※ 다음 글을 읽고 물음에 답하시오. [3 ~ 4]

> 철이가 영이를 좋아하거나 돌이가 영이를 좋아하거나 석이가 영이를 좋아한다. 물론 철이, 돌이, 석이가 동시에 영이를 좋아할 수도 있고, 그들 중 어느 두 사람이 영이를 좋아할 수도 있다. 다시 말해서 철이, 돌이, 석이 중 적어도 한 사람은 영이를 좋아한다. 그런데 철이가 영이를 좋아한다면 영이는 건강한 여성임에 분명하다. 그리고 돌이가 좋아하는 사람은 모두 능력이 있는 사람이다. 영이가 원만한 성격의 소유자인 경우에만 석이는 영이를 좋아한다.

3. 위 글의 내용이 참일 때, 반드시 참이라고는 할 수 없는 것은?

① 영이는 건강한 여성이거나 능력이 있거나 또는 원만한 성격의 소유자이다.

② 철이와 석이 둘 다 영이를 좋아하지 않는다면, 영이는 능력이 있는 사람이다.

③ 영이가 건강한 여성이 아니라면, 돌이가 영이를 좋아하거나 석이가 영이를 좋아한다.

④ 영이가 원만한 성격의 소유자라면, 철이와 돌이 둘 모두 영이를 좋아하지 않는다.

⑤ 돌이가 영이를 좋아하지 않는다면, 영이는 건강한 여성이거나 원만한 성격의 소유자이다.

4. 위 글의 내용으로부터 현명이는 "철이는 영이를 좋아하지 않고 영이는 능력이 있는 사람이다"라고 결론을 내렸다. 하지만 위 글의 내용으로부터 이러한 결론이 반드시 따라나오지는 않는다. 이 결론이 반드시 따라나오기 위해 추가될 전제로 적절한 것은?

① 영이는 원만한 성격의 소유자이고 영이는 건강한 여성이 아니다.

② 영이는 원만한 성격의 소유자이고 돌이는 영이를 좋아한다.

③ 석이는 영이를 좋아하지 않고 돌이는 영이를 좋아한다.

④ 영이는 건강한 여성이 아니고 돌이는 영이를 좋아한다.

⑤ 석이는 영이를 좋아하지 않고 영이는 건강한 여성이다.

[PSAT, 2013. 4]

5. 다음 글의 내용이 참일 때, 반드시 참인 것만을 〈보기〉에서 모두 고르면?

'디부'는 두 마법사 사이에서 맺는 신비스런 관계이다. x와 y가 디부라는 것은, y와 x가 디부라는 것도 의미한다.

어둠의 마법사들인 A, B, C, D는 외부와의 접촉을 완전히 차단한 채, 험준한 산악 마을인 나투랄에 살고 있다. 나투랄에 있는 마법사는 이 네 명 외에는 없다. 이들 사이에 다음과 같은 관계가 성립한다.

- A와 D가 디부라면, A와 B가 디부일 뿐 아니라 A와 C도 디부이다.
- C와 D가 디부라면, C와 B도 디부이다.
- D와 A가 디부가 아니고 D와 C도 디부가 아니라면, 나투랄의 그 누구도 D와 디부가 아니다.
- B와 D가 디부이거나, C와 D가 디부이다.
- A와 디부가 아닌 마법사가 B, C, D 중에 적어도 한 명은 있다.

───── 〈보 기〉 ─────

ㄱ. B와 C는 디부이다.

ㄴ. A와 C는 디부가 아니다.

ㄷ. 나투랄에는 D와 디부가 아닌 마법사가 있다.

① ㄴ   ② ㄷ   ③ ㄱ, ㄴ   ④ ㄱ, ㄷ   ⑤ ㄱ, ㄴ, ㄷ

[PSAT, 2015. 2]

6. (가), (나), (다)의 관계에 대한 판단으로 옳은 것만을 〈보기〉에서 있는 대로
   고른 것은?

   "차별 대우를 정당화하는 차이가 없는 한 개인들을 똑같이 대우해야 한
다." 이 말은 차별 대우를 정당화하는 차이가 있어야만 개인들을 차별 대우
할 수 있다는 것을 뜻한다.
   이 말을 더 잘 이해하기 위해 차별 대우와 그것을 정당화하는 차이 사이
에 어떤 관계가 가능한지를 생각해 보자.

(가) 각각의 차별 대우를 정당화하는 차이가 적어도 하나 있다.

(나) 모든 차별 대우를 정당화하는 차이가 적어도 하나 있다. 이에 따르면
    개인들 사이에 존재하는 어떤 특정한 차이가 모든 차별 대우를 정당
    화하는 차이가 된다.

(다) 각각의 차별 대우를 정당화하는 차이는 언제나 다르다. 다시 말해 A
    와 B가 다른 차별 대우라면, A를 정당화하는 차이와 B를 정당화하는
    차이는 언제나 다르다.

──────────── 〈보   기〉 ────────────

ㄱ. (가)가 성립하면 (나)도 성립한다.

ㄴ. (나)가 성립하면 (가)도 성립한다.

ㄷ. (다)가 성립하면 (나)도 성립한다.

---

① ㄱ   ② ㄴ   ③ ㄷ   ④ ㄱ, ㄷ   ⑤ ㄴ, ㄷ

[LEET, 2011학년도]

7. 〈원리〉에 따라 추론한 것으로 옳은 것만을 〈보기〉에서 있는 대로 고른 것은?

수십 명의 직원이 근무하는 정보국에는 A, B, C 세 부서가 있고, 각 부서에 1명 이상이 소속되어 있다. 둘 이상의 부서에 소속된 직원은 없다. 이들 직원의 감시와 관련하여 세 가지 사실이 알려져 있다.

(1) A의 모든 직원은 B의 어떤 직원을 감시한다. 이는 A 부서에 속한 직원은 누구나 B 부서 소속의 직원을 1명 이상 감시하고 있음을 의미한다.

(2) B의 모든 직원이 감시하는 C의 직원이 있다. 이는 C 부서의 직원 가운데 적어도 한 사람은 B 부서 모든 직원의 감시 대상임을 의미한다.

(3) C의 어떤 직원은 A의 모든 직원을 감시한다. 이는 C 부서에 속한 직원 가운데 적어도 한 사람은 A 부서의 모든 직원을 감시 대상으로 삼고 있음을 의미한다.

〈원리〉

갑이 을을 감시하고 을이 병을 감시하면, 갑은 병을 감시하는 것이다.

─── 〈보 기〉 ───

ㄱ. A의 모든 직원은 C의 직원 가운데 적어도 한 사람을 감시하고 있다.

ㄴ. B의 어떤 직원은 A의 모든 직원을 감시하고 있다.

ㄷ. C의 어떤 직원은 B의 직원 가운데 적어도 한 사람을 감시하고 있다.

---

① ㄱ   ② ㄴ   ③ ㄱ, ㄷ   ④ ㄴ, ㄷ   ⑤ ㄱ, ㄴ, ㄷ

[LEET, 2019학년도]

8. 다음으로부터 추론한 것으로 옳은 것만을 〈보기〉에서 있는 대로 고른 것은?

　6명의 선수, A, B, C, D, E, F가 참가하는 어떤 게임은 다음 조건을 만족한다고 한다. 이 게임에서 선수 X가 선수 Y에게 우세하면 선수 Y는 선수 X에게 열세인 것으로 본다.

- A, B, C 각각은 D, E, F 중 정확히 2명에게만 우세하다.
- D, E, F 각각은 A, B, C 중 정확히 2명에게만 열세이다.
- A는 D와 E에게 우세하다.

〈보　기〉

ㄱ. C는 E에게 우세하다.

ㄴ. F는 B와 C에게 열세이다.

ㄷ. B가 E에게 우세하면 C는 D에게 우세하다.

---

① ㄱ ② ㄴ ③ ㄷ ④ ㄱ, ㄷ ⑤ ㄴ, ㄷ

[LEET, 2014학년도]

3부

확장

7장과 8장으로 이루어진 3부에서는 지금까지 다룬 내용을 확장해서 적용하는 방법을 설명한다. 먼저 7장에서는 짝 맞추기, 순서 정하기, 종류별로 묶기, 자리 배치 등의 논리 퍼즐을 어떻게 해결할 수 있는지를 설명하고, 마지막 장인 8장에서는 진리 게임 문제를 해결하는 방법을 설명한다.

7장

논리 퍼즐

7.1 논리 퍼즐이란?

논리 퍼즐[1]이라고 부르는 예를 하나 살펴보는 데서 논의를 시작하자.

1. 콩쥐, 팥쥐, 향단, 춘향 네 사람은 함께 마을 잔치에 참석하기로 했다. 족두리, 치마, 고무신을 빨간색, 파란색, 노란색, 검은색 색깔별로 총 12개의 물품을 공동으로 구입하여, 각 사람은 각각 다른 색의 족두리, 치마, 고무신을 하나씩 빠짐없이 착용하기로 했다. 예를 들어 어떤 사람이 빨간 족두리, 파란 치마를 착용한다면, 고무신은 노란색 또는 검은색으로 착용해야 한다. 〈보기〉에 따른다면 반드시 참이 되는 것은?

---

[1] 국립국어원에서 나온 표준국어대사전에서 '퍼즐'을 찾아보면 다음과 같이 나온다.

「명사」 풀면서 지적 만족을 얻도록 만든 알아맞히기 놀이. 이에는 낱말이나 숫자·도형 맞추기 따위가 있다. '알아맞히기', '짜 맞추기'로 순화.

─────────────── 〈보   기〉 ───────────────
ㄱ. 선호하는 것을 배정받고, 싫어하는 것은 배정받지 않는다.
ㄴ. 콩쥐는 빨간색 치마를 선호하고, 파란색 고무신을 싫어한다.
ㄷ. 팥쥐는 노란색 치마를 싫어하고, 검은색 고무신을 선호한다.
ㄹ. 향단은 검은색 치마를 싫어한다.
ㅁ. 춘향은 빨간색을 싫어한다.

① 콩쥐는 검은 족두리를 배정받는다.
② 팥쥐는 노란 족두리를 배정받는다.
③ 향단이는 파란 고무신을 배정받는다.
④ 춘향이는 검은 치마를 배정받는다.
⑤ 빨간 고무신을 배정받은 사람은 파란 족두리를 배정받는다.

[PSAT, 2008. 2]

우선 문두에 나와 있는 중요한 조건을 추려 내면 다음과 같다.

일반 원칙:
(가) 누구든 서로 다른 색의 것으로 세 가지를 착용해야 한다.
(나) 누구든 선호하는 것을 배정받고 싫어하는 것은 배정받지 않는다.

제시된 선호를 바탕으로 주어진 정보를 표로 정리하면 다음과 같다.

	족두리	치마	고무신
콩쥐		빨강	~파랑
팥쥐		~노랑	검정
향단		~검정	
춘향	~빨강	~빨강	~빨강

우리가 해야 할 작업은 빈 칸에 적절한 색깔을 배정하는 것이다. 한 가지 풀이는 다음과 같다.

(1) 팥쥐의 치마 색깔은 파랑임을 추론할 수 있다. 추론 과정은 다음과 같다.

① 노랑은 아니다. ∵ 팥쥐 자신의 선호 + 일반 원칙

② 빨강은 아니다. ∵ 콩쥐에게 배정되었으므로

③ 검정은 아니다. ∵ 팥쥐 자신의 고무신 색깔과 같게 되므로

④ 따라서 파랑일 수밖에 없다.

이에 따라 우리는 다음 결과를 얻는다.

	족두리	치마	고무신
콩쥐		빨강	~파랑
팥쥐		**파랑(1)**	검정
향단		~검정	
춘향	~빨강	~빨강	~빨강

(2) 향단의 치마 색깔은 노랑임을 추론할 수 있다. 앞의 결과에 따라 우선 빨강, 파랑은 아니다. 그리고 향단 자신의 선호와 원칙에 따를 때 검정도 아니다. 그러므로 그것은 노랑일 수밖에 없다.

	족두리	치마	고무신
콩쥐		빨강	~파랑
팥쥐		파랑(1)	검정
향단		**노랑(2)**	
춘향	~빨강	~빨강	~빨강

(3) 춘향의 치마 색깔은 검정임을 알 수 있다. 앞의 논의 결과, 빨강, 파랑, 노랑은 아니다. 따라서 검정이다. 이로써 치마의 색깔은 모두 정해졌다.

	족두리	치마	고무신
콩쥐		빨강	~파랑
팥쥐		파랑(1)	검정
향단		노랑(2)	
춘향	~빨강	검정(3)	~빨강

(4) 다음으로 콩쥐의 고무신 색깔이 노랑임을 추론할 수 있다. 자신의 선호에 따라 파랑이 아니고, 또한 자신의 치마 색과 달라야 하므로 빨강도 아니고, 팥쥐의 색인 검정도 아니기 때문이다.

	족두리	치마	고무신
콩쥐		빨강	**노랑(4)**
팥쥐		파랑(1)	검정
향단		노랑(2)	
춘향	~빨강	검정(3)	~빨강

(5) 춘향의 고무신 색깔이 파랑임을 알 수 있다. 우선 춘향의 선호에 따라 빨강이 아니며, 이미 선택된 노랑도 아니고 검정도 아니므로 남은 색은 파랑뿐이기 때문이다.

	족두리	치마	고무신
콩쥐		빨강	노랑(4)
팥쥐		파랑(1)	검정
향단		노랑(2)	
춘향	~빨강	검정(3)	**파랑(5)**

(6) 앞 단계까지의 결과에 따라 향단의 고무신 색깔은 남은 색인 빨강일 수밖에 없다.

	족두리	치마	고무신
콩쥐		빨강	노랑(4)
팥쥐		파랑(1)	검정
향단		노랑(2)	**빨강(6)**
춘향	~빨강	검정(3)	파랑(5)

(7) 춘향의 족두리 색도 이제 바로 알 수 있다. 자신의 선호에 따라 빨강일 수 없고, 치마 색과 같은 검정일 수 없으며, 고무신 색인 파랑일 수도 없으므로 그것은 노랑일 수밖에 없다.

	족두리	치마	고무신
콩쥐		빨강	노랑(4)
팥쥐		파랑(1)	검정
향단		노랑(2)	빨강(6)
춘향	**노랑(7)**	검정(3)	파랑(5)

(8) 마지막으로 팥쥐의 족두리 색은 확정할 수 있다. 그것은 팥쥐 자신의 치마나 고무신 색인 파랑이나 검정일 수 없고, 이미 춘향에게 배정된 노랑일 수도 없으므로, 빨강일 수밖에 없다.

	족두리	치마	고무신
콩쥐		빨강	노랑(4)
팥쥐	**빨강(8)**	파랑(1)	검정
향단		노랑(2)	빨강(6)
춘향	노랑(7)	검정(3)	파랑(5)

남은 두 칸은 확정할 수 없다. 콩쥐의 족두리는 파랑이거나 검정일 수 있고, 향단의 족두리는 콩쥐가 무엇을 배정받느냐와 맞물려 있다. 따라서 정답은 ④이다.

이번에는 다음 예를 보자.

2. 다음에서 추론한 것으로 옳은 것만을 〈보기〉에서 있는 대로 고른 것
  은?

> 컴퓨터 사용자 갑, 을, 병, 정의 아이디와 패스워드를 다음 규칙으
> 로 정하고자 한다.
>
> - 아이디는 apple, banana, cherry, durian 중 하나이다.
> - 패스워드는 apple, banana, cherry, durian 중 하나이다.
> - 하나의 아이디를 두 명 이상이 같이 쓸 수 없다.
> - 하나의 패스워드를 두 명 이상이 같이 쓸 수 없다.
> - 사용자의 아이디와 패스워드는 같을 수 없다.
> - 을의 아이디는 cherry이다.
> - 정의 패스워드는 durian이다.
> - 병의 아이디는 아이디가 banana인 사용자의 패스워드와 같다.

───── 〈보 기〉 ─────

ㄱ. 정의 아이디는 apple이다.
ㄴ. 갑의 패스워드가 cherry라면 을과 병의 패스워드는 확정할 수
   있다.
ㄷ. 아이디가 durian인 사용자의 패스워드로 banana를 쓸 수 있다.

① ㄱ ② ㄷ ③ ㄱ, ㄴ ④ ㄴ, ㄷ ⑤ ㄱ, ㄴ, ㄷ

[LEET, 2018학년도]

제시된 정보와 규칙을 고려할 때, 다음의 빈 칸에 남은 것을 적절히 배정하는
문제로 이해할 수 있다. 여기 나온 아이디와 패스워드를 간단히 A, B, C, D로
나타내기로 하자.

	갑	을	병	정	남은 것
아이디		C			A, B, D
패스워드				D	A, B, C

제시된 정보 가운데 병에 관한 것이 가장 많다고 할 수 있다. 따라서 여기서 출발하기로 해보자.

(1) 병의 아이디는 C가 아니다.

왜냐하면 아이디는 모두 네 가지인데 각자 다른 아이디를 써야 하기 때문이다.

(2) 병의 아이디는 B가 아니다.

왜냐하면 제시문에 나오는 마지막 정보 "병의 아이디는 아이디가 banana인 사용자의 패스워드와 같다."는 것은 다음 두 가지를 말해 주기 때문이다.

  ㈎ 병의 아이디 = 아이디가 B인 사용자의 패스워드

  ㈏ 병의 아이디는 B가 아니다.

마지막 정보가 ㈎를 의미할 뿐만 아니라 ㈏를 함축하는 이유는 다음과 같다. 아이디와 패스워드가 같은 것일 수 없다는 일반 원칙에 따를 때 아이디가 B인 사용자의 패스워드는 B가 아니어야 하고, 결국 병의 아이디도 B일 수는 없기 때문이다.

  (3) (1)과 (2)로부터 병의 아이디는 A나 D일 수밖에 없다.

  이제 경우의 수를 나누어서 따져 보자.

  (4) 병의 아이디가 A라고 가정해 보자.

	갑	을	병	정	남은 것
아이디		C	A 가정		B, D
패스워드				D	A, B, C

이때 정의 아이디가 어떠해야 하는지 생각해 보자. 정의 아이디는 남은 B나 D일 수밖에 없는데, D는 아니다. 왜냐하면 그 경우 아이디와 패스워드가 같아지고 말기 때문이다. 결국 정의 아이디는 B가 되어야 하고, 이에 따라 갑의 아이

디는 남은 D가 된다.

	갑	을	병	정	남은 것
아이디	D	C	A	B	
패스워드				D	A, B, C

그런데 이는 병의 아이디는 아이디가 banana인 사용자의 패스워드와 같다는 조건과 충돌한다. 따라서 병의 아이디는 A일 수 없으므로 최종적으로 그것은 D일 수밖에 없다.

(5) 병의 아이디는 D이다.

	갑	을	병	정	남은 것
아이디		C	D		A, B
패스워드				D	A, B, C

(6) 정의 아이디는 B이다.

왜냐하면 현재 병의 아이디와 정의 패스워드가 같은데, 마지막 정보에 따를 때, 후자의 아이디는 B라고 말하고 있기 때문이다.

	갑	을	병	정	남은 것
아이디		C	D	B	A
패스워드				D	A, B, C

(7) 갑의 아이디는 A이다.

	갑	을	병	정	남은 것
아이디	A	C	D	B	
패스워드				D	A, B, C

왜냐하면 남은 아이디는 A 하나뿐이기 때문이다. 나머지 빈 칸은 채울 수 없고, 이를 이용해 답을 찾을 수 있다. 표에 따를 때, ㄱ과 ㄴ은 모두 거짓이고 ㄷ은 참이다. 따라서 정답은 ②이다.

이번에는 순서 정하기의 사례를 하나 보기로 하자.

---

3. 다음 조건에 따라 A, B, C, D, E, F, G 일곱 도시를 인구 순위대로 빠짐없이 배열하려고 한다. 추가로 필요한 정보는?

> ▪ 인구가 같은 도시는 없다.
>
> ▪ C시의 인구는 D시의 인구보다 적다.
>
> ▪ F시의 인구는 G시의 인구보다 적다.
>
> ▪ C시와 F시는 인구 순위에서 바로 인접해 있다.
>
> ▪ B시의 인구가 가장 많고, E시의 인구가 가장 적다.
>
> ▪ C시의 인구는 A시의 인구와 F시의 인구를 합친 것보다 많다.

① A시의 인구가 F시의 인구보다 많다.

② C시와 D시는 인구 순위에서 바로 인접해 있다.

③ C시의 인구는 G시의 인구보다 적다.

④ D시의 인구는 F시의 인구보다 많고 B시의 인구보다 적다.

⑤ G시의 인구가 A시의 인구보다 많다.

[PSAT, 2011. 8]

제시된 정보를 정리하면 다음과 같다.

(1) D 〉 C

(2) G 〉 F

(3) C/F는 인접

(4) B가 가장 크고, E가 가장 적다.

(5) C 〉 A + F 이 정보는 다음을 의미한다. C 〉 A, C 〉 F

주어진 정보로부터 어떤 순서까지 파악할 수 있는지를 살펴보자(왼쪽으로 갈수록 큰 것으로 가정한다). 다음이 한 가지 추론이다.

(6) B .... E   ∵ (4)

(7) B ... C F ... E 또는 B ... F C ... E   ∵ (3)

(8) B ... C F ... E   ∵ (5) C 〉F

(9) B ... C F ... A ... E   ∵ (5) C 〉A

(10) B **D G** C F A E 이거나 B **G D** C F A E   ∵ (1), (2)

따라서 D, G의 순서를 정해 주는 정보가 필요하므로, 정답은 ②이다.

7.2 구조와 특징

우리가 본 예들은 '직소' 또는 '퍼즐'이라고 부르는, 여러 조각으로 된 '그림 맞추기'를 떠오르게 한다. 중요한 단서를 활용해 처음 조각을 적절한 위치에 배치하고, 나아가면서 만들어진 그림 모양을 단서로 점차 조각들의 제 위치를 찾아 나가 최종 그림을 완성하는 게임 말이다. 완성한 전체 그림은 지금 본 예처럼 자리 배치이거나 순서 정하기일 수 있고, 또한 짝 맞추기, 종류별로 묶기 등 온갖 가지 형태일 수 있다.

퍼즐 풀이에서 주목할 점은 다음 몇 가지 사항이다.

첫째, 출발점을 잘 잡는 일이다. 만약 출발점을 달리 잡으면 경우의 수를 나누어야 하고, 이에 따라 시간이 많이 걸릴 수 있다. 대체로는 전체 그림에서 몇 개 조각의 위치는 미리 알려 주고 나머지 조각의 위치를 찾도록 요구한다. 다만 애초부터 경우의 수를 나눈 다음, 여러 가능한 상황에서 공통적으로 나타나는 규칙성을 찾아야 하는 때도 간혹 있다. 배치의 경우 덩어리를 크게 할수록 갈 수 있는 선택지는 줄어들게 마련이므로, 되도록 처음부터 덩어리를 크게 만드는 것이 유리하다.

둘째, 조각을 맞추어 감에 따라 고정된 조각이 아직 고정되지 않은 조각에 대해 어떤 함축을 갖는지를 잘 파악하는 일이 중요하다. 가령 앞의 예에서 드러나듯이, 하나의 조각이 제 자리를 찾게 되면 이는 다른 조각의 위치와 관련해 많은 것을 말해 주게 된다. 특히 배정해야 하는 대상의 개수가 정해져 있거나 '~만' 배정된다는 식의 정보는 다른 조각의 위치가 정해질 때마다 그것이 말해 주는 바가 시시각각 달라지게 되므로, 이런 특성을 잘 활용해야 한다.

셋째, 모든 조각의 위치가 정해지도록 한 퍼즐도 있지만, 그렇지 않은 퍼즐도 많이 있다. 〈보기〉나 답지에 나오는 주장 형태가 '조건부 주장'이라면 이는 대개 미완성 퍼즐이라는 점을 암시해 준다. 가령 두 번째 예에 나오는 〈보기〉 "ㄴ. 갑의 패스워드가 cherry라면 을과 병의 패스워드는 확정할 수 있다."라는 것은 최종 그림이 미완성 퍼즐임을 말해 주는 강력한 단서이다.

넷째, 퍼즐 풀이에서는 때로 하나의 문장으로 표현되어 있지만 다른 것보다 많은 정보 내용을 포함하는 진술이 들어 있기도 한다. 앞의 둘째 예에서 "병의 아이디는 아이디가 banana인 사용자의 패스워드와 같다"라는 것이 그런 진술이다. 이 진술은 그 맥락에서 다음 두 정보를 의미한다.

- 병의 아이디 = 아이디가 bannana인 사용자의 패스워드
- 병의 아이디는 banana가 아니다.

만약 후자의 함축을 갖는다는 점을 파악하지 못하면 앞의 문제는 해결할 수 없다. 셋째 예에 나오는 "C시의 인구는 A시의 인구와 F시의 인구를 합친 것보다 많다"도 그런 진술의 예라고 할 수 있다. 그것은 액면 그대로의 진술 내용뿐만 아니라 C시의 인구는 A시의 인구보다 많으며 또한 C시의 인구는 F시의 인구보다도 많다는 사실을 추가로 말해 주기 때문이다. 이처럼 주어진 맥락에서 액면 그대로의 진술 내용뿐만 아니라 추가로 다른 정보를 함축하고 있는 진술을 앞으로의 논의를 위해, '함축 진술'이라고 부르기로 하자. 퍼즐 풀이에서는 이런 함축 진술의 내용을 정확히 파악하고 이를 잘 활용하는 일이 중요하다. 함축 진술의 구체적 내용은 다양해서, 단어가 갖는 일상적 함축인 경우도 있고, 시공

간적 위치와 관련된 사실인 경우도 있으며, 경기의 규칙인 경우도 있고, 간단한 수학적 사실인 경우도 있다. 그런 예를 하나 더 보기로 하자.

---

4. 다음으로부터 추론한 것으로 옳은 것만을 〈보기〉에서 있는 대로 고른 것은?

A, B, C, D 네 팀이 서로 한 번씩 상대하여 총 6번 경기를 치르는 축구 리그전에서 각 팀이 2번씩 경기를 치렀다. 각 팀은 다음 〈규칙〉에 따라 승점을 얻는다.

〈규칙〉
- 이기면 승점 3점, 비기면 승점 1점, 지면 승점 0점을 얻는다.
- 승부차기는 없다.

4번의 경기를 치른 결과가 다음과 같다.

팀	승점	득점	실점
A	4	3	2
B	4	2	1
C	3	3	2
D	0	0	3

───── 〈 보 기 〉 ─────

ㄱ. A와 B는 0:0으로 비겼다.

ㄴ. B와 C는 아직 경기를 하지 않았다.

ㄷ. C는 D에 2:0으로 이겼다.

① ㄱ   ② ㄴ   ③ ㄱ, ㄷ   ④ ㄴ, ㄷ   ⑤ ㄱ, ㄴ, ㄷ

[LEET, 2014학년도]

　　우선 각 팀의 승점은 '함축 진술'에 해당하고, 이때 간단한 수학적 사실이 활용되는 셈이다. 승점 규칙에 따를 때, 각 팀이 얻은 승점은 0, 1, 3이라는 세 수에서 두 수를 합한 값이다. 그러므로 표는 각 팀의 승패와 관련해 다음을 말해 준다.

팀	승점	승패	득점	실점
A	4	1승1무	3	2
B	4	1승1무	2	1
C	3	1승1패	3	2
D	0	2패	0	3

이 표를 바탕으로 추론을 시작해 보자.

(1) A와 B는 서로 비겼다.

왜냐하면 승패를 보면 1무씩을 기록한 팀은 A, B이기 때문이다.

(2) A와 B는 0:0으로 비겼거나 1:1로 비겼다.

왜냐하면 이 두 팀이 비겼고, B팀의 실점은 1점이기 때문이다.

이 둘 가운데 어느 것인지 알 수 없으므로 경우의 수를 나누어 따져 보자.

(3) A와 B가 0:0으로 비겼다고 가정해 보자.

이때 A는 C나 D 팀 가운데 어느 하나에게 3:2로 이겼어야 한다. 이는 C나 D가 2:3으로 졌다는 의미이다. 그런데 C는 3실점을 하지 않았기 때문에 A는 C 팀에게 이긴 것일 수 없고, D는 2득점을 하지 않았기 때문에 A는 D 팀에게 이긴 것일 수도 없다. 결국 A와 B가 0:0으로 비겼을 수는 없다. 따라서 다음이 성립한다.

(4) A와 B는 1:1로 비겼다.

남은 작업은 비교적 쉽다. 우선 A의 총득실점을 고려할 때 다음이 성립한다.

(5) A는 C에 2:1로 이겼거나 D에 2:1로 이겼다.

(6) A는 D에 2:1로 이긴 것은 아니다.

왜냐하면 D는 득점이 없기 때문이다.

(7) A는 C에 2:1로 이겼다.

(8) B는 D와 경기를 했다.

왜냐하면 각 팀은 두 번씩의 경기를 하였기 때문이다. 만약 B가 C와 경기를 하게 되면 A, B, C는 모두 두 차례 경기를 다 했는데, D는 상대가 없어서 한 경기도 못하게 되기 때문이다.

(9) B는 D에 1:0으로 이겼다.

왜냐하면 B는 A와 1:1로 비겼으므로, B는 D에는 이겨야 1승을 하게 되고, 골득실을 고려할 때 점수는 1:0이어야 하기 때문이다.

(10) C는 D에 2:0으로 이겼다.

왜냐하면 나머지 한 경기는 C와 D의 경기일 수밖에 없는데, C는 A와의 경기에서 1:2로 패했으므로 D와의 경기에서는 이겨야 하며, 점수는 2:0이어야 하기 때문이다. 따라서 최종적으로 두 팀끼리의 전적과 점수는 다음과 같다.

경기	점수
A: B	1: 1
A: C	2: 1
B: D	1: 0
C: D	2: 0

이제 이 표를 참조해 〈보기〉를 고를 수 있다. 표에 따를 때 ㄱ는 거짓이고, ㄴ과 ㄷ은 참이므로 정답은 ④이다.

이 예의 경우, 가령 "A는 C에 3:2로 이겼다"와 같은 진술은 함축 진술에 해당한다. 그것은 다음과 같은 여러 사실을 함축하고 있기 때문이다.

- A는 C와 한 경기를 하였고, C에 1승을 하였으며, 그 경기에서 3득점을 하였고, 그 경기에서 2실점을 하였다. 그리고
- C는 A와 한 경기를 하였고, A에 1패를 하였으며, 그 경기에서 2득점을 하였고, 그 경기에서 3실점을 하였다.

1. 다음으로부터 추론한 것으로 옳은 것은?

> 동물 애호가 A, B, C, D가 키우는 동물의 종류에 대해서 다음 사실이
> 알려져 있다.
>
> - A는 개, C는 고양이, D는 닭을 키운다.
> - B는 토끼를 키우지 않는다.
> - A가 키우는 동물은 B도 키운다.
> - A와 C는 같은 동물을 키우지 않는다.
> - A, B, C, D 각각은 2종류 이상의 동물을 키운다.
> - A, B, C, D는 개, 고양이, 토끼, 닭 외의 동물은 키우지 않는다.

① B는 개를 키우지 않는다.
② B와 C가 공통으로 키우는 동물이 있다.
③ C는 키우지 않지만 D가 키우는 동물이 있다.
④ 3명이 공통으로 키우는 동물은 없다.
⑤ 3종류의 동물을 키우는 사람은 없다.

[LEET, 2015학년도]

2. 다음으로부터 추론한 것으로 옳지 않은 것은?

> 아래 배치도에 나와 있는 10개의 방을, A, B, C, D, E, F, G 7명에게
> 하나씩 배정하고, 3개의 방은 비워 두었다. 다음 〈정보〉가 알려져 있다.

1호		6호
2호		7호
3호		8호
4호		9호
5호		10호

〈정보〉

- 빈 방은 마주 보고 있지 않다.

- 5호와 10호는 비어 있지 않다.

- A의 방 양 옆에는 B와 C의 방이 있다.

- B와 마주 보는 방은 비어 있다.

- C의 옆방 가운데 하나는 비어 있다.

- D의 방은 E의 방과 마주 보고 있다.

- G의 방은 6호이고 그 옆방은 비어 있다.

① 1호는 비어 있다.

② A의 방은 F의 방과 마주 보고 있다.

③ B의 방은 4호이다.

④ C와 마주 보는 방은 비어 있다.

⑤ D의 방은 10호이다.

[LEET, 2017학년도]

3. 다음으로부터 추론한 것으로 옳은 것만을 〈보기〉에서 있는 대로 고른 것은?

대형 전시실 3개와 소형 전시실 2개를 가진 어느 미술관에서 각 전시
실 별로 동양화, 서양화, 사진, 조각, 기획전시 중 하나의 주제로 작품을
전시하기로 계획하였다. 설치 작업은 월요일부터 금요일까지 〈작업 계
획〉에 따라 하루에 한 전시실씩 진행한다.

〈작업 계획〉

▪ 동양화 작품은 금요일 이전에 설치한다.

▪ 수요일과 금요일에는 대형 전시실에 작품을 설치한다.

▪ 조각 작품을 설치한 다음다음날에 소형 전시실에 사진 작품을 설치한다.

▪ 기획전시 작품을 설치한 다음다음날에 대형 전시실에 작품을 설치하는데, 그 옆 전시실에는 서양화가 전시된다.

──────── 〈보　기〉 ────────

ㄱ. 서양화 작품은 수요일에 설치한다.

ㄴ. 동양화 전시실과 서양화 전시실은 옆에 있지 않다.

ㄷ. 기획전시가 소형 전시실이면 조각은 대형 전시실이다.

① ㄱ　② ㄷ　③ ㄱ, ㄴ　④ ㄴ, ㄷ　⑤ ㄱ, ㄴ, ㄷ

[LEET, 2017학년도]

4. 다음에서 추론한 것으로 옳은 것만을 〈보기〉에서 있는 대로 고른 것은?

　　어떤 국가는 A, B, C, D, E, F의 6개 주로 구성되어 있다. 각 주는 하나의 덩어리 형태이며 다음과 같이 접경을 이루고 있다.

▪ A는 C 이외의 모든 주와 접경을 이루고 있다.

▪ B는 A, C, D, F와만 접경을 이루고 있다.

▪ C는 B, D와만 접경을 이루고 있다.

▪ D, E, F는 서로 접경을 이루지 않는다.

　　이제 빨강, 주황, 초록, 파랑, 보라의 5개 색을 사용하여 6개 주를 색

칠하려고 한다. 각 주는 하나의 색만을 사용하여 색칠되어야 한다. 또한
아래와 같은 조건들이 주어진다.

〈조건〉
〈조건1〉A는 초록색으로 칠한다.
〈조건2〉C와 F는 보라색으로 칠한다.
〈조건3〉접경을 이룬 주끼리 같은 색을 사용해서는 안 된다.
〈조건4〉파란색과 보라색은 접경을 이룬 주끼리 사용될 수 없다.
〈조건5〉5개의 색이 모두 사용되어야 한다.

─────── 〈보 기〉 ───────

ㄱ. E는 파란색이다.
ㄴ. B가 주황색이면 D는 빨간색이다.
ㄷ. 위의 조건들 중 〈조건5〉를 없애면 최소 3개의 색으로 6개의 주를 모
   두 색칠할 수 있다.

① ㄱ   ② ㄷ   ③ ㄱ, ㄴ   ④ ㄴ, ㄷ   ⑤ ㄱ, ㄴ, ㄷ

[LEET, 2016학년도]

5. 다음에서 추론한 것으로 옳은 것만을 〈보기〉에서 있는 대로 고른 것은?

  3개의 상자 A, B, C가 다음 조건을 만족한다.

  ▪ A, B, C 중 적어도 하나에는 상품이 들어 있다.
  ▪ A에 상품이 들어 있고 B가 비었다면 C에도 상품이 들어 있다.
  ▪ C에 상품이 들어 있다면 상품이 들어 있는 상자는 2개 이상이다.

- A와 C 중 적어도 하나는 빈 상자이다.

―――――――― 〈보 기〉――――――――

ㄱ. A에 상품이 들어 있다면 B에도 상품이 들어 있다.

ㄴ. B에 상품이 들어 있다면 A와 C 중 적어도 하나에는 상품이 들어 있다.

ㄷ. C에 상품이 들어 있다면 B에도 상품이 들어 있다

① ㄱ   ② ㄴ   ③ ㄱ, ㄷ   ④ ㄴ, ㄷ   ⑤ ㄱ, ㄴ, ㄷ

[LEET, 2016학년도]

6. 다음 글의 내용이 참일 때, 반드시 참인 것만을 〈보기〉에서 모두 고르면?

세 사람, 가영, 나영, 다영은 지난 회의가 열린 날짜와 요일에 대해 다음과 같이 기억을 달리하고 있다.

- 가영은 회의가 5월 8일 목요일에 열렸다고 기억한다.
- 나영은 회의가 5월 10일 화요일에 열렸다고 기억한다.
- 다영은 회의가 6월 8일 금요일에 열렸다고 기억한다.

추가로 다음 사실이 알려졌다.

- 회의는 가영, 나영, 다영이 언급한 월, 일, 요일 중에 열렸다.
- 세 사람의 기억 내용 가운데, 한 사람은 월, 일, 요일의 세 가지 사항 중 하나만 맞혔고, 한 사람은 하나만 틀렸으며, 한 사람은 어느 것도 맞히지 못했다.

─────── 〈 보   기 〉 ───────

ㄱ. 회의는 6월 10일에 열렸다.

ㄴ. 가영은 어느 것도 맞히지 못한 사람이다.

ㄷ. 다영이 하나만 맞힌 사람이라면 회의는 화요일에 열렸다.

① ㄱ   ② ㄷ   ③ ㄱ, ㄴ   ④ ㄴ, ㄷ   ⑤ ㄱ, ㄴ, ㄷ

[PSAT, 2019. 3]

7. 다음 글을 근거로 판단할 때, B구역 청소를 하는 요일은?

> 갑 레스토랑은 매주 1회 휴업일(수요일)을 제외하고 매일 영업한다. 갑 레스토랑의 청소시간은 영업일 저녁 9시부터 10시까지이다. 이 시간에 A구역, B구역, C구역 중 하나를 청소한다. 청소의 효율성을 위하여 청소를 한 구역은 바로 다음 영업일에는 하지 않는다. 각 구역은 매주 다음과 같이 청소한다.
>
> - A구역 청소는 일주일에 1회 한다.
> - B구역 청소는 일주일에 2회 하되, B구역 청소를 한 후 영업일과 휴업일을 가리지 않고 이틀 간은 B구역 청소를 하지 않는다.
> - C구역 청소는 일주일에 3회 하되, 그 중 1회는 일요일에 한다.

① 월요일과 목요일   ② 월요일과 금요일   ③ 월요일과 토요일

④ 화요일과 금요일   ⑤ 화요일과 토요일

[PSAT, 2019. 7 상황판단]

8. 다음으로부터 추론한 것으로 옳은 것은?

　어떤 교수가 피아노 연주회에서 자신이 지도하는 6명의 학생, 갑, 을, 병, 정, 무, 기의 연주 순서를 정하는 데 다음 〈조건〉을 적용하고자 한다.

〈조건〉
- 각자 한 번만 연주하며 두 명 이상이 동시에 연주할 수 없다.
- 병은 무보다 먼저 연주해야 한다.
- 정은 갑과 을보다 먼저 연주해야 한다.
- 무는 갑 직전 또는 직후에 연주해야 한다.
- 기는 을 직전에 연주해야 한다.

---

① 갑이 기 직전에 연주하면 병과 정의 순서가 결정된다.
② 을이 병 직전에 연주하면 갑과 무의 순서가 결정된다.
③ 병이 무 직전에 연주하면 갑과 을의 순서가 결정된다.
④ 정이 갑 직전에 연주하면 병과 기의 순서가 결정된다.
⑤ 무가 기 직전에 연주하면 병과 정의 순서가 결정된다.

[LEET, 2020학년도]

9. 다음으로부터 바르게 추론한 것만을 〈보기〉에서 있는 대로 고른 것은?

　4개의 부서, A, B, C, D의 업무 역량을 평가하기 위해서 두 부서끼리 빠짐없이 한 번씩 서로 비교하려 한다. 이 업무 역량 평가는 매 평가마다 서로 다른 요인을 평가하기 때문에 평가 결과끼리는 서로 영향을 주지 않는다. 예를 들어, A가 B보다 우월하고 B가 C보다 우월하더라도 A가 C보다 반드시 우월하다고 할 수 없다. 두 부서의 업무 역량에 우열이

드러나면, 업무 역량이 더 나은 부서에 5점, 상대 부서에 0점을 부여한다. 두 부서의 업무 역량이 서로 동등하다고 평가되면, 두 부서 모두에 2점씩 부여한다. 평가 결과는 다음과 같았다.

A: 7점

B: 7점

C: 4점

D: 10점

──────── 〈보 기〉 ────────

ㄱ. A와 C의 비교에서 두 부서는 동등하다고 평가되었다.

ㄴ. B와 D의 비교에서 B가 더 나은 평가를 받았다.

ㄷ. A와 B의 비교에서 A가 더 나은 평가를 받았다는 정보를 추가하면 우열 관계에 대한 나머지 모든 결과를 알 수 있다.

① ㄱ   ② ㄴ   ③ ㄱ, ㄷ   ④ ㄴ, ㄷ   ⑤ ㄱ, ㄴ, ㄷ

[LEET, 2013학년도]

10. 다음에서 추론한 것으로 옳은 것만을 〈보기〉에서 있는 대로 고른 것은?

A반 4명, B반 3명, C반 3명, D반 2명으로 구성된 동아리를 세 개의 팀으로 나누는데, 다음 조건을 만족한다.

▪ 각 학생은 어느 한 팀에만 포함된다.
▪ 각 팀은 최소한 세 개의 반의 학생을 포함한다.
▪ 특정 반의 학생 전체를 포함한 팀은 없다.

―――――――――― 〈보   기〉 ――――――――――
ㄱ. 각 팀의 학생의 수가 모두 같을 수 있다.

ㄴ. A반, B반, C반으로만 구성된 6명인 팀이 있을 수 있다.

ㄷ. B반, C반, D반으로만 구성된 5명인 팀이 있을 수 없다.

① ㄱ   ② ㄷ   ③ ㄱ, ㄴ   ④ ㄴ, ㄷ   ⑤ ㄱ, ㄴ, ㄷ

[LEET, 2018학년도]

8장
진리 게임

8.1 진리 게임이란?

통상적인 추론의 경우에는 주어진 진술이 참이라는 가정 아래 그 전제들로부터 반드시 참이 되는 것이 어떤 것인지를 파악한다. 하지만 주어진 진술의 참/거짓 여부를 미확정으로 주고 추론을 해야 하는 경우도 있는데, 이를 보통 '진리 게임'이라고 부른다. 다음 사례를 생각해 보자.

1. 쓰레기를 무단투기하는 사람을 찾기 위해 고심하던 주민센터 직원은 다섯 명의 주민 A, B, C, D, E를 면담했다. 이들은 각자 아래와 같이 이야기했다. 이 가운데 두 명의 이야기는 모두 거짓인 반면, 세 명의 이야기는 모두 참이라 하자. 다섯 명 가운데 한 명이 범인이라고 할 때, 쓰레기를 무단투기한 사람은 누구인가?

   A: 쓰레기를 무단투기하는 것을 나와 E만 보았다. B의 말은 모두 참이다.

> B: 쓰레기를 무단투기한 것은 D이다. D가 쓰레기를 무단투기하는
>   것을 E가 보았다.
> C: D는 쓰레기를 무단투기하지 않았다. E의 말은 참이다.
> D: 쓰레기를 무단투기하는 것을 세 명의 주민이 보았다. B는 쓰레기
>   를 무단투기하지 않았다.
> E: 나와 A는 쓰레기를 무단투기하지 않았다. 나는 쓰레기를 무단투
>   기하는 사람을 아무도 보지 못했다.
>
> ① A   ② B   ③ C   ④ D   ⑤ E
>
> [PSAT, 2010. 2]

명시적으로 밝히고 있듯이, 이때 다섯 사람이 한 진술이 모두 참은 아니다. 따라서 여기 나온 열 개의 진술이 모두 참이라고 가정하고 추론을 해서는 안 된다. 그러면 어떻게 해야 할까?

8.2 구조와 특징

(1) 진리 게임에서는 언제나 참이거나 거짓인 진술의 개수가 미리 제시된다. 이에 따라 먼저 해야 할 작업은 주어진 진술 가운데 어떤 것이 참이고 어떤 것이 거짓인지를 식별하는 일이다. 이때 우리는 1장에서 다룬 주장들 사이의 논리적 관계를 이용하여 이 작업을 하면 된다. 앞의 예를 다시 보자.

A: 쓰레기를 무단투기하는 것을 나와 E만 보았다. B의 말은 모두 참이다.
B: 쓰레기를 무단투기한 것은 D이다. D가 쓰레기를 무단투기하는 것을 E가 보았다.
C: D는 쓰레기를 무단투기하지 않았다. E의 말은 참이다.

D: 쓰레기를 무단투기하는 것을 세 명의 주민이 보았다. B는 쓰레기를 무단투기하지 않았다.

E: 나와 A는 쓰레기를 무단투기하지 않았다. 나는 쓰레기를 무단투기하는 사람을 아무도 보지 못했다.

논의를 위해 A의 첫 번째 진술을 A_1로, 두 번째 진술은 A_2 등으로 간단히 나타내기로 하자. 여기 나오는 주장들 가운데 다음 쌍들은 동시에 참일 수 없는, 이른바 비일관적 명제 집합임을 알 수 있다.

$\{A_1, D_1\}$, $\{A_1, E_2\}$, $\{B_1, C_1\}$

이는 A_1이 참이라면, D_1과 E_2는 거짓임을 말해 주고, 이런 논리적 관계를 적절히 이용하여 참인 진술과 거짓인 진술을 식별해 낼 수 있다. 구체적인 풀이는 잠시 뒤에 볼 것이다. 때로는 주어진 진술의 참/거짓을 확정할 수 없는 경우도 있다. 이때는 경우의 수를 나누어 따져 보고, 여기서 드러나는 규칙성을 확인해야 한다.

(2) 진리 게임에서 주목할 사실 하나는 어떤 진술이 거짓으로 판명 났다고 해서 그것이 쓸모없는 것이 아니라는 점이다. 어떤 진술이 거짓이라는 말은 그 진술의 부정이 참이라는 의미이고, 때로는 부정 진술이 긍정 진술보다 더 많은 정보를 지니기도 하기 때문이다. 가령 다음 진술이 **거짓**이라고 해보자.

강희가 3학년이 아니거나 연수가 3학년이 아니다.

이는 이 문장의 부정이 참이라는 의미로, 이는 다음과 같은 정보를 우리에게 알려 주게 된다.

강희는 3학년이고 연수도 3학년이다.

이처럼 어떤 주장이 거짓이라는 정보도 그 자체로 또 하나의 아주 유용한 정보가 될 수 있다는 점을 명심해야 한다.

지금까지의 과정을 도식화해서 말하면 다음과 같다. 통상적인 추론 문제에서는 다음이 옳은 추론인지를 묻는다.

$$A_1, A_2, A_3, \ldots, A_n \vDash C$$

이는 전제들 $A_1, A_2, A_3, \ldots, A_n$이 모두 참이면 결론 C가 언제나 참이 되는지를 묻는 것이다. 진리 게임 유형의 문제에서는 먼저 주장들 사이의 논리적 관계를 활용하여 $A_1, A_2, A_3, \ldots, A_n$ 가운데 어떤 것이 참이고 어떤 것이 거짓인지를 식별해야 한다. 이 작업을 통해 우리가 가령 $A_1, A_2, A_3, \ldots, A_n$ 가운데 A_2, A_3은 거짓이고 나머지는 모두 참임을 알아냈다고 하자. 그러면 이제 우리가 해야 할 작업은 다음 추론이 타당한지를 판별하는 일이다. 이는 우리가 통상적으로 해 온 추론 작업과 다르지 않다.

$$A_1, {\sim}A_2, {\sim}A_3, \ldots, A_n \vDash C$$

(3) 진리 게임에서는 통상적인 진술 이외에 '메타 진술'이 등장하기도 한다는 점을 주목해야 한다. 가령 앞의 예에서 "B의 말은 모두 참이다"나 "E의 말은 참이다"가 바로 메타 진술의 예이며, "E의 말은 거짓이다"도 마찬가지로 메타 진술에 속한다. 이런 메타 진술은 이중의 역할을 한다. 우선 메타 진술도 진술이기 때문에 그 자체로 참이거나 거짓이라는 진릿값을 갖는다. 또한 메타 진술은 진술에 **관한** 진술이기 때문에 그것이 참이거나 거짓일 경우, 그것은 대상 진술(이 경우 E의 말)과 관련해 일정한 정보를 함축하게 된다.

(4) 진리 게임에서 진술들의 참/거짓을 확정하고 난 뒤에 우리가 해야 할 추론은 온갖 가지 형태일 수 있다. 다시 말해, 진술의 진릿값이 모두 확정되면, 순수하게 명제논리 형태의 추론이라고 할 수 있는 사례도 있고, 양화논리 형태의 추론이라고 할 수 있는 사례도 있으며, 논리 퍼즐이라고 할 수 있는 사례도 있다.

이제 앞의 진리 게임 문제로 돌아가 이를 해결해 보자. 문두에 제시된 조건은 다음과 같다.

가) A, B, C, D, E 다섯 명 가운데 한 명이 범인이다.

나) 다섯 명의 진술 가운데 두 명의 진술은 모두 거짓이고, 세 명의 진술은 모두 참이다.

먼저 해야 할 작업은 제시된 진술의 참/거짓을 판별하는 일이다. 다음과 같은 추론이 한 가지 방안이다. 조건에 따를 때, 사람들이 한 진술은 모두 참이거나 모두 거짓이므로 경우의 수를 나누어서 따져 보자.

(1) A의 두 진술이 모두 참이라고 해보자.

(2) B도 참이다.   ∵ A의 후반부 진술

(3) C는 거짓이다.   ∵ C의 전반부 진술과 B의 전반부 진술이 비일관적

(4) D도 거짓이다.   ∵ A의 전반부 진술과 D의 전반부 진술이 비일관적

(5) E도 거짓이다.   ∵ A의 전반부 진술과 E의 후반부 진술이 비일관적

(6) 따라서 C, D, E 세 명의 진술이 거짓이다.

(7) 하지만 이는 나)와 모순이고, 결국 A의 두 진술은 모두 거짓이다.

(8) B는 거짓이다.   ∵ A의 후반부 진술[1]

(9) A와 B가 거짓이므로, C, D, E는 모두 참이다. ∵ 나)

이로써 진술들의 참/거짓이 모두 밝혀졌다. 이 작업을 할 때 어디에서 출발하느냐가 중요하다. 다섯 사람의 진술이 있으므로, 다섯 가지 방안이 가능하다. 가정상 여기 나온 사람들의 진술은 모두 참이거나 모두 거짓이므로 이때도 또한 두 가지 방안이 가능하다. 앞에서 우리는 A, B, C, D, E 가운데 A의 진술을 따져 보는 데서 시작하였고, 또한 그의 진술이 모두 참이라고 가정하는 데서 시

---

1 엄밀하게 말해 이것이 말해 주는 것은 "B의 말이 모두 참인 것은 아니다"이지만, 우리 맥락에서 이는 B의 말은 모두 거짓이라는 의미가 된다.

작하였다. 물론 A가 아닌 다른 사람의 진술부터 따져 볼 수도 있고, 모두 거짓인 경우부터 고려할 수도 있다. 이때 출발점을 어떻게 잡을지는 다분히 맥락에 의존한다. 분명한 지침은 되도록 많은 것을 추론할 수 있는 것을 출발점으로 삼으라는 것이다. 즉 가정으로부터 주장들 사이의 논리적 관계를 이용해 비교적 빠른 단계에서 참/거짓을 밝힐 수 있는 것을 선택하라는 것이다.

다음 작업은 참인 정보로부터 추론을 해내는 것이다. 이 문제의 경우에는 참인 진술인 C, D, E만으로도 답을 찾을 수 있다.[2]

(10) D는 쓰레기를 무단투기하지 않았다.　∵ C의 첫 번째 진술

(11) B는 쓰레기를 무단투기하지 않았다.　∵ D의 두 번째 진술

(12) E와 A는 쓰레기를 무단투기하지 않았다. ∵ E의 첫 번째 진술

(13) 쓰레기를 무단투기한 사람은 C이다.　∵ 10, 11, 12 + 가)

따라서 정답은 ③이다.

예를 하나 더 보기로 하자.

> 2. 경찰서에서 목격자 세 사람이 범인에 관하여 다음과 같이 진술하였다.
>
> > A: 영희가 범인이거나 순이가 범인이다.
> > B: 순이가 범인이거나 보미가 범인이다.
> > C: 영희가 범인이 아니거나 또는 보미가 범인이 아니다.
>
> 경찰에서는 이미 이 사건이 한 사람의 단독 범행인 것을 알고 있었다. 그리고 한 진술은 거짓이고 나머지 두 진술은 참이라는 것이 나중에 밝

2　A와 B의 두 진술은 모두 거짓이므로, B의 첫 번째 진술도 거짓이고, 이로부터 우리는 D는 쓰레기를 무단투기하지 않았다는 점을 알 수 있다. 하지만 이 사실은 C의 첫 번째 진술을 통해서도 확보할 수 있다.

혀졌다. 안타깝게도 어느 진술이 거짓인지는 밝혀지지 않았다. 다음 중 반드시 거짓인 것은?

① 영희가 범인이다.
② 순이가 범인이다.
③ 보미가 범인이다.
④ 보미는 범인이 아니다.
⑤ 영희가 범인이 아니면 순이도 범인이 아니다.

[PSAT, 2006. 2]

문두에 나온 중요한 정보는 다음과 같다.

가) 영희, 순이, 보미 가운데 한 명이 범인이다.
나) 세 진술 가운데 하나는 거짓이고 다른 두 진술은 참이다.

먼저 진술의 참/거짓을 판별해 보자. 각각의 진술은 참이거나 거짓일 것이다. 그런데 C는 거짓일 수 없음을 쉽게 알 수 있다. 다음과 같이 진행하면 된다.

(1) C가 거짓이라고 해보자.
(2) 영희와 보미가 모두 범인이다.　　　　∵ C의 부정이 참이므로
(3) C는 참이다.　　　　　　　　　　　　∵ 2와 가)가 모순이므로

C의 참은 확정되었지만, 나머지 두 진술 A, B 가운데 어느 것이 거짓인지는 확정할 수 없다. 경우를 수를 나누어 따져 보기로 하자.
첫째, A가 거짓이고 B는 참이라고 해보자.

(4) A가 거짓이다.   ∵ 가정
(5) 영희와 순이 모두 범인이 아니다   ∵ A의 부정이 참이므로
(6) 보미가 범인이다.   ∵ 5 + 가)

둘째, A는 참이고 B가 거짓이라고 해보자.

(4) B가 거짓이다.   ∵ 가정
(5) 순이와 보미 모두 범인이 아니다.   ∵ B의 부정이 참이므로
(6) 영희가 범인이다.   ∵ 5 + 가)

결국 보미나 영희가 범인이며, 순이는 어느 경우에도 범인이 아님을 알 수 있다. 따라서 순이가 범인이라는 주장은 반드시 거짓이 되므로, 정답은 ②이다.

연 습 문 제

1. 다음으로부터 추론한 것으로 옳은 것만을 〈보기〉에서 있는 대로 고른 것은?

> 한 아파트에서 발생한 범죄 사건의 용의자로 유석, 소연, 진우가 경찰에서 조사를 받았다. 사건이 발생한 아파트에서 피해자와 같은 층에 사는 사람은 이 세 사람뿐인데, 이들은 각각 다음과 같이 차례로 진술하였다. 이 중 진우의 두 진술 ⓔ와 ⓕ는 모두 참이거나 또는 모두 거짓이다.
>
> 유석: ⓐ "범행 현장에서 발견된 칼은 진우의 것이다."
>   ⓑ "나는 피해자를 만나 본 적이 있다."
> 소연: ⓒ "피해자와 같은 층에 사는 사람은 모두 피해자를 만난 적이 있다."

        ⓓ "피해자와 같은 층에 사는 사람 중에서 출근이 가장 늦은 사
           람은 유석이다."

진우:　ⓔ "유석의 두 진술은 모두 거짓이다."

        ⓕ "소연의 두 진술은 모두 참이다."

〈보　기〉

ㄱ. ⓑ가 거짓이면, 범행 현장에서 발견된 칼은 진우의 것이다.

ㄴ. ⓒ가 참이면, 범행 현장에서 발견된 칼은 진우의 것이다.

ㄷ. ⓐ가 거짓이고 ⓓ가 참이면, 소연과 진우 중 적어도 한 사람은 피해
　　자를 만난 적이 없다.

① ㄱ　② ㄴ　③ ㄱ, ㄷ　④ ㄴ, ㄷ　⑤ ㄱ, ㄴ, ㄷ

[LEET, 2014학년도]

2. 다음으로부터 추론한 것으로 옳은 것만을 〈보기〉에서 있는 대로 고른 것은?

    8개의 축구팀 A, B, C, D, E, F, G, H가 다음 단계 1~3에 따라 경기
하였다.

단계 1: 8개의 팀을 두 팀씩 1, 2, 3, 4조로 나눈 후, 각 조마다 같은 조
　　　　에 속한 두 팀이 경기를 하여 이긴 팀은 준결승전에 진출한다.
단계 2: 1조와 2조에서 준결승전에 진출한 팀끼리 경기를 하여 이긴 팀
　　　　이 결승전에 진출하고, 3조와 4조에서 준결승전에 진출한 팀끼
　　　　리 경기를 하여 이긴 팀이 결승전에 진출한다.
단계 3: 결승전에 진출한 두 팀이 경기를 하여 이긴 팀이 우승한다.

무승부 없이 단계 3까지 마친 경기 결과에 대하여 갑, 을, 병, 정이 아래와 같이 진술하였다.

- 갑: A는 2승 1패였다.
- 을: E는 1승 1패였다.
- 병: C는 준결승전에서 B에 패했다.
- 정: H가 우승하였다.

그런데 이 중에서 한 명만 거짓말을 한 것으로 밝혀졌다.

───────〈 보   기 〉───────

ㄱ. 을의 진술은 참이다.

ㄴ. 갑이 거짓말을 하였으면 H는 준결승전에서 E를 이겼다.

ㄷ. H가 1승이라도 했다면 갑 또는 병이 거짓말을 하였다.

① ㄴ   ② ㄷ   ③ ㄱ, ㄴ   ④ ㄱ, ㄷ   ⑤ ㄱ, ㄴ, ㄷ

[LEET, 2019학년도]

3. 다음 글의 내용이 참일 때, 영희가 들은 수업의 최소 개수와 최대 개수는?

심리학과에 다니는 가영, 나윤, 다선, 라음은 같은 과 친구인 영희가 어떤 수업을 들었는지에 대해 이야기했다. 이들은 영희가 〈인지심리학〉, 〈성격심리학〉, 〈발달심리학〉, 〈임상심리학〉 중에서만 수업을 들었다는 것은 알고 있지만, 구체적으로 어떤 수업을 듣고 어떤 수업을 듣지 않았는지에 대해서는 잘 알지 못했다. 그들은 다음과 같이 진술했다.

- 영희가 〈성격심리학〉을 듣지 않았다면, 영희는 대신 〈발달심리학〉과

〈임상심리학〉을 들었다.

- 영희가 〈임상심리학〉을 들었다면, 영희는 〈성격심리학〉 또한 들었다.
- 영희가 〈인지심리학〉을 듣지 않았다면, 영희는 〈성격심리학〉도 듣지 않았고 대신 〈발달심리학〉을 들었다.
- 영희는 〈인지심리학〉도 〈발달심리학〉도 듣지 않았다.

추후 영희에게 확인해 본 결과 이들 진술 중 세 진술은 옳고 나머지 한 진술은 그른 것으로 드러났다.

	최소	최대
①	1개	2개
②	1개	3개
③	1개	4개
④	2개	3개
⑤	2개	4개

[PSAT, 2019. 3]

4. 다음 글의 내용이 참일 때 반드시 참인 것만을 〈보기〉에서 모두 고르면?

A 부서에서는 올해부터 직원을 선정하여 국외 연수를 보내기로 하였다. 선정 결과 가영, 나준, 다석이 미국, 중국, 프랑스에 한 명씩 가기로 하였다. A 부서에 근무하는 갑 ~ 정은 다음과 같이 예측하였다.

- 갑: 가영이는 미국에 가고 나준이는 프랑스에 갈 거야.
- 을: 나준이가 프랑스에 가지 않으면, 가영이는 미국에 가지 않을 거야.

■ 병: 나준이가 프랑스에 가고 다석이가 중국에 가는 그런 경우는 없을 거야.

■ 정: 다석이는 중국에 가지 않고 가영이는 미국에 가지 않을 거야.

하지만 을의 예측과 병의 예측 중 적어도 한 예측은 그르다는 것과 네 예측 중 두 예측은 옳고 나머지 두 예측은 그르다는 것이 밝혀졌다.

───────── 〈보 기〉 ─────────

ㄱ. 가영이는 미국에 간다.

ㄴ. 나준이는 프랑스에 가지 않는다.

ㄷ. 다석이는 중국에 가지 않는다.

① ㄱ   ② ㄴ   ③ ㄱ, ㄷ   ④ ㄴ, ㄷ   ⑤ ㄱ, ㄴ, ㄷ

[PSAT, 2018. 3]

5. 뇌물수수 혐의자 A ~ D에 관한 다음 진술들 중 하나만 참일 때, 이들 가운데 뇌물을 받은 사람의 수는?

■ A가 뇌물을 받았다면, B는 뇌물을 받지 않았다.

■ A와 C와 D 중 적어도 한 명은 뇌물을 받았다.

■ B와 C 중 적어도 한 명은 뇌물을 받지 않았다.

■ B와 C 중 한 명이라도 뇌물을 받았다면, D도 뇌물을 받았다.

① 0명   ② 1명   ③ 2명   ④ 3명   ⑤ 4명

[PSAT, 2018. 3]

6. 윗마을에 사는 남자는 참말만 하고 여자는 거짓말만 한다. 아랫마을에 사는 남자는 거짓말만 하고 여자는 참말만 한다. 이 마을들에 사는 이는 남자이거나 여자이다. 윗마을 사람 두 명과 아랫마을 사람 두 명이 다음과 같이 대화하고 있을 때, 반드시 참인 것은?

- 갑: 나는 아랫마을에 살아.
- 을: 나는 아랫마을에 살아. 갑은 남자야.
- 병: 을은 아랫마을에 살아. 을은 남자야.
- 정: 을은 윗마을에 살아. 병은 윗마을에 살아.

---

① 갑은 윗마을에 산다.
② 갑과 을은 같은 마을에 산다.
③ 을과 병은 다른 마을에 산다.
④ 을, 병, 정 가운데 둘은 아랫마을에 산다.
⑤ 이 대화에 참여하고 있는 이들은 모두 여자이다.

[PSAT, 2018. 3]

7. 사무관 A는 국가공무원인재개발원에서 수강할 과목을 선택하려 한다. A가 선택할 과목에 대해 갑 ~ 무가 다음과 같이 진술하였는데 이 중 한 사람의 진술은 거짓이고 나머지 사람들의 진술은 모두 참인 것으로 밝혀졌다. A가 반드시 수강할 과목만을 모두 고르면?

- 갑: 법학을 수강할 경우, 정치학도 수강한다.
- 을: 법학을 수강하지 않을 경우, 윤리학도 수강하지 않는다.
- 병: 법학과 정치학 중 적어도 하나를 수강한다.
- 정: 윤리학을 수강할 경우에만 정치학을 수강한다.

> ▪ 무: 윤리학을 수강하지만 법학은 수강하지 않는다.

① 윤리학   ② 법학   ③ 윤리학, 정치학
④ 윤리학, 법학   ⑤ 윤리학, 법학, 정치학

[PSAT, 2016. 2]

8. 다음으로부터 추론한 것으로 옳지 않은 것은?

> 네 명의 피의자 갑, 을, 병, 정은 다음과 같이 진술하였다. 단, 이 네 명 이외에 범인이 존재할 가능성은 없다.
>
> ▪ 갑: 병이 범인이다.
> ▪ 을: 나는 범인이 아니다.
> ▪ 병: 정이 범인이다.
> ▪ 정: 병의 진술은 거짓이다.

① 범인이 두 명이면 범인 중에 적어도 한 명의 진술은 거짓이다.
② 거짓인 진술을 한 사람이 세 명이면 을은 범인이다.
③ 범인이 세 명이면 두 명 이상의 진술이 거짓이다.
④ 병과 정 중에 적어도 한 명의 진술은 거짓이다.
⑤ 을이 범인이 아니면 두 명 이상의 진술이 참이다.

[LEET, 2020학년도]

9. 다음으로부터 추론한 것으로 옳은 것은?

어떤 회사가 A, B, C, D 네 부서에 한 명씩 신입 사원을 선발하였다. 지원자는 총 5명이었으며, 선발 결과에 대해 다음과 같이 진술하였다. 이 중 1명의 진술만 거짓으로 밝혀졌다.

- 지원자 1 : 지원자 2가 A 부서에 선발되었다.
- 지원자 2 : 지원자 3은 A 또는 D 부서에 선발되었다.
- 지원자 3 : 지원자 4는 C 부서가 아닌 다른 부서에 선발되었다.
- 지원자 4 : 지원자 5는 D 부서에 선발되었다.
- 지원자 5 : 나는 D 부서에 선발되었는데, 지원자 1은 선발되지 않았다.

---

① 지원자 1은 B 부서에 선발되었다.
② 지원자 2는 A 부서에 선발되었다.
③ 지원자 3은 D 부서에 선발되었다.
④ 지원자 4는 B 부서에 선발되었다.
⑤ 지원자 5는 C 부서에 선발되었다.

[LEET, 2015학년도]

10. 다음 글과 〈자기 소개〉를 근거로 판단할 때, 대학생, 성별, 학과, 가면을 모두 옳게 짝지은 것은?

대학생 5명(A~E)이 모여 주말에 가면파티를 하기로 했다.

- 남학생이 3명이고 여학생이 2명이다.
- 5명은 각각 행정학과, 경제학과, 식품영양학과, 정치외교학과, 전자공학과 재학생이다.

- 5명은 각각 늑대인간, 유령, 처녀귀신, 좀비, 드라큘라 가면을 쓸 것이다.
- 본인의 성별, 학과, 가면에 대해 한 명은 모두 거짓만을 말하고 있고 나머지는 모두 진실만을 말하고 있다.

─── 〈자기 소개〉 ───

A: 식품영양학과와 경제학과에 다니지 않는 남학생인데 드라큘라 가면을 안 쓸 거야.

B: 행정학과에 다니는 남학생인데 늑대인간 가면을 쓸 거야.

C: 식품영양학과에 다니는 남학생인데 처녀귀신 가면을 쓸 거야.

D: 정치외교학과에 다니는 여학생인데 좀비 가면을 쓸 거야.

E: 전자공학과에 다니는 남학생인데 드라큘라 가면을 쓸 거야.

	대학생	성별	학과	가면
①	A	여	행정학과	늑대인간
②	B	여	경제학과	유령
③	C	남	식품영양학과	좀비
④	D	여	정치외교학과	드라큘라
⑤	E	남	전자공학과	처녀귀신

[PSAT, 2019. 3 상황판단]

1장 주장들 사이의 논리적 관계

1. 먼저 나오는 것이 모순관계에 있는 주장이고, 뒤의 것은 반대관계에 있는 주
   장이다.
   ① 우리 반의 여학생 중에는 2학년이 아닌 사람도 있다. / 우리 반의 여학생
      은 모두 2학년이 아니다.
   ② 우리 반의 남학생 중에는 2학년도 있다. / 우리 반의 남학생은 모두 2학
      년이다.
   ③ 강희는 2학년이 아니거나 연수는 2학년이 아니다. / 연수는 3학년이다.
   ④ 강희나 연수 가운데 한 사람은 2학년이다. / 강희는 2학년이다.
   ⑤ 강희는 2학년이 아니거나 남학생이 아니다. / 강희는 남학생이 아니다.

2. ②, ③, ⑤, ⑧, ⑨가 참인 설명이다.

3. ①, ②, ④, ⑤가 참인 설명이다.

4. ①, ②, ③, ④, ⑦, ⑧이 참인 설명이다.

5. **풀이**

을은 갑의 견해가 모순이라고 말하고 있으므로, (가)에는 '아니다' 가 들어가야 한다. 갑은 두 번째 진술에서 '훌륭한 예술' 을 예술가가 느낀 감정을 감상자가 그대로 느끼게 되는 예술로 정의한다. 이 정의에 따르면, 예술가가 느낀 천박한 감정을 감상자가 그대로 느끼게 되는 예술도 훌륭한 예술이라고 해야 한다. 하지만 갑은 자신이 내세운 이 원리의 결과를 부정하고 있으므로 모순된 주장을 하고 있는 것이다. 따라서 정답은 ④이다.

6. **풀이**

정답은 ⑤이다. ⓜ과 비일관적 주장은 "인공적 도구를 써서 자연에 조작을 가해도 자연의 참 모습을 왜곡시키지 않는다"이다.

7. **풀이** 생략, 정답은 ③이다.

8. **풀이** 생략, 정답은 ④이다.

9. **풀이** 생략, 정답은 ③이다.

10. **풀이**

을은 로봇의 예가 A 원리가 거짓임을 보여 주는 사례라고 생각한다. 그가 말하는 로봇은 특정 행동 Y를 하지만 그때 특정 심리 상태 X가 발생한 것은 아닌 사례이다. 따라서 이것이 반례가 되는 일반 원리는 "어떤 존재에게 특정 자극에 따른 행동 Y가 발생할 경우, 그 존재에게는 항상 특정 심리 상태 X가 발생한다"라고 할 수 있다. 이 일반 원리의 역(즉 "어떤 존재에게 특정 심리 상태 X가 발생할 경우, 그 존재에게는 항상 특정 자극에 따른 행동 Y가 발생한다")도 같이 성립한다는 것이 ⑤인데, 마지막 단락에서 을은 특정 심리 상태 X에 있지만 특정 행동을 하지 않는 사례(고통을 느낀다는 사실을 행동으로 표출하지 않고 참는 사람)는 자신이 내세우는 A 원리의 반례가 아니라고 말하고 있으므로, 그가 일반 원리의 역도 주장하는 것은 아님을 알 수 있다. 따라서 정답은 ③이다.

2장 옳은 추론이란?

1. ⑤만 옳은 추론이고, ①, ②, ③, ④는 모두 부당한 추론이다. 반례 생략.

2. ①, ②, ③, ⑤, ⑦, ⑨가 참인 설명이다.

3. **풀이** 생략, 정답은 ⑤이다.

4. **풀이** 생략, 정답은 ③이다.

5. **풀이** 생략, 정답은 ④이다.

6. **풀이** 생략, 정답은 ④이다.

7. **풀이** 생략, 정답은 ③이다.

8. **풀이** 생략, 정답은 ③이다.

9. **풀이**
우선 정은 위촉되지 않으므로, 두 번째 조건에 따라 병도 위촉할 수 없다. 병을 위촉하면 정도 위촉해야 하기 때문이다. 병을 위촉하지 못하므로, 마찬가지 이유로 첫 번째 조건에 따라 갑과 을을 모두 위촉할 수는 없다. 그런데 네 사람 가운데 적어도 한 사람은 위촉해야 하므로, 갑을 위촉하지 않는다면 을을 위촉해야 한다는 사실을 추론할 수 있다. 따라서 정답은 ②이다.

10. 풀이

①이 반드시 참인지 따져보자. 마지막에 나오는 세 번째 방침에 따를 때, A나 C 가운데 적어도 하나는 추진하므로, A를 추진한다고 가정해 보자. 이때 첫 번째 방침에 따라 B를 추진한다는 것을 알 수 있다. 이번에는 C를 추진한다고 가정해 보자. 이때는 두 번째 방침에 따라 D를 추진한다는 것을 알 수 있다. 결국 어느 경우이든 적어도 두 개 사업은 추진한다는 것을 알 수 있으므로 ①은 반드시 참이다.

③이 참인지 검토하기 위해, B를 추진하지 않는다고 가정해 보자. 그러면 첫 번째 방침에 따라 A도 추진하지 못한다. 이때 세 번째 방침에 따라 C는 추진해야 하므로, ③은 반드시 참이다.

이번에는 ④가 참인지 검토하기 위해, C를 추진하지 않는다고 가정해 보자. 이때 세 번째 방침에 따라 A는 추진해야 하고, 여기에 첫 번째 방침을 적용하면 B도 추진한다는 사실을 알 수 있다. 따라서 ④도 반드시 참이다.

끝으로, ⑤가 참인지 검토하기 위해 D를 추진하지 않는다고 가정해 보자. 그러면 두 번째 방침에 따라 C도 추진하지 못한다. 이때 세 번째 방침에 따라 A는 추진해야 한다. 이 사실을 다시 첫 번째 방침에 적용하면 B를 추진해야 한다는 것을 알 수 있다. 결국 D를 추진하지 않을 경우, A와 B는 추진하며 C는 추진하지 않는다는 것을 알 수 있으므로, ⑤도 반드시 참이다.

②는 반드시 참은 아니다. 이를 보기 위해 A를 추진하지 않는다고 가정해 보자. 그러면 세 번째 방침에 따라 C를 추진해야 하며, 이때 두 번째 방침에 따라 D도 추진해야 한다. 즉 A를 추진하지 않는다면, C와 D 두 개 사업을 추진해야 한다는 것은 분명하다. 하지만 B를 추가로 추진한다고 해서 제시된 첫 번째 방침을 어기는 것은 아니다. 이 때문에 추진하는 사업이 정확히 두 개라는 보장은 없으며, 따라서 정답은 ②이다.

3장 명제논리 추론: '~아니다, ~이고, ~이거나, ~면'에 담긴 논리

3.1절

1. **풀이** 생략. 정답은 ①이다.

2. **풀이** 생략. 정답은 ③이다.

3. **풀이** 생략. 정답은 ②이다.

3.2절

풀이 생략.

3.3.1절

① **풀이** 생략, 타당한 추론이다.

② P: 철준이가 선미를 사랑한다.

   Q: 철준이가 단이를 사랑한다.

   $\sim(P \mathbin{\&} Q), P \vee Q \vDash (\sim P \rightarrow Q) \mathbin{\&} (Q \rightarrow \sim P)$　　　타당한 추론이다.

③ P: 민수의 증언이 사실이다.

   Q: 영희의 증언이 사실이다.

   R: 철수의 증언이 사실이다.

   $(P \rightarrow Q) \mathbin{\&} (R \rightarrow Q) \vDash P \rightarrow R$　　　부당한 추론이다.

④ P: A교수는 국립대학 교수이다.

   Q: A교수는 대통령에 의해 임용되었다.

   $P \rightarrow Q, \sim Q \vDash \sim P$　　　　　　　타당한 추론이다.

⑤ P: 여당 지도부가 증세안을 지지한다.

Q: 새로운 증세안은 국무회의에서 기각된다.

$\sim$P $\rightarrow$ Q, $\sim$Q $\vDash$ P   타당한 추론이다.

⑥ P: 마이클 조던은 최고의 농구 선수이다.

Q: 마이클 조던은 공중에 3초 이상 떠 있을 수 있다.

P $\rightarrow$ Q, $\sim$Q $\vDash$ $\sim$P   타당한 추론이다.

⑦ **풀이** 생략, 타당한 추론이다.

⑧ P: 코페르니쿠스의 지동설이 옳다.

Q: 행성의 운동을 설명한다.

R: 주전원의 존재를 가정한다.

P $\rightarrow$ ($\sim$R $\rightarrow$ $\sim$Q) $\vDash$ $\sim$R $\rightarrow$ $\sim$Q 또는 다음과 같이 기호화해도 된다.

P $\rightarrow$ (Q $\rightarrow$ R) $\vDash$ $\sim$R $\rightarrow$ $\sim$Q   부당한 추론이다.

⑨ P: 박쥐는 후각 능력이 약하다.

Q: 박쥐는 탁월한 청각 능력이 없다.

R: 박쥐는 어둠 속을 빠르게 날아갈 수 없다.

(P $\vee$ Q) $\rightarrow$ R, $\sim$R $\vDash$ $\sim$Q   타당한 추론이다.

⑩ P: 도덕적 판단은 객관성을 지닌다.

Q: 도덕적 판단은 경험적 근거를 가진다.

R: 도덕적 판단은 유전적 요인과는 무관하다.

P $\rightarrow$ (Q & R), Q $\vDash$ R $\rightarrow$ P   부당한 추론이다.

3.3.2절

1. 풀이

⑤에 나오는 진술을 순서대로 기호화하면 다음과 같다.

  (ㄱ) $A \rightarrow (B \vee C)$

  (ㄴ) $(D \vee A) \rightarrow B$

(ㄴ)은 $(D \rightarrow B) \& (A \rightarrow B)$와 동치인데, $A \rightarrow B$는 (ㄱ)을 함축하므로, 결국 (ㄴ)은 (ㄱ)을 함축한다. (ㄴ)은 (ㄱ)을 함축하므로 이 둘은 무관한 진술이 아니라 (ㄱ)은 (ㄴ)보다 약한 진술이다. 따라서 정답은 ⑤이다.

2. 풀이 생략, 정답은 ⑤이다.

3. 풀이 생략, 정답은 ③이다.

4. 풀이

(가) 기호화

주어진 문자를 그대로 사용해 순서대로 기호화하면 다음과 같다.

  (1) $(A \& \sim B) \vee (\sim A \& B) \vee (\sim A \& \sim B)$

  (2) $(B \vee C) \rightarrow D$

  (3) $\sim C \& \sim D$

이들이 모두 거짓이라고 하고 있으므로, 이를 각각 부정한 것이 추론의 전제가 되어야 한다.

  (4) $\sim((A \& \sim B) \vee (\sim A \& B) \vee (\sim A \& \sim B)) = A \& B$

  (5) $\sim((B \vee C) \rightarrow D) = (B \vee C) \& \sim D$

(6) ~(~C & ~D) = C ∨ D

여기서 사용한 동치를 잠깐 설명하면 다음과 같다. (4)는 (1)을 부정하는 것인데, (1)은 A, B 둘 가운데 하나만 전시하거나 둘 다 전시하지 않는다는 것으로, 둘 다 전시하는 것을 배제한다는 의미이다. 따라서 이를 부정한 것은 A, B 둘 다 전시한다는 것이 된다. (5)는 조건부 주장을 부정하는 것이므로, 이는 전건 'B ∨ C'은 참인데 후건 D는 거짓임을 말하는 것으로 표현한 것이다. (6)은 드모르간 법칙을 적용한 것이다.

(나) 추론

(7) A & B	(4)로부터
(8) ~D	(5)로부터
(9) C	6,8 선언 삼단논법

따라서 A, B, C 세 개로, 정답은 ④이다.

5. **풀이** 생략, 정답은 ④이다.

6. **풀이**

(가) 기호화

주어진 문자를 그대로 사용해 순서대로 기호화하면 다음과 같다.

(1) (A & B) → C

(2) (C ∨ D) → E

(3) E → (A & F)

(4) F → ~E

(5) A → E

(나) 추론

(6) ~(A & F)	4,5 A → C, B → ~C ⊨ ~(A & B)
(7) ~E	3,6 후건 부정식
(8) ~C & ~D	2,7 후건 부정식 + 드모르간 법칙
(9) ~A	5,7 후건 부정식

따라서 ~A, ~C, ~D, ~E이므로 A, C, D, E는 맡을 수 없고, B와 F가 맡을 수 있다. 정답은 ③이다.

7. **풀이** 생략, 정답은 ③이다.

8. **풀이** 생략, 정답은 ④이다.

9. **풀이**

(가) 기호화

각각의 문자가 다음 명제를 나타낸다고 하자.

- P: 갑이 총무과에 배치된다.
- Q: 을이 기획과에 배치된다.
- R: 병은 총무과에 배치된다.
- S: 정은 인력과에 배치된다.
- T: 무는 기획과에 배치된다.

주어진 정보를 차례대로 기호화하면 다음과 같다.

(1) P → Q
(2) Q → ~S

(3) R → ~T

(4) ~R → S

(5) ~S → T

(나) 추론

① 갑은 총무과에 배치되지 않는다: ~P의 도출

첫 번째 방법

착상: P를 가정하면 모순이 도출된다는 것을 보여 ~P를 확보하는 방안이다.

(6) P	가정
(7) Q	1,6 조건언 제거
(8) ~S	2,7 조건언 제거
(9) R	4,8 후건 부정식
(10) ~T	3,9 조건언 제거
(11) S	5,10 후건 부정식
(12) S & ~S	8,11 연언 도입
(13) ~P	6,12 부정 도입

다음과 같이 접근할 수도 있다.

두 번째 방법

착상: 이번에는 (3)과 (4)의 전건에 주목해 보는 방안이다.

(6) ~T ∨ S	3,4 A → B, ~A → C ⊨ B ∨ C
(7) ~T	가정
(8) S	5,7 후건 부정식
(9) S	가정
(10) S	6,7,8,9,9 선언 제거

(11) ~Q	2,10 후건 부정식
(12) ~P	1,11 후건 부정식

세 번째 방법

착상: 이번에는 (3)과 (5)의 후건에 주목하는 방안이다.

(6) ~(R & ~S)	3,5 A → B, C → ~B ⊨ ~(A & C)
(7) R → S	6, A → B = ~(A & ~B)
(8) S	4,7 A → B, ~A → B ⊨ B
(9) ~Q	2,8 후건 부정식
(10) ~P	1,9 후건 부정식

네 번째 방법

착상: 이번에는 정보가 여러 차례 나와 있는 S에 주목하는 방안이다.

(6) ~S	가정
(7) T	5,6 조건언 제거
(8) ~R	3,7 후건 부정식
(9) S	4,8 조건언 제거
(10) ~S → S	6,9 조건언 도입
(11) S	10 ~A → A ⊨ A
(12) ~Q	2,11 후건 부정식
(13) ~P	1,12 후건 부정식

따라서 정답은 ①이다.

10. 풀이

(가) 제시된 정보를 기호화하면 다음과 같다.

(1) (~B ∨ C) → ~A

(2) (C ∨ D) → (~B & F)

(3) (C ∨ ~E) → (~B ∨ F)

그런데 추가로 (4) ~F가 주어져 있다. 따라서 우선 다음을 알 수 있다.

(5) ~(C ∨ D) = ~C & ~D   2,4 후건 부정식

이로써 여섯 명제 가운데 C, D, F는 거짓임이 드러났고, 아직 미정인 명제는 A, B, E이다. 그런데 이들 사이에는 다음과 같은 관계가 성립한다.

(6) (C ∨ ~E) → ~B   3,4 P → (Q ∨ R), ~R ⊨ P → Q

(7) ~E → ~B = B → E   5,6 (P ∨ Q) → R, ~P ⊨ Q → R

(8) ~B → ~A = A → B   1,5 (P ∨ Q) → R, ~P ⊨ Q → R

결국 (7)과 (8)에 따를 때, A가 참임이 확보된다면 B와 E도 참임을 알게 되어, 최종적으로 5개 명제 모두의 진위를 알게 된다. 따라서 정답은 ①이다.

11. 풀이

(가) 기호화

주어진 문자를 그대로 사용해 순서대로 기호화하면 다음과 같다.

(1) A ∨ (B ∨ C)

(2) D ∨ E

(3) A → (C & D)

(4) B → ~E

(나) 추론

④ D의 증언은 참이 아니다: ~D일 경우 다른 증언의 진위여부가 결정된다는
   것의 추론

⑸ ~D	가정
⑹ E	2,5 선언 삼단논법
⑺ ~(C & D)	5 ~A ⊨ ~(A & B)
⑻ ~A	3,7 후건 부정식
⑼ ~B	4,6 후건 부정식
⑽ B ∨ C	1,8 선언 삼단논법
⑾ C	9,10 선언 삼단논법

따라서 ~D일 경우 ~A, ~B, C, E로 참/거짓이 모두 정해지므로, 정답은
④이다.

12. 풀이

(가) 기호화

각각의 문자가 다음 명제를 나타낸다고 하자.

- P: 사고 자동차가 1번 도로를 지나왔다.
- Q: 사고 자동차는 A마을에서 왔다.
- R: 사고 자동차는 B마을에서 왔다.
- S: 사고 자동차 밑바닥에 흙탕물이 튀었다.
- T: 사고 자동차 모습을 담은 폐쇄회로 카메라가 적어도 하나 있다.
- U: 사고 자동차가 도로 정체를 만났다.
- V: 사고 자동차가 적어도 검문소 한 곳을 통과했다.

본문에 나오는 추론을 기호화하면 다음과 같다.

(1) P → (Q ∨ R)

(2) Q → (S & T)

(3) R → (U & V)

(4) U → T

(5) V → S

(6) 따라서 ~P

(나) 추론

최종 결론 ~P를 얻으려면, (1)에 따를 때 ~Q와 ~R을 얻어야 한다. 이는 각각 (2)와 (3)의 조건언의 전건이므로, 후건의 부정을 얻는다면 이들을 얻을 수 있다. (2)와 (3)의 후건은 모두 연언이므로, 연언성원 가운데 어느 하나의 부정을 얻으면 원하는 결과를 얻게 된다. 다시 말해, ~S나 ~T 가운데 어느 하나를 얻고, ~U나 ~V 가운데 어느 하나를 얻는다면 최종 결론을 얻을 수 있다. 그런데 (4)와 (5)에 따를 때, ~T를 얻으면 ~U도 덩달아 얻게 되고, 또한 ~S를 얻으면 ~V도 덩달아 얻게 된다. 결국 ~T나 ~S 가운데 아무것이나 얻으면 되는데, ⑤가 ~T이므로 이것이 정답이다.

13. 풀이

(가) 기호화

주어진 문자를 그대로 사용해 순서대로 기호화하면 다음과 같다.

(1) A → (B & D & E)

(2) C → ~D (또는 ~(C & D))

(3) ~E → (~B & ~D)

(나) 추론

ㄴ. C가 불량인 제품 중에 A도 불량인 제품은 없다: C → ~A의 도출

(4) C	가정
(5) ~D	2,4 조건언 제거
(6) ~(B & D & E)	5 ~A ⊨ ~(A & B)
(7) ~A	1,6 후건 부정식
(8) C → ~A	4,7 조건언 도입

따라서 정답은 ②이다.

14. 풀이

(가) 정보의 기호화

(1) A ∨ B ∨ C

(2) (A & ~B) → C

(3) C → (A ∨ B)

(4) ~A ∨ ~C = A → ~C = C → ~A

(나) 추론

〈보기〉ㄱ의 추론

(5) A	가정
(6) ~C	4,5 조건언 제거
(7) ~(A & ~B)	2,6 후건 부정식
(8) B	5,7 ~(A & B), A ⊨ ~B
(9) A → B	5,8 조건언 도입

〈보기〉ㄷ의 추론

(5) C	가정

(6) ~A   4,5 조건언 제거

(7) A ∨ B   3,5 조건언 제거

(8) B   6,7 선언 삼단논법

(9) C → B   5,8 조건언 도입

따라서 정답은 ③이다.

15. **풀이**

(가) 기호화

각 숫자는 '그 숫자를 사용한다' 라는 것을 나타낸다고 하고, 선언 결합사를 사용해 경우의 수를 나열한다고 하자. 이때 다음과 같은 기호화를 얻는다.

(1) (1 & 5 & ~7) ∨ (1 & ~5 & 7) ∨ (~1 & 5 & 7)

(2) 6 → 9

(3) (5 & ~7 & ~9 & ~0) ∨ (~5 & 7 & ~9 & ~0) ∨ (~5 & ~7 & 9 & ~0) ∨ (~5 & ~7 & ~9 & 0)

(나) 추론

(4) (1)은 5나 7 가운데 적어도 하나는 사용해야 한다는 의미이다.

(5) 따라서 (3)의 네 개 선언지 가운데 마지막 두 개는 제거된다. 즉 (3)은 다음과 같이 단순화된다.

(6) (5 & ~7 & ~9 & ~0) ∨ (~5 & 7 & ~9 & ~0)

(7) (6)은 9와 0은 어느 경우에도 사용하지 못하며, 5나 7 가운데 정확히 하나를 사용해야 한다는 의미이다.

(8) 9는 어느 경우에도 사용하지 못하므로, (2)에 후건 부정식을 적용하면 6도 사용하지 못한다는 것을 얻는다.

(9) 결국 사용하지 못하는 숫자는 0, 6, 9이고 5나 7 가운데 어느 하나도 사용하지 못하므로, 나머지 5개의 숫자, 1, 2, 3, 4, 8은 모두 사용해야 한다는 것

을 알 수 있다.

따라서 정답은 ⑤이다.

4장 삼단논법의 논리: '전부와 일부'에 담긴 논리

1.

① 1) 표준형식으로 배열:

모든 (사랑에 빠진 사람들)은 (눈 오는 날을 좋아하는 사람)이다.

어느 (택시 운전사)도 (눈 오는 날을 좋아하는 사람)이 아니다.

따라서 어느 (택시 운전사)도(사랑에 빠진 사람들)이 아니다. [2격 AEE식]

　2) 타당여부: 타당

② 1) 표준형식으로 배열:

모든 (소설을 즐겨 읽는 사람)은 (상상력이 풍부한 사람)이다.

어느 (영화관을 자주 찾는 사람)도 (소설을 즐겨 읽는 사람)이 아니다.

따라서 어느 (영화관을 자주 찾는 사람)도 (상상력이 풍부한 사람)이 아니다. [1격 AEE식]

　2) 타당여부: 부당

　3) 오류명: 대명사 부당주연의 오류

　4) 반례:

모든 (고래)는 (포유류)이다.　　　　　[참]

어느 (개)도 (고래)가 아니다.　　　　　[참]

따라서 어느 (개)도 (포유류)가 아니다.　　[거짓]

③ 1) 표준형식으로 배열:

모든 (만화를 즐겨 보는 사람)은 (코미디 프로그램을 좋아하는 사람)이다.

어떤 (강희가 속한 동아리의 회원들)은 (만화를 즐겨 보는 사람)이 아니다.

따라서 어떤 (강희가 속한 동아리의 회원들)은 (코미디 프로그램을 좋아

하는 사람)이 아니다. [1격 AOO식]

2) 타당여부: 부당

3) 오류명: 대명사 부당주연의 오류

4) 반례:

모든 (돌고래)는 (포유류)이다.   [참]

어떤 (고래)는 (돌고래)가 아니다.   [참]

따라서 어떤 (고래)는 (포유류)가 아니다.   [거짓]

④ 1) 표준형식으로 배열:

모든 (독창성이 뛰어난 사람)은 (상상력이 풍부한 사람)이다.

어느 (상상력이 풍부한 사람)도 (기계적인 일을 좋아하는 사람)이 아니다.

따라서 어느 (기계적인 일을 좋아하는 사람)도 (독창성이 뛰어난 사람)이 아니다. [4격 AEE식]

2) 타당여부: 타당

** 다른 풀이

1) 표준형식으로 배열:

모든 (상상력이 풍부하지 않은 사람)은 (독창성이 뛰어나지 않은 사람)이다.

모든 (기계적인 일을 좋아하는 사람)은 (상상력이 풍부하지 않은 사람)이다.

따라서 모든 (기계적인 일을 좋아하는 사람)은 (독창성이 뛰어나지 않은 사람)이다. [1격 AAA식]

2) 타당여부: 타당하다

⑤ 1) 표준형식으로 배열:

어떤 (학생)은 (토플 성적이 탁월한 학생)이다.

어떤 (학생)은 (토익 성적이 탁월한 학생)이다.

　　　　따라서 어떤 (토익 성적이 탁월한 학생)은 (토플 성적이 탁월한 학생)이
　　　　다. [3격 III식]

　　2) 타당여부: 부당

　　3) 오류명: 중명사 부주연의 오류

　　4) 반례:

　　　　어떤 (포유류)는 (고래)이다.　　　　　　　[참]

　　　　어떤 (포유류)는 (개)이다.　　　　　　　　[참]

　　　　따라서 어떤 (개)는 (고래)이다.　　　　　　[거짓]

⑥ 1) 표준형식으로 배열:

　　　　어떤 (우리 반 학생)은 (이과 출신인 학생)이다.

　　　　모든 (우리 반 학생)은 (3학년인 학생)이다.

　　　　따라서 어떤 (3학년인 학생)은 (이과 출신인 학생)이다. [3격 IAI식]

　　2) 타당여부: 타당

⑦ 1) 표준형식으로 배열:

　　　　어느 (수업을 열심히 듣는 사람)도 (결석을 하는 사람)이 아니다.

　　　　모든 (학교에서 좋은 성적을 받는 사람)은 (수업을 열심히 듣는 사람)이다.

　　　　따라서 어느 (학교에서 좋은 성적을 받는 사람)도 (결석을 하는 사람)이
　　　　아니다. [1격 EAE식]

　　2) 타당여부: 타당

다른 풀이

　　1) 표준형식으로 배열:

　　　　모든 (학교에서 좋은 성적을 받는 사람)은 (수업을 열심히 듣는 사람)이다.

　　　　어느 (수업을 열심히 듣는 사람)도 (결석을 하는 사람)이 아니다.

　　　　따라서 어느(결석을 하는 사람)도 (학교에서 좋은 성적을 받는 사람)이
　　　　아니다. [4격 AEE식]

2) 타당여부: 타당

⑧ 1) 표준형식으로 배열:

모든 (수학 교육과 학생들)은 (지각을 자주 하는 사람)이다.

모든 (D학점을 받은 사람)은 (지각을 자주 하는 사람)이다.

따라서 모든 (D학점을 받은 사람)은 (수학교육과 학생들)이다. [2격 AAA식]

2) 타당여부: 부당

3) 오류명: 중명사 부주연의 오류

4) 반례:

모든 (짝수)는 (자연수)이다.   [참]

모든 (홀수)는 (자연수)이다.   [참]

따라서 모든 (홀수)는 (짝수)이다.   [거짓]

⑨ 1) 표준형식으로 배열:

어떤 (고속버스로 갈 수 있는 도시)는 (KTX로 갈 수 있는 도시)가 아니다.

모든 (고속버스로 갈 수 있는 도시)는 (승용차로 갈 수 있는 도시)이다.

따라서 어떤 (승용차로 갈 수 있는 도시)는 (KTX로 갈 수 있는 도시)가 아니다. [3격 OAO식]

2) 타당여부: 타당

⑩ 1) 표준형식으로 배열:

어떤 (민수가 본 자료)는 (종철이가 본 자료)가 아니다.

모든 (명숙이가 본 자료)는 (종철이가 본 자료)이다.

따라서 어떤 (명숙이가 본 자료)는 (민수가 본 자료)가 아니다. [2격 OAO식]

2) 타당여부: 부당

3) 오류명: 대명사 부당주연의 오류

4) 반례:

어떤 (포유류)는 (고래)가 아니다.   [참]

모든 (돌고래)는 (고래)이다.   [참]

따라서 어떤 (돌고래)는 (포유류)가 아니다.   [거짓]

2.

① 어떤 (낮은 성적을 받는 사람)은 (취직을 못하는 사람)이다.

어느 (수업에 열심히 나오는 사람)도 (낮은 성적을 받는 사람)이 아니다.

따라서 어떤 (수업에 열심히 나오는 사람)은 (취직을 못하는 사람)이다.

1격 IEI식, 부당 긍정의 오류를 범한 부당한 삼단논법이다. 반례 생략

② 모든 (영래가 본 영화)는 (강희가 본 영화)이다.

모든 (연수가 본 영화)는 (강희가 본 영화)이다.

따라서 모든 (연수가 본 영화)는 (영래가 본 영화)이다.

2격 AAA식, 중명사 부주연의 오류를 범한 부당한 삼단논법이다. 반례 생략

③ 어떤 (2학년)은 (경제학을 듣는 사람)이 아니다.

어떤 (경제학을 듣는 사람)은 (정치학을 듣는 사람)이다.

따라서 어떤 (정치학을 듣는 사람)은 (2학년)이 아니다.

4격 OIO식, 대명사 부당주연의 오류를 범한 부당한 삼단논법이다. 반례
생략

④ 어떤 (취업을 한 사람)은 (영어성적이 높은 사람)이 아니다.

어떤 (중문과 학생)은 (영어성적이 높은 사람)이 아니다.

따라서 어떤 (중문과 학생)은 (취업을 한 사람)이 아니다.

2격 OOO식, 양부정 전제의 오류와 대명사 부당주연의 오류를 범한 부당한
삼단논법이다. 반례 생략

⑤ 모든 (취업박람회에 참가한 사람)은 (인턴 경력이 있는 학생)이다.

모든 (인턴 경력이 있는 학생)은 (졸업평점이 3.5 이상인 학생)이다.

따라서 어떤 (졸업평점이 3.5 이상인 학생)은 (취업박람회에 참가한 사람)이 아니다.

4격 AAO식, 부당 부정의 오류를 범한 부당한 삼단논법이다. 반례 생략

3. **풀이** 생략.

4. **풀이** 생략.

5. **풀이** 생략, 가령 4격의 IIE식은 네 개의 오류를 범한다.

6. **풀이**

우선 빈 칸에 들어갈 정언명제를 찾아보자. (라)에 들어갈 것은 (다)와 모순관계에 있는 명제이다.

(다) 우리 반 학생 가운데 일부는 여학생이 아니다.

⇒ 어떤 (우리 반 학생)은 (여학생)이 아니다.

이는 O 명제이므로 이와 모순관계에 있는 명제는 다음의 A 명제이다.

(라) 모든 (우리 반 학생)은 (여학생)이다.

(라)와 (가)로부터 삼단논법의 논리를 통해 무엇을 추리할 수 있을지 보자.

(가) 여학생은 모두 화장을 한다.

⇒ 모든 (여학생)은 (화장을 하는 학생)이다.

(라) 모든 (우리 반 학생)은 (여학생)이다.

이는 아리스토텔레스가 완벽하다고 한 1격의 AAA식의 두 전제이므로, 이로부터 다음을 추리할 수 있다.

(마) 모든 (우리 반 학생)은 (화장을 하는 학생)이다.

이로써 (라)와 (마)를 확정했다.

두 번째 삼단논법을 보자. 결론은 다음이다.

(아) 우리 반 학생 가운데 일부는 여학생이 아니다.

⇒ 어떤 (우리 반 학생)은 (여학생)이 아니다.

이는 O 명제이므로 (아)와 모순관계에 있는 명제는 다음의 A 명제이다.

(자) 모든 (우리 반 학생)은 (여학생)이다.

이에 (사)라는 전제를 추가하면

(사) 화장을 하는 학생은 모두 우리 반 학생이다.

⇒ 모든 (화장을 하는 학생)은 (우리 반 학생)이다.

우리는 또 다시 완벽한 1격의 삼단논법 AAA식에 따라 다음의 (차)를 얻을 수 있다.

(차) 모든 (화장을 하는 학생)은 (여학생)이다.

이로써 빈 칸에 들어갈 문장이 모두 확정되었다. 이를 토대로 판단해 볼 때, 〈보기〉에 나오는 '지훈'은 올바른 추론을 하고 있음을 알 수 있다.

한편 연길은 다음과 같은 추론을 할 수 있다고 주장한다.

(차) 모든 (화장을 하는 학생)은 (여학생)이다.
(마) 모든 (우리 반 학생)은 (화장을 하는 학생)이다.
따라서 (라) 모든 (우리 반 학생)은 (여학생)이다.

이는 완벽하다고 한 1격의 AAA식의 추론이므로, 연길의 추론은 올바르다.
　한편 혁진은 다음 추론이 올바르다고 주장하는 셈이다.

(라) 모든 (우리 반 학생)은 (여학생)이다.
(마) 모든 (우리 반 학생)은 (화장을 하는 학생)이다.
따라서 (차) 모든 (화장을 하는 학생)은 (여학생)이다.

이는 이른바 '소명사 부당주연의 오류'를 범하는 부당한 추론이므로, 혁진의
추론은 올바르지 않음을 알 수 있다. 따라서 정답은 ③이다.

7. 풀이
먼저 석이의 논증에 나오는 일상 문장을 정언명제로 표현하면 다음과 같다.

수학에 천재적인 능력을 보인 사람들 중 어떤 사람은 기이한 습관이 있어.
⇒ 어떤 (수학에 천재적인 능력을 보인 사람)은 (기이한 습관이 있는 사람)
이다.
물리학자 중에는 수학에 천재적인 능력을 보인 사람이 있지.
⇒ 어떤 (물리학자)는 (수학에 천재적인 능력을 보인 사람)이다.
그러니까 물리학자 중에는 기이한 습관이 있는 사람이 있지.
⇒ 어떤 (물리학자)는 (기이한 습관이 있는 사람)이다.

그러므로 석이는 다음과 같은 삼단논법을 구사하고 있다.

어떤 (수학에 천재적인 능력을 보인 사람)은 (기이한 습관이 있는 사람)이다.

어떤 (물리학자)는 (수학에 천재적인 능력을 보인 사람)이다.
따라서 어떤 (물리학자)는 (기이한 습관이 있는 사람)이다.

이는 1격의 III식으로 부당한 삼단논법이다. 규칙을 이용해 판단해 보면, 중명사 부주연의 오류를 범하고 있다. 이 삼단논법은 부당하므로, 반례를 들어 부당성을 입증할 수 있다. '명석' 이는 바로 이 작업을 하고 있다. 다시 말해, 주어진 삼단논법과 논증 형식은 같으면서 전제는 모두 참이지만 결론은 거짓으로 이루어진 사례를 들어 이 논증이 부당함을 말하고 있는 '명석' 이가 올바른 평가를 내리는 사람이다. 따라서 정답은 ③이다.

8. **풀이**
제시문에는 정언명제들이 숨어 있다. 여기에 들어 있는 정언명제를 추출하면 다음과 같다.

- 〈패키지 블루〉는 2003년에 출시되었던 〈유니버스 2004〉를 확장한 것으로, 〈유니버스 2004〉의 프로그램들에다가 사용자들이 아쉬움을 호소했던 몇 가지 기능을 보완하는 부수적 프로그램을 추가하여 만든 것이다.
  ⇒ 모든 (유니버스 2004 프로그램)은 (패키지 블루 프로그램)이다.

- 〈패키지 오렌지〉와 〈패키지 블루〉가 거의 동일한 목적과 유사한 기술적 기반 위에서 만들어졌음에도 불구하고 단 한 개의 프로그램도 공통된 것이 없다는 점은 아주 흥미롭다.
  ⇒ 어느 (패키지 블루 프로그램)도 (패키지 오렌지 프로그램)이 아니다.

- 수진: 〈유니버스 2004〉와 〈패키지 오렌지〉 사이엔 공통된 프로그램이 하나도 없네요.
  ⇒ 어느 (유니버스 2004 프로그램)도 (패키지 오렌지 프로그램)이 아니다.

따라서 '수진'은 다음의 삼단논법의 추리를 하고 있는 셈이다.

　어느 (패키지 블루 프로그램)도 (패키지 오렌지 프로그램)이 아니다.
　모든 (유니버스 2004 프로그램)은 (패키지 블루 프로그램)이다.
　∴ 어느 (유니버스 2004 프로그램)도 (패키지 오렌지 프로그램)이 아니다.

이는 1격 EAE식의 타당한 삼단논법이고, 따라서 정답은 ①이다.

9. 풀이

⟨보기⟩의 ㄱ은 ㉠ "보편적으로 수용될 수 있는 판단만이 윤리적 판단이다"를 ㉠ "보편적으로 수용될 수 있는 판단은 모두 윤리적 판단이다"로 오독하고 있다. ㉠은 "모든 윤리적 판단은 보편적으로 수용될 수 있는 판단이다"와 동치이다. ㄴ에서 말하는 추리는 다음인데, 이는 타당하다.

　㉡ 모든 (이성적 판단)은 (보편적으로 수용될 수 있는 판단)이다.
　㉣ 모든 (합리적 판단)은 (이성적 판단)이다
　따라서 ㉢ 보편적으로 수용될 수 있는 판단만이 합리적 판단이다.
　⇒ 모든 (합리적 판단)은 (보편적으로 수용될 수 있는 판단)이다.

ㄷ에서 말하는 추리는 다음인데. 이는 중명사 부주연의 오류를 범하고 있으므로 실제로 부당하다.

　㉠ 보편적으로 수용될 수 있는 판단만이 윤리적 판단이다.
　⇒ 모든 (윤리적 판단)은 (보편적으로 수용될 수 있는 판단)이다.
　㉢ 보편적으로 수용될 수 있는 판단만이 합리적 판단이다.
　⇒ 모든 (합리적 판단)은 (보편적으로 수용될 수 있는 판단)이다.
　따라서 ㉤ 합리적 판단만이 윤리적 판단이다
　⇒ 모든 (윤리적 판단)은 (합리적 판단)이다.

따라서 정답은 ④이다.

10. **풀이** 생략, 정답은 ④이다.

5장 벤 다이어그램으로 나타내는 논리

1. **풀이** 생략, ②, ③, ⑨, ⑫, ⑮가 타당한 삼단논법이다.

2. **풀이**
우선 제시문에 나와 있는 주장을 정언명제의 표준형에 맞게 고치면 다음과 같다.

- 키가 110 cm 미만인 아동은 모두 특수 스트레칭 교육을 받는다.
  ⇒ 모든 (키가 110cm 미만인 아동)은 (특수 스트레칭 교육을 받는 아동)이다.
- 특수 스트레칭 교육을 받는 아동 중에는 약시인 아동은 없다.
  ⇒ 어느 (특수 스트레칭 교육을 받는 아동)도 (약시인 아동)이 아니다.
- 어떤 아동이 약시인 경우에만 특수 영상장치가 설치된 학급에서 교육을 받는다.
  ⇒ 어느 (약시가 아닌 아동)도 (특수 영상장치가 설치된 학급에서 교육을 받는 아동)이 아니다.
  ⇒ 어느 (특수 영상장치가 설치된 학급에서 교육을 받는 아동)도 (약시가 아닌 아동)이 아니다.
  ⇒ 모든 (특수 영상장치가 설치된 학급에서 교육을 받는 아동)은 (약시인 아동)이다.

이 가운데 명사들을 일치시킨 주장은 마지막이다. 따라서 우리에게 주어진 정보는 다음 세 가지로, 여기에는 네 개의 집합이 등장한다.

(1) 모든 (키가 110cm 미만인 아동)은 (특수 스트레칭 교육을 받는 아동)이다.

(2) 어느 (특수 스트레칭 교육을 받는 아동)도 (약시인 아동)이 아니다.

(3) 모든 (특수 영상장치가 설치된 학급에서 교육을 받는 아동)은 (약시인 아동)이다.

네 개의 집합이 등장하는 벤 다이어그램을 이용하면 손쉽게 풀 수 있다. 벤 다이어그램 생략. 정답은 ②이다.

3. 풀이

먼저 문두에 나와 있는 정보를 정언명제의 표준형식에 맞게 나타내면 다음과 같다.

- 심리학을 수강한 학생 중 몇 명은 한국사를 수강하였고,

  ⇒ 어떤 (심리학을 수강한 학생)은 (한국사를 수강한 학생)이다.
- 경제학을 수강한 학생은 모두 정치학을 수강하였다.

  ⇒ 모든 (경제학을 수강한 학생)은 (정치학을 수강한 학생)이다.
- 경제학을 수강하지 않은 학생은 아무도 한국사를 수강하지 않은 것으로 나타났다.

  ⇒ 어느 (경제학을 수강하지 않은 학생)도 (한국사를 수강한 학생)이 아니다.

  ⇒ 어느 (한국사를 수강한 학생)도 (경제학을 수강하지 않은 학생)이 아니다.

  ⇒ 모든 (한국사를 수강한 학생)은 (경제학을 수강한 학생)이다.

이번에도 네 개의 집합이 등장하므로, 확장한 벤 다이어그램의 방법을 이용하면 쉽게 해결할 수 있다. 전제에 나오는 정보를 벤 다이어그램에 모두 표시하면 다음과 같다.

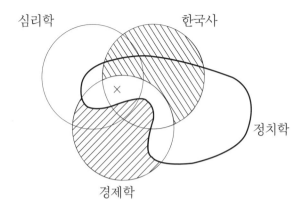

이로부터 우리는 ①, ②, ④, ⑤는 반드시 참은 아니며, ③이 반드시 참임을 확인할 수 있다. 따라서 정답은 ③이다.

4. 풀이

이번에도 확장한 벤 다이어그램의 방법을 이용하면 쉽게 해결할 수 있다. 이 경우 다섯 개의 집합이 등장하는 것처럼 보이나, 남자나 여자 가운데 어느 하나를 기본으로 잡고 다른 것은 이의 부정으로 잡는다면, 네 개의 집합이 등장하는 벤 다이어그램의 방법으로 해결할 수 있다. 전제에 나오는 정보를 벤 다이어그램에 모두 표시하면 다음과 같다.

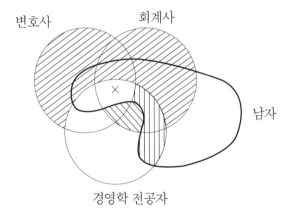

이로부터 우리는 ①, ②, ③, ④는 옳은 추론이지만, ⑤는 거짓이 될 수 있어서 옳은 추론이 아님을 알 수 있다. 왜냐하면 전제를 모두 표시한 그림에서 7번 영역(경영학을 전공한 남자로 변호사이기는 하지만 회계사는 아닌 사람)이 공집합이라는 명시적 보장이 없기 때문이다. 만약 거기에도 어떤 대상이 존재한다면 ⑤번 결론은 거짓이 되므로 이는 부당한 추론이다. 따라서 정답은 ⑤이다.

5. **풀이** 생략, 정답은 (ㄴ)이다.

6. **풀이** 생략, 정답은 (ㄱ)과 (ㄷ)이다.

7. **풀이** 생략, 정답은 (ㄴ)이다.

8. **풀이** 생략, 정답은 ⑤이다.

9. **풀이** 생략, 정답은 (ㄱ)과 (ㄷ)이다.

10. **풀이** 생략, 정답은 ④이다.

6장 양화논리 추론: '개별 사례와 일반화'에 담긴 논리

6.2절 **풀이** 생략.

6.3절
1. **풀이**
A, B 두 팀의 홍보책자 배포 방식의 차이는 다음과 같이 양화사를 사용하여 나타낼 때 명확하다.

A팀: $(\forall x)(Sx \lor Bx)$

B팀: $(\forall x)Sx \lor (\forall x)Bx$

그런데 B팀의 홍보책자가 부산에서 발견되었으므로, 이는 B팀의 배포방식에서 오른쪽 선언지$(\forall x)Bx$가 성립했다는 것을 말해 준다. 따라서 우선 B팀이 제작한 홍보책자 500권은 모두 부산에 배포되었음을 알 수 있다. 나아가 A팀이 제작한 홍보책자 가운데 일부는 서울에 배포되었다는 사실이 본문에 나와 있다. 이 두 사실로부터 〈보기〉에 나오는 주장이 반드시 참인지 여부를 알 수 있다. ㄱ은 반드시 참은 아니다. 왜냐하면 A팀이 제작한 홍보책자 500권이 모두 서울에 배포되었을 수도 있기 때문이다. ㄴ도 같은 이유로 반드시 참은 아니다. 왜냐하면 A팀이 제작한 홍보책자 500권이 모두 서울에 배포될 경우 서울과 부산에 배포된 홍보책자의 권 수는 같을 것이기 때문이다. ㄷ은 반드시 참이다. 왜냐하면 A팀이 제작한 홍보책자가 부산에서 1권이라도 발견된다면, 서울에 배포된 홍보책자의 권수는 많아야 499권이고, 이에 따라 부산에 배포된 500권이 언제나 그것보다는 많을 것이기 때문이다. 따라서 정답은 ②이다.

2. 풀이

(가) 기호화

논의세계와 술어를 다음과 같이 잡아보자.

- 논의세계: A사 직원들
- Sx: x는 서비스 분야를 담당하고 있다.
- Bx: x는 경영학을 전공했다.
- Gx: x는 광주 지사에 근무한다.
- a: 갑

이때 다음 두 정보를 양화논리의 언어로 표현하면 다음과 같다.

- A사에서 서비스 분야를 담당하고 있는 직원 중에 경영학을 전공한 사람은 한 명도 없다: (1) $(\forall x)(Sx \to \sim Bx)$
- 반면에 광주 지사에 근무하는 A사 직원들 중 약 3분의 1은 경영학을 전공한 사람들이다: (2) $(\exists x)(Gx \,\&\, Bx)$

(나) 추론

$(\exists x)(Gx \,\&\, \sim Sx)$ "광주 지사에는 서비스 분야 담당이 아닌 A사 직원도 있다"의 추론

(3) Ga & Ba	2를 활용하기 위한 가정
(4) Ba	3 연언 제거
(5) ~Sa	1,4 소크라테스 추리2
(6) Ga	3 연언 제거
(7) Ga & ~Sa	5,6 연언 도입
(8) $(\exists x)(Gx \,\&\, \sim Sx)$	7 존재양화사 도입
(9) $(\exists x)(Gx \,\&\, \sim Sx)$	2,3,8 존재양화사 제거

그리고 갑 a는 가정상 Ga & Ba이고, $(\forall x)(Sx \to \sim Bx)$로부터 보편양화사 제거규칙을 통해 Sa → ~Ba을 얻을 수 있는데, 갑이 Sa라고 가정하면 모순 Ba & ~Ba를 초래하므로, 우리는 "갑은 서비스 분야를 담당하는 직원이 아님이 분명하다", 즉 ~Sa를 얻게 된다. 따라서 정답은 ①이다.

3. 풀이 생략, 정답은 ②이다.

4. 풀이

(가) 기호화

논의세계와 술어를 다음과 같이 잡아보자.

- 논의세계: 한국대학교 생물학과 학생들
- Mx: x는 심리학을 수강한다.
- Kx: x는 한국사를 수강한다.
- Ex: x는 경제학을 수강한다.
- Px: x는 정치학을 수강한다.

문두에 나온 세 정보를 기호화하면 다음과 같다.

- 심리학을 수강한 학생 중 몇 명은 한국사를 수강하였고: (1) $(\exists x)(Mx \, \& \, Kx)$
- 경제학을 수강한 학생은 모두 정치학을 수강하였다: (2) $(\forall x)(Ex \rightarrow Px)$
- 그리고 경제학을 수강하지 않은 학생은 아무도 한국사를 수강하지 않은 것으로 나타났다: (3) $(\forall x)(\sim Ex \rightarrow \sim Kx) = (\forall x)(Kx \rightarrow Ex)$

(나) 추론
③ 심리학을 수강한 학생 중 몇 명은 정치학을 수강하였다: $(\exists x)(Mx \, \& \, Px)$의 도출

⑷ Ma & Ka	1을 활용하기 위한 가정
⑸ Ka	4 연언 제거
⑹ Ea	3,5 소크라테스 추리1
⑺ Pa	2,6 소크라테스 추리1
⑻ Ma	4 연언 제거
⑼ Ma & Pa	7,8 연언 도입
⑽ $(\exists x)(Mx \, \& \, Px)$	9 존재양화사 도입
⑾ $(\exists x)(Mx \, \& \, Px)$	1,4,10 존재양화사 제거

따라서 정답은 ③이다. 이 풀이를 앞서 다룬 벤 다이어그램을 이용한 풀이와

비교해 보라.

5. **풀이** 생략, 정답은 ③이다.

6. **풀이**

(가) 기호화

논의세계와 술어를 다음과 같이 잡아보자.

- 논의세계: 물질들
- Mx: x는 금속이다.
- Ex: x는 전기가 통한다.
- Px: x는 광택이 난다.

주어진 정보를 기호화하면 다음과 같다.

ㄱ. 모든 금속은 전기가 통한다: (1) $(\forall x)(Mx \to Ex)$

ㄴ. 광택이 난다고 해서 반드시 금속은 아니다: (2) $\sim(\forall x)(Px \to Mx) = (\exists x)(Px \,\&\, \sim Mx)$

ㄷ. 전기가 통하지 않고 광택이 나는 물질이 존재한다: (3) $(\exists x)(\sim Ex \,\&\, Px)$

ㄹ. 광택이 나지 않으면서 전기가 통하는 물질이 존재한다: (4) $(\exists x)(\sim Px \,\&\, Ex)$

ㅁ. 어떤 금속은 광택이 난다: (5) $(\exists x)(Mx \,\&\, Px)$

(나) 추론

② $(\exists x)(Ex \,\&\, Px)$ "전기도 통하고 광택도 나는 물질이 존재한다"의 도출

(6) Ma & Pa   5를 활용하기 위한 가정

(7) Ma	6 연언 제거
(8) Ea	1,7 소크라테스 추리1
(9) Pa	6 연언 제거
(10) Ea & Pa	8,9 연언 도입
(11) (∃x)(Ex & Px)	10 존재양화사 도입
(12) (∃x)(Ex & Px)	5,6,11 존재양화사 제거

따라서 정답은 ②이다.

7. 풀이

(가) 기호화

논의세계와 술어를 다음과 같이 잡아 보자.

- 논의세계: 갑~무를 포함한 어떤 학과의 졸업예정자들
- Jx: x는 취업을 했다.
- Gx: x는 졸업평점이 3.5 이상이다.
- Lx: x는 외국어 인증시험에 합격했다.
- Tx: x는 인턴 경력이 있다.
- Ex: x는 취업박람회에 참가했다.

주어진 정보를 기호화하면 다음과 같다.

- 취업을 한 학생은 졸업평점이 3.5 이상이거나 외국어 인증시험에 합격했다: (1) (∀x)(Jx → (Gx ∨ Lx))
- 인턴 경력이 있는 학생들 중 취업박람회에 참가하지 않은 학생은 아무도 없었다: (2) (∀x)(Tx → Ex)
- 졸업평점이 3.5 이상이고 취업박람회에 참가한 학생은 모두 취업을 했다: (3) (∀x)((Gx & Ex) → Jx)

■ 외국어 인증시험에 합격하고 인턴 경력이 있는 학생은 모두 취업을 했다:

(4) $(\forall x)((Lx \;\&\; Tx) \rightarrow Jx)$

(나) 추론

⑤ 인턴 경력이 있고 졸업평점이 3.5 이상인 무는 취업을 했다: $(Ta \;\&\; Ga) \rightarrow$ Ja의 도출

(5) Ta & Ga	가정
(6) Ta	5 연언 제거
(7) Ea	2,6 소크라테스 추리1
(8) Ga	5 연언 제거
(9) Ga & Ea	7,8 연언 도입
(10) Ja	3,9 소크라테스 추리1
(11) (Ta & Ga) → Ja	5,10 조건언 도입

따라서 정답은 ⑤이다.

8. **풀이** 생략, 정답은 ①이다.

9. **풀이** 생략, 정답은 ③이다.

10. **풀이** 생략, 정답은 ④이다.

6.4절

1. **풀이**

'~보다 ~를 더 좋아한다' 라는 것은 반대칭적인 관계이다. 그러므로 우리는 아무개가 A보다 B를 더 좋아한다는 사실로부터 아무개는 B보다 A를 좋아하지 는 않는다는 사실을 추론할 수 있다.

구체적인 풀이는 다음과 같다.

우선 ㅁ에 따르면, 영미는 책 읽기보다는 신문 보기를 더 좋아하는 사람이므로, 이 관계의 반대칭성에 따라 그는 신문 보기보다는 책 읽기를 더 좋아하는 사람이 아니다. 그러므로 ㄷ에 의해, 영미는 드라마를 좋아하는 사람이 아니다.

또한 ㅁ에 따르면, 철수는 신문 보기보다는 책 읽기를 더 좋아하는 사람이므로, 이 관계의 반대칭성에 따라 그는 책 읽기보다는 신문 보기를 더 좋아하는 사람이 아니다. 그러므로 ㄹ에 의해, 철수는 뉴스를 좋아하는 사람이 아니다. 결국 우리는 영미는 드라마를 좋아하지 않고, 철수는 뉴스를 좋아하지 않는다는 사실을 알 수 있다. 따라서 정답은 ⑤이다.

2. 풀이

우선 제시문에 나오는 다음 대목은

> "우리 회사의 어떤 직원은 모든 업무를 처리할 수 있습니다. 하지만 모든 직원들이 그러한 것은 아닙니다. 또한 어떤 업무는 아주 손쉬운 업무여서 우리 회사 직원 누구나 다 처리할 수 있습니다. 그러나 모든 업무들이 그러한 것은 아닙니다."

직원 및 업무와 관련해 다음과 같은 관계가 있다는 것을 말해 준다.

(1) 어느 업무나 다 처리할 수 있는 **직원이 존재**한다.
(2) 어느 직원이나 다 처리할 수 있는 **업무가 존재**한다.

이는 다음과 같은 모형이 성립한다는 것을 말한다.

그런데 추가 정보로 다음 두 가지가 제시되어 있다.

(3) 김대리: **재고 정리 업무만 처리 가능**하고, 제품 검사 업무와 같은 다른 업무는 처리할 수 없다.

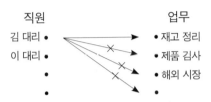

(4) 제품 검사 업무: **이대리만 처리 가능**하고, 김 대리와 같은 다른 직원은 처리할 수 없다.

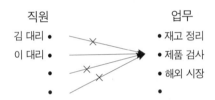

그런데 (1)에 따라 어느 업무나 다 처리할 수 있는 직원이 있어야 하는데, 이대리 이외의 다른 직원은 어느 누구도 제품 검사 업무를 할 수 없으므로, (1)을 만족하는 직원은 이대리일 수밖에 없다. 따라서 우리는 다음을 알 수 있다.

(5) 이대리가 어느 업무나 다 처리할 수 있는 직원이다.

또한 (2)에 따라 어느 직원이나 다 처리할 수 있는 업무가 있어야 하는데, 김대리는 재고 정리 업무만 할 수 있고, 다른 업무는 처리할 수 없으므로, (2)에 해당하는 업무는 재고 정리일 수밖에 없다. 따라서 우리는 다음을 알 수 있다.

(6) 재고 정리가 어느 직원이나 다 처리할 수 있는 업무이다.

그런데 규정에 따르면, 누구나 할 수 있는 업무를 하지 않았을 경우 경징계를

받게 되므로, ㄱ은 참이 아니다. ㄴ은 앞에서 참임을 밝혔다. (5)에 따라 이대리
는 어느 업무나 처리할 수 있는 직원이므로 그가 해외 시장 조사 업무를 처리할
수 있다는 ㄷ도 참이다. 따라서 정답은 ⑤이다.

3. **풀이**

(가) 기호화

- Lxy: x가 y를 좋아한다.
- Fx: x는 건강한 여성이다.
- Gx: x는 능력이 있는 사람이다.
- Hx: x는 원만한 성격의 소유자이다.
- a: 철이
- b: 돌이
- c: 석이
- d: 영이

(1) Lad $\lor$ Lbd $\lor$ Lcd
(2) Lad $\to$ Fd
(3) $(\forall x)(Lbx \to Gx)$
(4) $\sim$Hd $\to$ $\sim$Lcd

(나) 추론

① Fd $\lor$ Gd $\lor$ Hd의 도출.

(1)에 선언 제거규칙을 반복해서 적용하면 이를 도출할 수 있다. 우선 ①은 선
언 명제이므로 선언 도입규칙에 따를 때 선언성원 가운데 어느 하나를 확보하
면 얻을 수 있다. 그러므로 (1)의 선언지를 차례로 가정했을 때 ①의 선언지 가
운데 어느 하나를 얻을 수 있음을 보이면 된다. 첫째, Lad를 가정하면 (2)에 의
해 Fd를 얻을 수 있고, 둘째, Lbd를 가정하면 (3)에 의해 Gd를 얻을 수 있고,

셋째, Lcd를 가정하면 (4)에 의해 Hd를 얻을 수 있으므로 결국 어느 것을 가정
하든 ①을 얻을 수 있다는 것을 알 수 있다.

② (~Lad & ~Lcd) → Gd의 도출.

전건 ~Lad & ~Lcd을 가정하면, (1)에 의해 Lbd를 얻을 수 있고, (3)에 의해
Gd를 얻을 수 있다.

③ ~Fd → (Lbd ∨ Lcd)의 도출.

전건 ~Fd를 가정하면, (2)에 의해 ~Lad를 얻을 수 있고, (1)에 의해 Lbd ∨
Lcd를 얻을 수 있다.

⑤ ~Lbd → (Fd ∨ Hd)의 도출.

전건 ~Lbd를 가정하면, (1)에 의해 Lad ∨ Lcd를 얻을 수 있다. 이때 앞서
①에서 한 대로 Lad를 가정하면 Fd를 얻을 수 있고 Lcd를 가정하면 Hd를 얻
을 수 있으므로 결국 Fd ∨ Hd를 얻을 수 있다. 따라서 정답은 ④이다.

4. ⟨풀이⟩

(가) 기호화

- ~Lad & Gd 원하는 결론

(나) 추론

④ ~Fd & Lbd

얻고자 하는 결론이 연언 형태이므로, 연언성원 각각을 얻어야 한다. ~Lad는
~Fd를 확보한다면 (2)로부터 얻을 수 있다. Gd는 (3)에 따를 때 Lbd를 확보
한다면 얻을 수 있다. 따라서 정답은 ④이다.

5. 풀이

(가) 기호화

(1) (∀x)(∀y)(Rxy → Ryx): 첫 문장은 '디부' 관계 Rxy가 대칭적임을 말해
   준다.

(2) Rad → (Rab & Rac): A와 D가 디부라면, A와 B가 디부일 뿐 아니라 A와

C도 디부이다.

(3) Rcd → Rcb : C와 D가 디부라면, C와 B도 디부이다.

(4) (~Rda & ~Rdc) → (∀x)~Rdx : D와 A가 디부가 아니고 D와 C도 디부가 아니라면, 나투랄의 그 누구도 D와 디부가 아니다.

(5) Rbd ∨ Rcd : B와 D가 디부이거나, C와 D가 디부이다.

(6) (∃x)~Rax = ~Rab ∨ ~Rac ∨ ~Rad = ~(Rab & Rac & Rad) : A와 디부가 아닌 마법사가 B, C, D 중에 적어도 한 명은 있다.

(나) 추론

(1)에 의해 디부 관계가 대칭적이어서 가령 Rab가 성립하면 Rba도 성립하므로 우리는 단칭명사 자리를 언제나 바꿀 수 있다는 점을 반복해서 이용해야 한다.

ㄱ. Rbc의 도출

(7) ~Rad	(2)의 전건을 가정하면 이는 (6)과 충돌하므로,	
(8) Rda ∨ Rdc	(5)에 의해 d는 b나 c와 디부관계에 있어서, (4)의 후건이 부정되므로	
(9) Rdc	7,8 선언 삼단논법	
(10) Rcb	3,9 조건언 제거	

ㄷ. (∃x)~Rdx의 도출

(7)에 존재양화사 도입규칙을 적용하면 바로 얻을 수 있다. 따라서 정답은 ④이다.

6. **풀이** 생략, 정답은 ②이다.

7. **풀이**

다음이 이들 사이에 성립하는 관계를 나타내는 한 가지 모형이다.

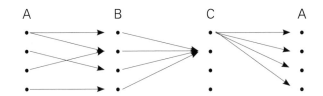

〈원리〉에 따를 때, a가 b를 감시한다는 감시 관계는 이행적이다. 따라서 ㄱ은 옳은 추론이다. 한편 위의 모형이 보여 주듯이, ㄴ은 옳은 추론이 아니다. ㄷ은 옳은 추론이다. 다만 모형에는 잘 드러나 있지 않지만, (1)이 성립하는 또 다른 모형으로, A의 모든 직원이 B의 특정 직원 한 사람을 감시하는 경우가 있을 수 있다. 이때에도 ㄷ은 여전히 옳은 추론임을 확인할 수 있다. 따라서 정답은 ③이다.

8. **풀이**

제시된 관계를 모형으로 나타내면 다음과 같다.

제시된 조건을 우리는 왼편에 있는 A, B, C는 각각 두 개의 화살을 사용하여 D, E, F 셋 가운데 어느 둘에게 쏘아야(우세) 하고, 오른편의 D, E, F는 A, B, C 가운데 어느 둘에게 두 개의 화살을 맞아야(열세) 한다는 것으로 해석할 수 있다.

이제 ㄴ이 옳은 추론인지 살펴 보자. 앞의 그림은 A가 이미 쏠 수 있는 화살을 소진했음을 말해 준다. 그런데 F도 두 개의 화살을 맞아야 하므로, 이는 B와 C가 쏜 것일 수밖에 없다. A는 이미 쏠 수 있는 화살을 소진했기 때문이다. 그러므로 ㄴ은 옳은 추론이다.

ㄷ이 옳은 추론인지를 보기 위해 ㄷ의 전건이 성립한다고 가정한 다음 모형을 생각해 보자.

```
A •  ━━━━━━▶  • D
B •  ┄┄┄┄┄▶┃  • E
C •            • F
```

이 경우 E가 맞을 수 있는 화살이 이미 소진된 상태이므로, C는 두 개의 화살을 D와 F에게 쏠 수밖에 없게 되고, 이에 따라 ㄷ은 옳은 추론임을 알 수 있다.

　한편 ㄱ은 옳은 추론이 아니다. 앞서 나온 모형에서 C가 D와 F에게 화살을 쏘는 조합도 가능하기 때문이다. 따라서 정답은 ⑤이다.

7장 논리 퍼즐

1. **풀이**

제시된 정보는 다음과 같다.

(ㄱ) A는 개, C는 고양이, D는 닭을 키운다.

(ㄴ) B는 토끼를 키우지 않는다.

(ㄷ) A가 키우는 동물은 B도 키운다.

(ㄹ) A와 C는 같은 동물을 키우지 않는다.

(ㅁ) A, B, C, D 각각은 2종류 이상의 동물을 키운다.

(ㅂ) A, B, C, D는 개, 고양이, 토끼, 닭 외의 동물은 키우지 않는다.

먼저 (ㄱ), (ㄴ)을 표에 표시하자.

	개	고양이	토끼	닭
A	○			
B			×	
C		○		
D				○

(1) (ㄷ)을 B에, 그리고 (ㄷ)의 대우를 A에 적용하면 다음과 같다.

	개	고양이	토끼	닭
A	○		×(1)	
B	○(1)		×	
C		○		
D				○

(2) (ㄹ)를 A와 C에 적용하면 다음과 같다.

	개	고양이	토끼	닭
A	○	×(2)	×(1)	
B	○(1)		×	
C	×(2)	○		
D				○

(3) (ㅁ)을 A에 적용하면 다음과 같다.

	개	고양이	토끼	닭
A	○	×(2)	×(1)	○(3)
B	○(1)		×	
C	×(2)	○		
D				○

(4) (ㄷ)과 (ㄹ)을 방금 얻은 (3)에 적용하면 다음과 같다.

	개	고양이	토끼	닭
A	○	×(2)	×(1)	○(3)
B	○(1)		×	○(4)
C	×(2)	○		×(4)
D				○

(5) (ㅁ)을 방금 얻은 표의 C에 적용하면 다음과 같다.

	개	고양이	토끼	닭
A	○	×(2)	×(1)	○(3)
B	○(1)		×	○(4)
C	×(2)	○	○(5)	×(4)
D				○

이것이 모든 정보를 나타낸 것이고, 이를 토대로 보았을 때 정답은 ③이다.

2. **풀이** 생략, 정답은 ⑤이다.

3. **풀이**

여기서는 마지막 정보, "기획전시 작품을 설치한 다음다음날에 대형 전시실에 작품을 설치하는데, 그 옆 전시실에는 서양화가 전시된다."가 함축 진술에 해당한다. 이는 "기획전시 작품을 설치한 다음다음날에 대형 전시실에 서양화를 설치하지 않는다."라는 것을 함축한다. 정답은 ②이다.

4. **풀이** 생략, 정답은 ③이다.

5. **풀이**

가) A, B, C 중 적어도 하나에는 상품이 들어 있다.
나) A에 상품이 들어 있고 B가 비었다면 C에도 상품이 들어 있다.
다) C에 상품이 들어 있다면 상품이 들어 있는 상자는 2개 이상이다.
라) A와 C 중 적어도 하나는 빈 상자이다.

(1) 라)를 먼저 적용하여 경우의 수를 셋으로 나누자.

	A	B	C
첫째	○		×
둘째	×		○
셋째	×		×

(2) 가)를 적용하자.

	A	B	C
첫째	○		×
둘째	×		○
셋째	×	○	×

(3) 다)를 적용하자.

	A	B	C
첫째	○		×
둘째	×	○	○
셋째	×	○	×

(4) 나)를 적용하자.

	A	B	C
첫째	○	○	×
둘째	×	○	○
셋째	×	○	×

이 표를 바탕으로 〈보기〉를 고르면 된다. 따라서 정답은 ③이다.

    ** 이 풀이를 명제논리 추론으로 해결한 앞의 풀이(369~370쪽 참조)와 비교해 보라. 출제자는 이를 명제논리를 이용해 풀기를 원했던 것 같다. 하지만 이는 '좋은' 문제가 아니다. 자리 배치로 풀었을 때 표에서 볼 수 있듯이, 주어진 조건을 만족시킬 경우 상자 B에는 어느 경우이든 상품이 들어 있게 된다. 즉 이 조건에서 우리는 'B에는 상품이 들어 있다' 라는 단정적 주장을 이미 결론으로 이끌어 낼 수 있다. 그런데 이를 〈보기〉 ㄱ과 ㄷ에서처럼 약화해 조건부 주장으로 표현하는 것은 일상어에서 자연스럽지 않으며, ㄴ에서처럼 전건이 성립한다는 것이 분명한데 이를 조건으로 내세우는 것도 마찬가지로 자연스럽지 않다.

6. 풀이

세 사람의 기억 내용은 다음과 같다.

	월	일	요일	
가영	5	8	목	
나영	5	10	화	
다영	6	8	금	

이를 ○, ×의 배정 문제로 볼 수 있다(기억 내용이 맞으면 ○이고, 틀리면 ×라 하자).

우선 여기 나온 월, 일, 요일 가운데 회의가 열린 것이 사실이므로 월, 일, 요일에 적어도 하나의 ○를 배정해야 한다. 둘째, 세 사람의 기억 내용에 관한 사후 평가에 비추어 볼 때 ○가 1개인 사람, ○가 2개인 사람, ○가 0개인 사람으로 나뉘어야 한다. 이 두 조건은 총3개의 ○를 월, 일, 요일에 각각 하나씩 배정해야 한다는 것을 의미한다.

이제 ○를 배정하기로 하자. 먼저 월, 일, 요일에 하나씩의 ○를 배정해야 하므로, 가능한 방안은 다음이다.

	월	일	요일	
가영	5	8	목	
나영	5	10 ○	화	2개?
다영	6 ○	8	금	2개?
	1개	1개	1개	

아직 요일에는 ○를 배정할 수 없고, 하나가 남았다. 그런데 ○를 2개 갖는 사람이 있어야 하므로, 가영이에게는 ○를 배정할 수 없다.

만약 나영이가 ○를 2개 갖고 다영이는 1개만 갖는다면(이것이 보기 ㄷ의 전건이다), 나영이가 말한 요일이 맞는 것이므로 화요일에 회의가 열린 것이 된다. 정답은 ⑤이다.

7. **풀이**

영업일에 매일 한 구역을 청소하므로, 6개의 ○를 다음과 같이 A, B, C에 배정하는 문제로 이해할 수 있다.

	일	월	화	수	목	금	토	
A				/				○ 1개
B				/				○○ 2개
C				/				○○○ 3개

C 구역부터 ○를 배정하는 것이 효과적이다. C 구역에는 우선 일요일에 ○를 하나 배정해야 한다. 그런 다음 ○를 두 개 더 배정해야 하는데, 영업일 기준으로 하루의 간격을 확보해야 하므로, 화, 금에 하나씩 배정할 수밖에 없다.

	일	월	화	수	목	금	토	
A				/				○ 1개
B				/				○○ 2개
C	○		○	/		○		○○○ 3개

하루에 한 구역만 청소하므로, 이는 A, B 구역의 청소와 관련해 다음을 말해 준다.

	일	월	화	수	목	금	토	
A	×		×	/		×		○ 1개
B	×		×	/		×		○○ 2개
C	○		○	/		○		○○○ 3개

B 구역에는 두 개의 ○를 배정해야 하고, 할 수 있는 요일은 월, 목, 토 셋인데, 휴업일 포함 이틀의 간격을 확보해야 하므로 다음과 같이 할 수밖에 없다.

	일	월	화	수	목	금	토	
A	×		×	/		×		○ 1개
B	×	○	×	/	○	×		○○ 2개
C	○		○	/		○		○○○ 3개

이는 A 구역과 관련해 다음을 말해 준다.

	일	월	화	수	목	금	토	
A	×	×	×	/	×	×		○ 1개
B	×	○	×	/	○	×		○○ 2개
C	○		○	/		○		○○○ 3개

결국 A 구역은 토요일에 청소를 해야 한다. 이로써 6개의 ○를 모두 배정하여
표가 다음과 같이 완성되었다.

	일	월	화	수	목	금	토	
A	×	×	×	/	×	×	○	○ 1개
B	×	○	×	/	○	×		○○ 2개
C	○		○	/		○		○○○ 3개

따라서 정답은 ①이다.

8. **풀이** 생략, 정답은 ④이다.

9. **풀이** 생략, 정답은 ③이다.

10. **풀이** 생략, 정답은 ⑤이다.

8장 진리 게임

1. **풀이**

우선 ⓒ는 ⓑ를 함축하므로, 다음은 동시에 참일 수 없다, 즉 비일관적임을 주
목하자.

{ⓒ, ∼ⓑ}

그리고 진우의 진술은 모두 메타 진술이고, 이를 다음과 같이 기호화할 수 있
다.

ⓔ "유석의 두 진술은 모두 거짓이다." = ∼ⓐ & ∼ⓑ
ⓕ "소연의 두 진술은 모두 참이다." = ⓒ & ⓓ

진우의 두 진술 ⓔ와 ⓕ는 모두 참이거나 모두 거짓이므로, 이를 확정하기로

하자.

(1) ⓔ와 ⓕ는 모두 참이라고 가정하자. 이는 다음이 모두 성립한다는 의미이다.

{~ⓐ & ~ⓑ, ⓒ & ⓓ}

앞서 말했듯이, {ⓒ, ~ⓑ}이 비일관적이므로, 이것 또한 비일관적이다. 따라서 다음을 알 수 있다.

(2) ⓔ와 ⓕ는 모두 거짓이다. 이는 다음이 모두 성립한다는 의미이다.

(3) ~(~ⓐ & ~ⓑ) = ⓐ ∨ ⓑ
(4) ~(ⓒ & ⓓ)

이 두 정보로부터 〈보기〉의 ㄱ을 확인하자. ⓑ가 거짓이면, (3)에 선언 삼단논법을 적용해 ⓐ를 얻게 되므로 이는 옳은 추론이다. 이번에는 ㄷ을 확인하자. ⓐ가 거짓이고 ⓓ가 참이라고 가정하면, (3)에 의해 ⓑ를 얻고 (4)에 의해 ~ⓒ를 얻는다. 따라서 이때 후건이 도출되므로 이것도 옳은 추론이다.

따라서 정답은 ③이다.

2. **풀이**

경기 결과에는 함축 진술이 들어 있다. 비교가 쉽게 이를 다시 적으면 다음과 같다.

- 갑: A는 결승전에 진출했고, 거기서 패했다.
- 을: E는 준결승전에 진출했고, 거기서 패했다.
- 병: B는 준결승전에 진출했고, 거기서 이겼고, 결승전에 진출했으며, C는 준결승전에 진출했고, 거기서 패했다.
- 정: H는 결승전에 진출했고, 거기서 이겼다.

이렇게 함축 진술의 내용을 구체적으로 나열하면, 갑, 병, 정의 진술이 비일관적임을 알 수 있다. 왜냐하면 그것이 모두 참이라면 A, B, H 세 사람이 결승전에 진출한 것이 되기 때문이다. 따라서 이 가운데 거짓인 진술이 하나 있으며, 이는 을의 진술은 무조건 참임을 의미한다. 이 사실을 참조하여 추론을 해나가면 된다. 정답은 ⑤이다.

3. 풀이
세 번째와 네 번째 진술이 비일관적이다. 따라서 네 번째 진술만 거짓인 경우와 세 번째 진술만 거짓인 경우를 나누어 추론하면 된다. 정답은 ③이다.

4. 풀이
우선 (1) 갑과 정의 예측이 둘 다 옳을 수는 없다. 이는 비일관적이기 때문이다. 조건에 따라 (2) 을의 예측이 그르다고 가정해 보자. 이는 나준이가 프랑스에 가지 않는데 가영이는 미국에 간다는 것을 의미한다. 그 경우 갑과 정의 진술도 그르게 되어 두 예측만 그르다는 조건과 충돌한다. 따라서 (3) 병의 예측이 그를 수밖에 없다. 이는 나준이가 프랑스에 가고 다석이는 중국에 간다는 것을 의미한다. 그 경우 정의 예측이 그른 것이 되므로, 조건에 따라 나머지 두 예측인 갑과 을의 예측은 옳은 것이 된다. 따라서 〈보기〉의 ㄱ은 반드시 참이며, 정답은 ①이다.

5. 풀이
네 개의 진술 중 하나만 참이라는 것은 세 개의 진술이 거짓임을 의미한다. 그런데 두 번째 진술은 거짓일 수 없다. 왜냐하면 그것이 거짓이면 첫 번째와 세 번째 진술은 참이 되고 마는데, 참인 진술은 한 개여야 하기 때문이다. 따라서 두 번째 진술은 참임을 알 수 있다. 이는 다시 나머지 세 진술은 모두 거짓임을 말해 준다. 그러므로 우리는 다음 정보로부터 추론을 하면 된다.

$\sim(A \to \sim B) = A \ \& \ B$

$$A \lor C \lor D$$

$$\sim(\sim B \lor \sim C) = B \ \& \ C$$

$$\sim((B \lor C) \to D) = (B \lor C) \ \& \ \sim D$$

따라서 A, B, C, ~D이므로 3명임을 알 수 있다. 정답은 ④이다.

6. **풀이** 생략, 정답은 ⑤이다.

7. **풀이**

을과 무의 진술이 서로 모순이다. 따라서 을의 진술이 거짓인 경우와 무의 진술이 거짓인 경우를 나누어 추론하면 된다. 정답은 ③이다.

8. **풀이**

정의 진술은 '메타 진술'이다. 정의 진술 내용은 병의 진술을 부정하는 것이므로, 병과 정의 진술은 서로 모순이다. 따라서 이 둘 가운데 하나는 참이고 하나는 거짓임을 알 수 있다. 모순인 두 진술은 동시에 참일 수 없고 동시에 거짓일 수도 없기 때문이다.

　위의 사실로부터 ④는 참임을 알 수 있다. 병과 정 가운데 정확히 하나의 진술은 거짓이므로 적어도 한 명의 진술은 거짓이라는 것은 옳기 때문이다.

　또한 위의 사실로부터 ⑤도 참임을 알 수 있다. ⑤의 조건대로 을이 범인이 아니라고 가정해 보자. 그러면 자신이 범인이 아니라는 을의 진술은 참이다. 그런데 앞서 말했듯이 병과 정의 진술 가운데 하나도 참이므로, 참인 진술은 적어도 두 개 이상이 될 것이기 때문이다.

　②도 비교적 쉽다. 거짓인 진술을 한 사람이 세 명이라고 가정해 보자. 그런데 앞서 말했듯이 병과 정 가운데 어느 한 사람의 진술이 거짓이므로, 이는 갑과 을의 진술도 모두 거짓임을 의미한다. 따라서 갑의 진술 내용에 따라 병은 범인이 아니며, 을의 진술 내용에 따를 때 을인 나는 범인이 아닌 것이 아니므로(이중부정에 따라) 을이 범인임을 알 수 있다.

이제 ①이 참인지 보자. 먼저 범인이 두 명인 조합은 다음 여섯 가지이다.

〈갑을〉, 〈갑병〉, 〈갑정〉, 〈을병〉, 〈을정〉, 〈병정〉

이를 우리는 세 부류로 나눌 수 있다. 우선 이 가운데 정이 범인으로 포함된 세 경우이다. 이때는 정의 진술이 거짓이므로 적어도 한 명의 진술은 거짓임을 알 수 있다.

〈갑을〉, 〈갑병〉, <u>〈갑정〉</u>, 〈을병〉, <u>〈을정〉</u>, <u>〈병정〉</u>

두 번째는 <u>을</u>이 범인으로 포함된 두 경우이다. 이때는 을의 진술이 거짓이므로 적어도 한 명의 진술은 거짓임을 알 수 있다.

<u>〈갑을〉</u>, 〈갑병〉, 〈갑정〉, <u>〈을병〉</u>, 〈을정〉, 〈병정〉

마지막은 〈갑병〉이 범인인 한 경우이다. 이때는 병의 진술이 거짓임을 알 수 있다. 따라서 어느 경우이든 적어도 한 명의 진술은 거짓임을 알 수 있다. (물론 원한다면, 앞의 여섯 가지를 차례대로 하나씩 가정하여 이들의 진술 가운데 적어도 하나는 거짓인지를 따져 보아도 된다.)

　마지막으로 ③이 참인지 보자. 범인이 세 명인 조합은 다음 네 가지이다.

〈갑을병〉, 〈갑을정〉, 〈을병정〉, 〈갑병정〉

이를 두 부류로 나눌 수 있다. 하나는 을이 범인으로 포함된 경우이다.

<u>〈갑을병〉</u>, <u>〈갑을정〉</u>, <u>〈을병정〉</u>, 〈갑병정〉

이때는 갑, 을, 병의 진술은 모두 참이고 정의 진술은 거짓이다. 따라서 적어도

두 명 이상의 진술이 거짓이라는 주장은 옳지 않으므로, 정답은 ③이다.

9. ■풀이■

우선 지원자 4의 진술은 거짓일 수 없다는 것을 알 수 있다. 그것이 거짓이면 지원자 5의 진술도 거짓이 되기 때문이다.

이제 지원자 2의 진술을 살펴보는데, 경우의 수를 둘로 나누기로 하자.

먼저 (1) 지원자 2의 진술이 참이라고 가정해 보자. 이때 지원자 3은 A 부서에 선발되어야 한다. 이미 선언지 하나가 제거되었기 때문이다. 그러면 지원자 1의 진술은 거짓이 되고, 나머지 진술은 모두 참이어야 한다. 거짓인 진술은 하나이기 때문이다. 현재까지의 상황을 정리하면 지원자 5는 D에, 지원자 3은 A에 선발되고, 지원자 4는 C 부서가 아닌 다른 부서에 선발되어야 하므로 B 부서에 선발될 수밖에 없다.

이번에는 (2) 지원자 2의 진술이 거짓이라고 가정해 보자. 이때 나머지 진술은 모두 참이어야 한다. 거짓인 진술은 하나이기 때문이다. 현재까지의 상황을 정리하면 지원자 5는 D에, 지원자 2는 A에 선발되고, 지원자 4는 C 부서가 아닌 다른 부서에 선발되어야 하므로 B 부서에 선발될 수밖에 없다. 결국 어느 경우이든 지원자 4는 B 부서에 선발되므로, 정답은 ④이다.

10. ■풀이■

〈자기 소개〉가 다 참이라고 가정할 때, 정보를 정리하면 다음과 같다.

대학생	성별	학과	가면
A	남	식품영양학과 × 경제학과 ×	드라큘라 ×
B	남	행정학과	늑대인간
C	남	식품영양학과	처녀귀신
D	여	정치외교학과	좀비
E	남	전자공학과	드라큘라

주어진 조건에 따를 때, 한 사람의 자기 소개 내용은 거짓이다. 어떤 것이 거짓일까? 우선 다음을 쉽게 알 수 있다.

(1) D는 거짓일 수 없으므로 참이다. ∵D가 거짓이면 여자가 2명이라는 조건
을 충족하지 못한다.

(2) A는 거짓일 수 없으므로 참이다. ∵A가 거짓이면 그는 두 과에 재학하게
된다.

(3) A는 식품영양학과도 아니고 경제학과도 아니고 정치외교학과도 아니므로
그는 전자공학과이거나 행정학과 재학생이다.

(4) 따라서 모두 거짓인 진술을 한 사람은 B나 E이다.

대학생	성별	학과	가면
A	남	식품영양학과 × 경제학과 ×	드라큘라 ×
B	남	행정학과	늑대인간
C	남	식품영양학과	처녀귀신
D	여	정치외교학과	좀비
E	남	전자공학과	드라큘라

(5) 그런데 E는 거짓일 수 없다. E가 거짓이면 A와 E의 가면은 모두 드라큘라
가 아니게 되는데 그럴 수 없기 때문이다. 왜냐하면 5개의 가면 가운데 B,
C, D의 가면을 제외하고 남은 가면은 유령과 드라큘라 두 개뿐이므로 둘
가운데 한 사람은 드라큘라 가면을 써야 하기 때문이다. (6) 따라서 B가 거
짓일 수밖에 없다.

대학생	성별	학과	가면
A	남	식품영양학과 × 경제학과 ×	드라큘라 ×
B	남 ×	행정학과 ×	늑대인간 ×
C	남	식품영양학과	처녀귀신
D	여	정치외교학과	좀비
E	남	전자공학과	드라큘라

이제 A와 B를 맞게 채우면 다음과 같다.

대학생	성별	학과	가면
A	남	식품영양학과 × 경제학과 × **행정학과**	드라큘라 × **늑대인간**
B	남 × **여**	행정학과 × **경제학과**	늑대인간 × **유령**
C	남	식품영양학과	처녀귀신
D	여	정치외교학과	좀비
E	남	전자공학과	드라큘라

** 이 문제는 B나 E가 거짓이라는 점을 파악하는 것만으로도 이미 답을 찾을 수 있다. 우선 답지의 1, 3, 4 즉 A(여), C(좀비), D(드라큘라)가 틀린 것이라는 점은 분명하고, 처녀귀신은 C의 가면이므로 5번 답지도 틀리다는 것을 바로 알 수 있다.

정답은 ②이다.

참 고 문 헌

여훈근, 『현대 논리학』, 민영사, 1997.

이초식, 『논리교육』, 대한교과서, 1996.

최원배, 『논리적 사고의 기초』, 서광사, 2019.

Aristotle, *Prior Analytics*, trans. by R. Smith, Hackett Publishing Co., 1989.

Aristotle, *Prior Analytics Book 1*, trans. by G. Striker, Oxford Univ. Press, 2009.

Bergmann, M., Moor, J., and Nelson, J., *The Logic Book*, The McGraw-Hill, 1980.

Copi, I., *Symbolic Logic*, Macmillan Publishing Co., 1979.

Copi, I., *Introduction to Logic*, Macmillan Publishing Co., 1979.

Dummett, M., *Frege: Philosophy of Language*, 2nd ed., Duckworth, 1981.

Forbes, G., *Modern Logic*, Oxford Univ. Press, 1994.

Frege, G., *Conceptual Notations and Related Articles*, trans. by T. W. Bynum, Oxford Univ. Press, 1972.

Gentzen, G., "Investigations into Logical Deduction", reprinted in M. E. Szabo, ed., *The Collected Papers of Gerhard Gentzen*, North-Holland Publishing Co., 1969, pp. 68-131.

Greaves, M., *The Philosophical Status of Diagrams*, CSLI Publications, 2002.

Kneale, W. and Kneale, M. *The Development of Logic*, Oxford Univ. Press, 1962.;
박우석, 배선복, 송하석, 최원배 옮김, 『논리학의 역사 1』, 한길사, 2015.

Lemmon, E. J., *Beginning Logic*, Chapman & Hall, 1987.

Lukasiewicz, J., *Aristotle's Syllogistic*, Oxford Univ. Press, 1951.

Newton-Smith, W. H., *Logic: An Introductory Course*, Routledge, 1994.

Quine, W. V. *Methods of Logic*, 3rd ed., Routledge & Kegan Paul, 1974.

Shin, Sun-Joo, *The Logical Status of Diagrams*, Cambridge Univ. Press, 1994.

Smith, P., *An Introduction to Formal Logic*, Cambridge Univ. Press, 2003.

Smith, R., "Aristotle's Logic", in E. N. Zalta, ed., *The Stanford Encyclopedia of Philosophy*, https://plato.stanford.edu/entries/aristotle-logic, 2017.

Strawson, P. F., *Introduction to Logical Theory*, Methuen & Co Ltd, 1952.

Tomassi, P., *Logic*, Routledge, 1999.